Beyond the Holiday

スリランカ

Sri Lanka edition

アールイー

本書ポリシー

　Beyond the Holiday シリーズ、スリランカエディションをご購入いただき、誠にありがとうございます。本書は団体〜少人数ツアー、バックパック旅行を含んだ個人旅行、ビジネスほか、旅行される方々のさまざまなニーズに対応できるよう編集・制作されました。ご自身の旅のプランの参考用として、ビギナーの入門用として、幅広くご活用いただきたく存じます。

　本書に記載される地名・人名等の表記につきましては可能な限り現地の発音に準じておりますが、日本語のカタカナ表記に限界が生じる場合がございますので、日本語および日本文化に精通するスリランカ人関係者と協議の上、なじみやすい表記としました。

　なお、本書に記載された所在地、各名称、電話番号、料金、写真等のデータ群は2013〜2014年取材時のものです。これらデータ群は政権交代を含む国内情勢の変化、税率や物価の変動などに影響され、時の経過とともに正確さを欠く性質のものです。さらに原油価格の変動による公共交通等の料金改定、景況の悪化による各施設の閉鎖など、予期せぬトラブルも皆無とはいえません。渡航の際には必ず政府観光機関、ツアー会社などから最新情報を収集してお確かめください。<u>なお、本書を利用されて生じる損失、トラブル、アクシデント等の責任は負いかねますのでご了承ください。</u>

2014年12月現在、外務省より渡航情報が発出されております。
【渡航の是非を検討してください】
★北部州（国道A9号線から東のムッライッティブ県内）［継続］
【十分注意してください】
★北部州（ムッライッティブ県国道A9号線以西およびマナー県国道A14号線以北）［引き下げ］
★その他全地域

地図記号一覧

記号	名称	記号	名称	記号	名称
✈	空港	ⓘ	政府観光局	¥	銀行・両替
∴	遺跡	ⓘ	レストラン	🗼	灯台
🚉	鉄道駅	🍴	飲食店	🕰	時計塔
🚌	バスターミナル	Ⓗ	ホテル・宿泊施設	@	インターネット
🚩	大使館	🏛	博物館	━	幹線道路
✚	病院	🚏	バス停	═	高速道路
✉	郵便局	⛽	ガソリンスタンド	┅	鉄道路線
🛕	仏教寺院	Ⓢ	ショップ	■	その他の施設
Ψ	ヒンドゥー寺院	👮	警察		
☪	モスク	🏞	滝		
†	教会	▲	山		
☎	電話・モバイル	♨	温泉		

本文記号一覧

記号	名称	記号	名称
☎	電話番号	Ⓢ	シングル　Ⓓ ダブル/ツイン
📠	FAX	Ⓣ	トリプル
🔗	URL	Rs.〜	スリランカルピー
✉	e-mail	$〜	USドル
★	政府観光局認定評価数（最大5つ）	€〜	ユーロ

Festival 祭典

A

　スリランカの祭典といえばペラヘラ祭が有名。島内各地で催され、豪華な衣装を身にまとった象やキャンディアンダンサーが行進する。写真はカタラガマペラヘラ祭。

B

　タミルの旧正月を祝う大祭。けたたましいドラムとラッパの音が、人々を熱狂の渦の中に導く。人間が背中に何本もの鉤を刺して宙吊りにされる行者、刀で舌を切り血しぶきを飛ばす儀式など、シンハラのペラヘラ祭とは若干異なる。写真はコロンボ２区のスリー・シヴァ・スバラマニヤ寺院。

C

　キャンディペラヘラで行進するキャンディアンダンサー。キャンディペラヘラでは普段から仏歯寺に安置している仏歯を納めた舎利を象の背中に乗せて練り歩くため、島内のペラヘラ祭の中では最も盛り上がる。キャンディアンダンサーもキャンディペラヘラでは情熱的な舞を披露する。

Southwest Coast 南西海岸

A
　良質な砂浜が延々と続く南西海岸。太陽の光がさんさんと降り注ぐ。

B
　南西海岸はシュノーケルでも満足させる環境を誇る。

C

　写真のジェットスキーのほか、サーフィンなどのマリンスポーツも充実。あらゆる海のレジャーを満喫できる。

D

　写真はニゴンボの海岸。「カタマラン」と呼ばれる帆船が有名で、船体の片側に腕木を張り出して水上でバランスを取るのが特徴。時空を越えて現代でも活躍する事実がこの船の優秀さを物語る。

E

　黄昏時のストルトフィッシャーマン。ほかで見ないこの漁法は人間の存在を魚に気付かれなくするメリットがあるといわれている。ウェリガマ界隈でこの漁が盛んで、早朝や夕刻にストルトフィッシャーマンの姿を見かける。

Hilly Region 丘陵地帯

A

　丘陵地帯を行く鉄道車両。この地域では幾度となくループ線や急カーブを力強くゆっくりと駆け上がる。イギリス植民地時代から続くメインラインでは、ローカル運行にて旧式の車輌も活躍し、ノスタルジックな旅を演出してくれる。車窓に広がる紅茶畑は旅行者を幻想の世界へと誘う。ペーラーデニヤ～バドゥッラ間では時々機関車の運転室に観光客を招待することがある。誘われたらまたとない機会なので遠慮せずに運転室からの車窓を堪能すると良い。一度味わうと虜になることだろう。

B

　ラフティングも丘陵地帯観光の醍醐味の一つ。平地のサファリも魅力だが、丘陵地帯の大自然でのスポーツも旅行者を存分に楽しませてくれる。冷涼な気候の中で汗をかきながらカラフルな蝶や野鳥を楽しめるのもスリランカならでは。

C 丘陵地帯では各地で紅茶畑を目にする。日本でも知られているヌワラエリヤ、キャンディ、ウバ、ディンブラ等の銘柄はこの地域の生産地名である。紅茶はスリランカ輸出産業の筆頭格で、茶葉のプラッキングは人間の手作業による。従事する民族の多くはタミル人。同地域では観光客向けに見学可能な紅茶工場も点在し、採れ立ての茶葉を用いた紅茶を飲ませてくれる。スリランカの紅茶文化に触れる意味合いからも興味深い。

D この地域の特色として滝が多いことが挙げられる。規模は大小さまざまで、水浴び、炊事など、あらゆる面で人々の生活を潤す。写真はエッラのラワナ滝。バドゥッラにあるスリランカ島内最大規模のドゥンヒンダ滝のほか、ハプタレーのディヤルマ滝、コタガラのデヴォン滝など、自然の雄大さを見せてくれる。

Ruin 遺跡群

A シーギリヤロック内に残された美女のフレスコ画。どのような存在なのか、なぜ描かれたのか……、現在でも謎が多く、解明のために研究が続けられている。

B 古代遺跡群に足を踏み入れれば太古の営みを偲ばせてくれる。写真はポロンナルワのアタダーゲ。

C スリランカ島には解明されていない遺跡も数多く存在する。写真は謎の多いハッティクッチ寺院。ダゴパの後方には岩があるが、時の王がここで瞑想をしたとする説、敵に攻め込まれた際に落とす投石戦術用と、見解は異なる。

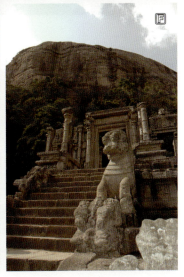

D

　石窟内に安置された涅槃仏。スリランカでは写真のダンブッラの涅槃仏群が有名だが、それ以外の仏教施設でも数多く見ることができる。石窟内の壁に描かれたフレスコ画もじっくりと鑑賞したい。

E

　岸壁に彫り込まれた仏像。上座部仏教の世界が広がるスリランカでは珍しいとされる大乗仏教の像である。かつてスリランカにも大乗仏教が根付いていたことを写真のブドゥルワーガラ遺跡は物語る。

F

　ヤーパフワ王宮跡。スリランカの歴史を遡ると、南インドの侵攻に対抗するため王宮を転々と変えて行くが、このヤーパフワもその歴史の中の一ページ。この地に王宮が置かれたのは1272〜1284年のわずかな期間。石段を登ればかつての王朝の栄華を偲ばせてくれる。

Religious Institution 宗教施設

A

　各宗派が共存するのもスリランカの特徴といえる。ほとんどの地域で仏教寺院、ヒンドゥー寺院、キリスト教会、イスラムモスクが存在する。小さな村であっても４大宗派の施設が設けられていることが多い。写真はアヌラーダプラ、ルワンウェリ・サーヤダゴバ内で灯籠に火を点し、祈りを捧げる仏教徒。

B

　沿岸部にはクリスチャンが多く生活している。その分だけ同地域では教会を見る機会も多い。日本にポルトガルの宣教師が派遣されていたころとほぼ同時期にスリランカにも多くのクリスチャンが流入したとされる。キリスト教会から鳴り響く鐘の音が耳に入り混じるのもスリランカの一シーンである。写真はコロンボのシナモンガーデンズ・バプティスト教会。

C スリランカ北部はインドとの距離がわずか数十キロメートル、沿岸は浅瀬であることから南インド文化が流入しやすい地理的な要因があり、島内各地でヒンドゥー寺院が見られる。タミル人の多く住む地域では芸術的なヒンドゥー寺院も見られ、写真はスリランカ北西部パルラワラーヤンカッドゥにあるヒンドゥー寺院。

D イスラム人がスリランカと深く関わり始めたのは7世紀とされ、沿岸部では現在もその時代の栄華と交流の軌跡を見ることができる。写真はベールワラにあるケチマライモスクで10世紀から存在している。スリランカ国内重要モスクの一つでもある。

Leisure リゾート・高級ホテル

　五つ星の高級ホテルやリゾートホテルが充実していることもスリランカの魅力。コロンボ市内にはヒルトン、タージ、シナモングランドなど、観光立国ならではの高級ホテルが複数存在する。もちろんミドルクラスホテルやゲストハウスも揃い、スリランカ観光にはあらゆる旅人を受け入れる懐の深さがある。

Food 食事

　スリランカ旅行の楽しみ方は多岐にわたるが、食文化を楽しむこともスリランカ旅行の一つ。スパイシーなライス＆カリー、世界に名高いセイロンティー、南国の太陽光線を浴びて熟したフルーツ、インド洋の魚貝類——どれを取っても旅行者を満足させてくれることだろう。シンハラ人、タミル人、ムスリムそれぞれの民族で異なる料理を楽しめるなど、小さい島国でありながらも食文化はバラエティーに富む。また旧正月のみにしか振る舞われない料理や季節のフルーツもある。

Safari サファリ

スリランカでは手付かずのジャングルを堪能することができる。野生の象、豹、熊、鹿などを見るサファリツアー、スリランカ固有の鳥類を見るバードウォッチングなど、楽しみ方はいろいろ。

Ayurveda アーユルヴェーダ

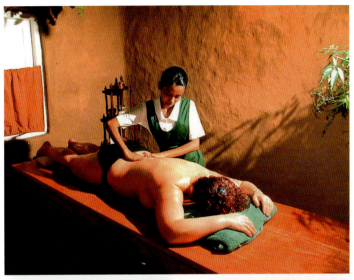

　古来より受け継がれる自然治癒力を高める療法〝アーユルヴェーダ〟もスリランカ旅行の魅力を増してくれる。近年では全世界的に流行の兆しを見せ、女性旅行者に好評であるが、もちろん男性にも良い結果をもたらす。日帰りリフレッシュ施術から長期滞在を要する本格治療まで旅行者のニーズに対応。日本国内でスリランカ式アーユルヴェーダマッサージスポットの開業を予定する人向けに長期講習を実施するセンターもあり、新たなツアーとして注目されつつある。

Shopping ショッピング

　宝石、アーユルヴェーダグッズ、ハンディクラフト・民芸品、紅茶など、スリランカでしか入手できない個性的な特産品が揃う。

People 人々

　豊かな笑顔こそがスリランカの自慢でもある。もしかしたら地元の人たちの笑顔に出会うだけで、スリランカ旅行を満足させてくれるかもしれない。

スリランカ

★本書ポリシー ··· 2
★スリランカ全土地図 ·· 3

スリランカ基本情報 ❶ ·· 22
★基礎情報 ··· 23
★入出国 ·· 29
★宿泊 ··· 35
★移動手段 ··· 36
★エチケット ··· 39
★安全について ·· 41
★食事 ··· 43
★暦 ·· 52

コロンボ市内・近郊 ··· 53
★コロンボの歴史 ··· 54
★コロンボ地図 ·· 55
★コロンボの特徴 ··· 56
★市内移動 ··· 57
★フォート・ペッター地図 ·· 58
★コロンボ中・南部地図 ··· 59
★主なコロンボ市内バスルート ··· 60
★ペッター周辺バスマップ ·· 61
■コロンボ北部 ··· 62
■コロンボ中部 ··· 64
■コロンボ南部～デヒワラ ·· 66
■マウントラヴィニア ··· 83
■キャラニヤ ·· 85
■スリー・ジャヤワルダナプラ（コーッテ） ······························ 87
■ジャ・エラ／カトゥナーヤカ ··· 89
■ガンパハ ··· 90
●近年のスリランカ～日本ビジネス事情 ···································· 92

南西海岸～カタラガマ ·· 93
★南西海岸～カタラガマ地図 ··· 94
★南西海岸の歴史・概要 ··· 95
■ニゴンボ ··· 96
■ワッドゥワ～カルタラ ··· 104
■ベールワラ～ベントタ ··· 108
■ベールワラ ·· 109
■アルトゥガマ ··· 112
■ベントタ ··· 113
■アンバランゴダ ·· 117
■ヒッカドゥワ ··· 120
■ゴール ·· 125
■ウナワトゥナ ··· 131
■ウェリガマ～ミリッサ ··· 133
■マータラ ··· 136
■タンガッラ ·· 138
■ハンバントタ ··· 140
■ティッサマハーラーマ ··· 142
■カタラガマ ·· 145
■チロー／プッタラム ··· 148
■カルピティヤ ··· 148
●～東洋の神秘～アーユルヴェーダ ··· 149

キャンディ・丘陵地帯 ·· 152
★丘陵地帯地図 ·· 153
★丘陵地帯の歴史・概要 ··· 154
■キャンディ ·· 155
■ペーラーデニヤ ·· 165
■ピンナワラ ·· 167

Contents

- ■ マータレー ……………………………………… 168
  - ■ ナーランダ ……………………………………… 171
- ■ スリーパーダ …………………………………… 172
- ■ ラトゥナプラ …………………………………… 173
- ■ ホートンプレインズ …………………………… 175
- ■ ヌワラエリヤ …………………………………… 176
- ■ ハプタレー ……………………………………… 182
  - ■ ウェッラワーヤ ………………………………… 183
- ■ バンダーラウェラ ……………………………… 184
- ■ エッラ …………………………………………… 186
- ■ バドゥッラ ……………………………………… 188
  - ●旅の思い出に残るティーとティーフード …… 189

文化三角地帯 ……………………………………… 192
- ★文化三角地帯地図 ……………………………… 193
- ★文化三角地帯の歴史・概要 …………………… 194
- ■ ダンブッラ ……………………………………… 195
- ■ シーギリヤ ……………………………………… 199
- ■ ポロンナルワ …………………………………… 204
  - ■ ギリタレー ……………………………………… 211
  - ■ メディリーギリヤ ……………………………… 212
  - ■ ハバラナ ………………………………………… 213
- ■ ミヒンタレー …………………………………… 214
- ■ アヌラーダプラ ………………………………… 217
  - ■ アウカナ、ハッティクッチ、ヤーパフワ …… 223
- ■ クルネーガラ …………………………………… 224
  - ●現地に滞在して感じたこと …………………… 226

北部・東部 ………………………………………… 229
- ★北部・東部地図 ………………………………… 230
- ★北部、東部の歴史・概要 ……………………… 231
- ■ ヴァヴニヤ ……………………………………… 232
- ■ マンナール ……………………………………… 233
- ■ ジャフナ ………………………………………… 234
- ■ トリンコマリー ………………………………… 238
  - ウップヴェリ／ニラヴェリ／ピジョンアイランド … 240
- ■ バッティカロー ………………………………… 242
  - ■ カルクダー／パッセクダー …………………… 244
- ■ ポットゥヴィル ………………………………… 245
  - ●ココナッツオイルの楽しみ方 ………………… 246

スリランカ基本情報 2 …………………………… 247
- ★スリランカの歴史 ……………………………… 248
- ★スリランカの宗教 ……………………………… 254
- ★鉄道時刻表 ……………………………………… 255
- ★シンハラ語表現集 ……………………………… 259
- ★タミル語表現集 ………………………………… 264
- ★スリランカ国歌 ………………………………… 266
- ★情報・メディア等 ……………………………… 266
- ★お薦めのツアーコース ………………………… 267
- ★有用連絡先 ……………………………………… 268
- ★ビジネスデータベース ………………………… 270
- ★索引 ……………………………………………… 275

スリランカ基本情報 ❶
Basic information of SriLanka

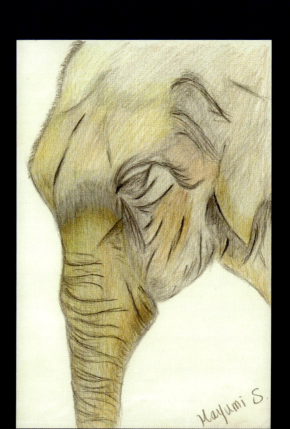

Basic Information 基礎情報

🟠 正式国名と意味
スリランカ民主社会主義共和国 Democratic Socialist Republic of Sri Lanka（1972年の完全独立時にセイロンより現呼称となる）。なお現代においても旧名のセイロン [Ceylon]、古代ラテン呼称のタプロバネ [Taprobane]、アラブ語の呼称セレンディブ [Serendib]（英語でも Serendip= 偶然の発見）も愛用され広く通じる。
〈スリ＝光り輝く〉〈ランカ＝島〉を意味する。

🟠 国旗の意味
獅子はシンハラ王朝時代から続く国の象徴。4隅の菩提樹の葉は仏教、サフラン色はヒンドゥー教またはタミル人、緑はイスラム教またはムーア人を意味し、民族の融和を表現・象徴する。

🟠 国家元首
マイトゥリパーラ・シリセーナ大統領　President, Maithripala Sirisena

🟠 政治体制 / 議会
共和制 / 一院制（定数225議席）

🟠 日本との距離
約 7,700 km

🟠 位置、トータル面積
インド洋ベンガル湾南西部に位置し、インド大陸からはマンナール湾およびポーク海峡で隔てられている。面積＝ 65,610 ㎢（アイルランド、タスマニア島とほぼ同じ面積で北海道よりやや小さい）

🟠 日本との時差
－3時間30分（グリニッジ標準時に対し＋6時間）

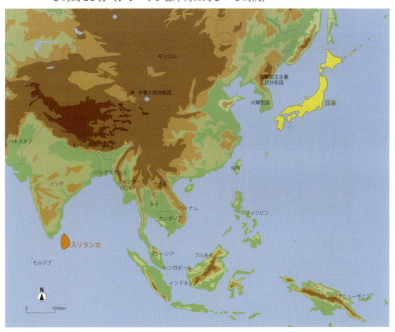

🟠 気候

熱帯性モンスーン気候に属し、赤道付近から吹く南西モンスーンとベンガル湾から吹く北東モンスーンの影響により雨季と乾季がある。平地は年間を通して基本的に暖かいが、標高1000m以上の丘陵地帯では最高気温が30℃を超えることはなく、朝晩になると上着が一枚余分に必要なほどの冷涼な気候となり、スリランカ島全体で地域差がある。

🟠 旅のシーズン

南西部では12〜3月の北東モンスーン期がベストシーズン。降雨量は少なく、この時期はヨーロッパからの観光客でにぎわう（後述するが、南西海岸周辺の宿が予約で埋まり宿泊料金が上昇することもある）。5〜9月は南西モンスーンの影響で雨季となり、南西海岸の閑散期。宿泊料金も下がるので、サーフィン目的などのこだわりがなければこの時期が得策ともいえる。逆に北東部は乾燥が強くなり沿岸部ではベストシーズンを迎え、穴場的スポットに旅行者が集まる。

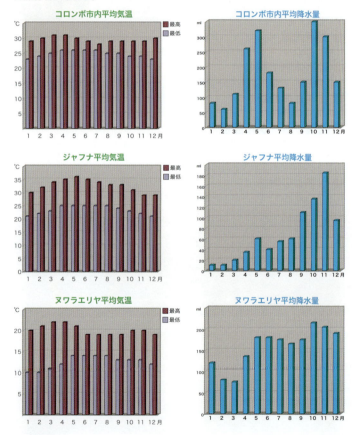

🟠 首都

1984年にコロンボよりスリ・ジャヤワルダナプラ（Sri-Jayawardenepura）へ遷都された。同地区はしだいに活気付いてきているが、いまだ政府機関の大半はコロンボに残存し、経済面においてもコロンボが首都機能を有する状態が続いている。正式名称だが、現地では"スリージャヤワルダナプラコッテ"と呼ぶことはなく、正確には"スリ・ジャヤワルダナプラ"あるいは現地名"コーッテ（Kotte）"のどちらか。

🟠 人口
約 2048 万人（2013 年）

🟠 民族
★シンハラ＝ 74.5% ★スリランカタミル＝ 11.9% ★インディアンタミル＝ 4.6% ★ムーア（ムスリム）＝ 8.3% ★その他（バーガーと呼ばれるポルトガル人やオランダ人の子孫など）。シンハラ＝仏教、タミル＝ヒンドゥー教と、大まかに見れば民族別に信仰する宗派も決まるが、異教間の結婚や改宗、その他例外がある。

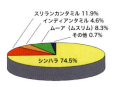

🟠 公用語
アーリア系のシンハラ語とドラヴィタ系のタミル語が公用語。元英国植民地であったため、あらゆる場面において英語が通じ、スリランカ国内のローカルエリアにおいても、探せば誰かしら英語を理解する者が現れる。スリランカの英語はネイティブではない相応の訛りがあるが、日本人には割と聞き取りやすく、逆に日本人のカタカナ発音的な英語も彼らの耳には容易に理解できる。少数ではあるが、オランダ語やポルトガル語を母語とするバーガーも存在する。

🟠 通貨
スリランカ・ルピー。単位は1ルピー＝ 100 セント。
【紙幣】Rs.5,000、2,000、1,000、500、200、100、50、20、10（Rs.5、2 はほとんど見かけない）。
【貨幣】Rs.10、5、2、Re.1（Cts.50、25、10、5、2、Ct.1 はここ数年で流通量激減）。
2014 年現在1ルピー＝0円88 銭。

🟠 両替
日本国内でスリランカルピーに両替できる銀行は存在しないため、現地到着後に両替することとなる。
日本からの航路のほとんどが夜に到着するので、特に旅行者は 24 時間営業する空港内銀行で少額でも両替しておくと便利。空港の到着ロビーではスリランカ国営・民営各銀行の出張所を設けてあり、どの銀行でもレートは大幅に変わらない。街中の銀行や両替商の方がレートは若干良い。
両替後、しわくちゃの汚い紙幣が混ざっていた場合はなるべく早めに使用するように。隣国インド同様に銀行でならば受け取ってもらえるが、一般ではまれに敬遠されることがある。

コロンボ国際空港内の銀行ブース群。

★ 両替時の現金
日本円、US＄、ユーロ等を受け付けるので、日本人にとって両替の不自由さは基本的にないと考えて良い。

★ トラベラーズチェック T/C
トラベラーズチェック（T/C）の場合は紛失時に再発行可能という保険的なメリットはあるが、手数料（発行時1%、両替時1%のほかに数百ルピーのサービス手数料が発生）と両替に時間を要すること、パスポートなどの身分証明提示が必要となるため少々面倒。また、日本円立て T/C は受け付ける銀行が限られるので US＄立ても併せて準備すると身動きが取りやすい。

日本の造幣局が製造を受注した日本ースリランカ国交樹立 60 周年貨幣 Rs.1,000。

スリランカ基本情報 ❶

★ キャッシング

手数料はかかるが対応するクレジットカードさえ所有していればスリランカ国内のほとんどの銀行窓口や ATM でルピーが引き出せる。いざという時に役に立つので 1 枚持っていると便利。受け付けるクレジットカードの銘柄はマスターと VISA が代表的。

★ 両替商

コロンボ界隈のほか、キャンディ、ニゴンボ、ヒッカドゥワ等の観光客の多い都市にレートの良い両替商が点在する。US$ や日本円での支払を可能にしてお釣りをルピーで返す土産物店も多い。また、同地域では闇両替を持ち掛けてくる者もいる。確かにレートは悪くないが、イリーガルなので持ち逃げされると委託側は強く出れないためトラブルには注意すること。

● ビジネスアワー

銀行は平日の 9:00 ～ 13:00（都市部の一部支店では 15:00 まで）、両替等一部業務を土日祝を含む 24 時間受け付ける支店もある。郵便局を含む一般オフィス営業時間は通常平日が 8:00 ～ 16:30、土曜日は 13:00 まで（コロンボ中央郵便局は 24 時間営業）。一般商店の営業時間は月曜～金曜が 10:00 ～ 19:00、土曜日は 15:00 まで。なおムスリム経営の商店はモスクでの礼拝の関係から金曜日のランチ休憩時間が長くなる。

混雑する朝ラッシュ時の列車。

● 郵便料金

★ スリランカ⇒日本
【エアメール】20g まで Rs.65。10g 増加ごとに Rs.15 を加算。
【ポストカード】Rs.20
【エアログラム】Rs.30
【小包】500g まで Rs.2,065。500g 追加ごとに Rs.750 を加算。

★ スリランカ国内便
【書類】30g まで Rs.5。それ以上の重量はビジネスメール扱いとなり Rs.15。長さ 610 ×幅 300 ×奥行き 300 各 mm 以内。

ポストは 3 種類。青が国際郵便、緑が市内、赤が国内全域。青ポストがない場合は赤ポストが国際郵便も兼ねる。

【ポストカード】Rs.4。100/60mm 以上 140/90mm 以内。
【小包】基本料金 Rs.10。250g 追加ごとに Rs.5 を加算。上限 10 kg。

● 電話

★ 国内通話
急速に普及する携帯電話に対抗するためか、固定電話は通話料が比較的安い。時間帯や契約内容により異なるが、1 分 Re.1 ～ Rs.3 程度。公衆電話は日本同様、徐々に淘汰されつつあり、設置場所は限られる。市内通話は 1 分 Rs.5、市外通話は Rs.10。

★ スリランカ⇒海外
スリランカから国際電話をかける場合 "00" → "国番号（日本＝ 81）" → "市外局番や携帯電話番号の頭 0 を抜いた電話番号（相手国によっては 0 を付けたままの場合もある）" の手順。

近年では携帯電話の普及で公衆電話の需要がなくなりつつある。

例えば日本の固定電話あては 1 分 Rs.7 ～ 10、携帯電話あては Rs.18 ～ 20。街中に "IDD" "LOCAL CALL" の看板を掲げたコールセンターで IDD カードを購入すると国際電話料金が割引となる。また、BRASTEL 社等では、スリランカでも使用可能な国際通話プリペイドカードを販売している。

★ 海外⇒スリランカ

　一般的な方法は各国の国際電話会社コード番号（例えば日本からの場合、KDDIは001、日本テレコムは0041、NTTひかり電話等は回線事業者を選ばず010など）を入力→**国番号94**→市外局番や携帯電話の頭"0"を抜き→電話番号の順。

● 携帯電話会社とコード番号

　携帯電話会社はスリランカ国内ではMobitel、Dialog、Etisalat、Hutch、Airtelの5社。サービス競争が過熱気味で、通話料は安く1分Re.1～Rs.3。携帯電話の普及率はここ数年で増加傾向にあり、日本と同様に田舎の細い路地までも通信網が拡大されている。スリランカではシムカードを挿入するGSM端末が主流。シムカードはスリランカ国内用をRs.200～購入可能。ロックフリー端末は安いものならRs.1,500くらいから販売されている。また日本の携帯電話端末を持参して国際ローミングで国内携帯番号のまま現地で使用する方法もあり、目的別の選択が可能。

◆Mobitel ……………… 071～	◆Hutch ……………… 078～
◆Etisalat ……………… 072～	◆Airtel ……………… 075～
◆Dialog ……………… 077～	

● スリランカ国内地上電話エリアコード

★コロンボ界隈	011	★トリンコマリー	026
★ニゴンボ	031	★アヌラーダプラ、ミヒンタレー	025
★カルタラ、ベールワラ、ベントタ、アルトゥガマ	034	★ジャフナ	021
★ゴール、ヒッカドゥワ、ウナワトゥナ	091	★バッティカロー	065
★マータラ、ウェリガマ	041	★マータレー、ダンブッラ、シーギリヤ、ハバラナ	066
★キャンディ	081	★ポロンナルワ	027
★クルネーガラ	037	★ハンバントタ、タンガッラ、ティッサマハーラーマ	047
★ヌワラエリヤ	052	★ラトゥナプラ	045
★ハプタレー、バンダーラウェラ、エッラ	057	★スリランカ航空	01973
★バドゥッラ、ウェッラワーヤ	055		

● インターネット回線

　近年の発展ぶりは目覚しいものがあり、ブロードバンド普及率が以前よりも高く、高級ホテルでは1GBのWi-Fi接続も可能なエリアもある。現地でWi-Fiルーターをレンタルする場合はRs.2,000程度、SIMだけを現地通信ショップで購入する方法やSIMフリーWi-Fiルーターを日本から持参する方法もあるので、自分に合った方法を選択できる。

高級ホテルのWi-Fiエリア。

　現地ネットカフェの相場はRs.40～50/15分。空港施設内などは料金が割高となる。

● チップの習慣

　基本的には他国同様、飲食店やホテルなどスリランカでもチップを支払う習慣があり、総支払額の10%が目安。近年ではチップの習慣のない旅行者への考慮から、チップの代わりとして徴収額に"Service Charge"の勘定項目を割り当てるケースが増えつつあるので状況に応じて計算すれば良い。大衆食堂などではチップを払いやすいように小銭を入れてお釣りを出すことが多い。その他一般的なチップ相場は2014年現在ではRs.50～100。普段から小額紙幣を持っているとスマートに支払える。

● 電圧

　220～240V、コンセントのタイプは3本丸ピンの（B3）が主流。日本製家電品を持参して使用する場合、電圧範囲が対応している製品であればコンセント差し込み変換アダプターだけで使用可能。近年ではそのまま差し込めるコンセントも登場。

日本国内のみの使用を前提に製造された製品には変圧器が必要となる。変圧を怠ると発火や爆発の恐れがあるので注意。

← 上の穴はシャッターロックを解除するためのもので、下二つの穴が通電用。丸穴と角穴タイプがあるが機能は同じ。上穴のシャッターロックがないタイプも存在する。

高級ホテルなどでは右のような、日本式のプラグを受け付けるコンセントも設置されているケースも見られる。電圧は 220～240V に限られるが、スマートフォン等は対応可能と考えてよい。

🏀 水

どこの国へ行くにも注意すべきだが、スリランカも同じく、基本的には水道水を煮沸抜きで飲まないこと。時々地元の人が水道水を直接飲んでいる姿を見かけるが真似をしない方が無難。煮沸したものを飲むかミネラルウォーターを購入すること。ミネラルウォーターはスリランカ国内のどの地域でもペットボトル入りを購入可能。食堂などで出されるコップ入りの水も身の安全のため煮沸されているか確認した方が良い。地元の人も尋ねられることには慣れているので気分を害さないから遠慮は要らない。

スーパーや売店などで入手が可能。

🏀 ビデオ方式

PAL 方式を採用。日本の NTSC 方式とは異なるため、スリランカで販売されている DVD メディアを日本に持ち帰って再生・視聴するには対応する機器が必要。その逆の日本製 AV 機器をスリランカに持ち込んで現地メディアを再生する際にも注意が必要。

🏀 スリランカのメディア

TV 放送開始は 1982 年（日本の支援により国営放送の Rupavahini を開局）。以降は ITN と 11 の民間運営放送局も誕生し、現在では全 13 局。シンハラ語・タミル語・英語の 3 言語構成で多重音声機能が活躍する。コンテンツは報道、ミュージック、ドラマ、バラエティーほか。ラジオ放送局は国営の SLBC と民間で 15 局、新聞は日曜版を含め 11 紙。近年では ADSL 回線も普及し、インターネットメディアも活躍。

🏀 独立

1947 年にインドが英国から独立した流れを受け、1948 年 2 月 4 日に英連邦自治領として独立。後の 1972 年より完全独立し "スリランカ" へと改称。

🏀 平均寿命

男性 71 歳、女性 77 歳（2013 年）

🏀 識字率

90%

🏀 貿易輸入 / 輸出額

【輸出】103.9 億米ドル
【輸入】180.0 億米ドル
（2012 年）

🏀 主要貿易品目

【輸出】工業製品（繊維・衣類製品等）76％、農業製品 24％、宝石類 0.3％
【輸入】中間財（繊維関連等）61％、資本財 21％、消費財（食料品等）18％、その他 0.3％

🏀 名目 GDP/ 一人あたりの GDP

67.2 億米ドル /3,280 米ドル（2013 年）

🏀 GDP 経済成長

7.3％（2013 年）

🟠 物価上昇率
6.9％（2013年コロンボ消費者物価上昇率）

🟠 失業率
4.4％（2013年）

🟠 経済関係
対日貿易額は約857.6億円（2013年）で、日本はスリランカにとって重要な貿易相手国（輸入は第6位、輸出は第9位）。

【日本への輸出】508.3億円
【日本への主要輸出品目】紅茶、衣類および同付属品、魚介類（まぐろ、えび等）、ゴム製品、植物性原材料
【日本からの輸入】216.2億円
【日本からの主要輸入品目】自動車、一般機械、繊維用糸および繊維品、ゴム製品、鉄鋼
【日本からスリランカへの直接投資】約27.21億ルピー（2011年）
【日系進出企業】60社以上（2012年8月）

ゴールフェイスよりワールドトレードセンターを臨む。近年のコロンボ界隈の近代化は目を見張る勢いがある。

Immigration & Embarkation 入出国

🟣 入国

★ 航路
かつてはスリランカ北西部のタレイマンナールとインドのラーメーシュワラムを結ぶフェリーと鉄道（客車ごとフェリーに乗せてしまう）が就航されていたが、両国の政治上の問題から運休が続いていた。現在のところ空路以外にスリランカへ入国する手段はないが、今後は先述のフェリー運行が復活する予定で、南インドとの往来が可能となる。

空路については、日本と関連のある主なスリランカ乗り入れ航空会社はコロンボ国際空港の発着となり、以下のとおり。

- スリランカ航空（UL）：日本から唯一の乗換不要直行便で成田発〈月木土日〉、周辺諸国とのアクセスも良い
- タイ国際航空（TG）：バンコク発〈火水金土日〉
- マレーシア航空（MH）/ エアアジアX（D）：クアラルンプール発で**毎日 / 火水金日**
- シンガポール航空（SQ）：シンガポール発で毎日
- 大韓航空（KE）：仁川発〈火木日〉
- キャセイパシフィック（CX）：香港 / バンコク発は〈火木日〉、香港 / シンガポール発は〈月水金土〉で実質**香港から毎日**
- 中国東方航空（MU）：昆明発〈月水土〉
- ミヒンランカ（MJ）：ジャカルタ発が**毎日**のほか、バングラデシュやインド各都市を結ぶ
- エミレーツ航空（EK）：シンガポール発とマーレ / ドバイ発で**毎日**

※その他、マッタラ・ラージャパクサ国際空港はスリランカ航空バンコク便が毎日就航。インドやモルジブにストップオーバーしてスリランカを往復する手段もポピュラー。

★ 入国条件
次の条件を満たすことが必須となる。
- **パスポートの有効期間が6ヶ月以上**
- **コンファームされた帰国チケットを持っていること**
- **滞在期間中の費用を負担できること**

★ エアチケット

スリランカ航空の場合はチケット取扱業者のほか、スリランカ航空運営サイトからも直接 e-ticket の購入が可能となっている。web での購入の方が割安だが、原則クレジットカード決済となり、その利用したカードを空港カウンターで提示する必要がある。詳しくは http://www.srilankan.co.jp の "オンライン・ブッキング" を参照。

★ 入国カード

以下例のように記載し、入国審査時に提出する。入国審査でバタバタする恐れがあるので、なるべく早めに記載すること。なお、これまで帰国時に必要とされていた出国カードは 2014 年現在では不要となっている。

ARRIVAL CARD

1. Flight No./Ship Name	UL 455
2. Passport No.	N M 4 6 8 1 8 3 6 5
3. Nationality	JAPAN
4. Name with initials	N A O K I / T A K A H A S H I
5. Are you a dual citizenship holder in Sri Lanka?	Yes ☐ No ✓
Sri Lankan passport No. (If available)	
6. Address in Sri Lanka (Mandatory)	Galle Face Hotel / 2, Galle Road, Colombo-3
7. No. of accompanying children	
8. First port of embarkation	NARITA
9. Purpose of visit. Please Tick (✓)	✓ Holiday
Date	3 0 0 9 2 0 1 3
Signature	NAOKI・TAKAHASHI

Instructions
1. To be filled in English block capital letters and one character per box.
2. Use black/blue pen to fill this card.
3. Address in Sri Lanka is mandatory.
4. A separate card should be filled for each child travelling on parent's passport.
5. Your passport must be valid for next six months.
6. Any extension for visa should be obtained from Department of Immigration and Emigration in Colombo.
7. Strictly adhere to the purpose of visit indicated.
8. This is a legal document. False declaration can lead to penalties including confiscation of goods, fines, prosecution, imprisonment and removal from Sri Lanka.

1. Flight No./Ship Name ……………………………フライトナンバー
2. Passport No. ………………………………………パスポート番号
3. Nationality…………………………………………国籍
4. Name with initials ………………………………パスポートに記載のある姓名
5. Are you a dual citizenship in Sri Lanka? …過去にスリランカ国籍を有していた者のみ yes
★ Sri Lankan passport No. ……………………スリランカ国籍保有者記入欄
6. Address in Sri Lanka …………………………スリランカでの滞在先
7. No. of accompanying children ………………連れ子がいる場合は人数を記し、もう1枚に詳細を記入
8. First port of embarkation ……………………出発空港名
9. Purpose of visit ………………………………滞在目的を選ぶ
★ Date …………………………………………………記入日（日、月、年の順）
★ Signature …………………………………………署名

★ 査証（ビザ）

2012 年 1 月より、日本国民のスリランカ入国に際してビザ（通称 ETA）の申請が必要となった。インターネットサイト http://www.eta.gov.lk/slvisa/ から申請し印刷するか、現地空港到着時に "VISA ON ARRIVAL" カウンターにて申請を行う。インターネットからの申請はパスポートのほかにクレジットカードとメールアドレス情報が必要。ネット決済は $30、現地空港到着時の申請は $35 を要するが、12 歳未満は申請を免除される。ETA は以下の分類となる。

観光目的 (30日間、入国2回まで)	$30	トランジット (2日間、入国1回のみ)	無料
ビジネス目的 (30日間、入国複数回可)	$30	トランジット (3～7日間、入国1回のみ)	$20

ETA は 30 日間に制限されており、延長は最大 6 ヶ月まで可能で入出国管理局（所在地：コロンボ、キャンディ、ヴァヴニヤ、マータラ "スリランカ基本情報 ❷" 有用連絡先を参照）にて手続きを行う。詳しい内容は http://www.immigration.gov.lk を参照。

![ETA Acknowledgement]

Department of Immigration & Emigration Acknowledgement of ETA application

Date: 03/04/2012 10:02:00 (In Sri Lankan Standard time)

Dear MR.

Your ETA application to visit Sri Lanka has been received.

Your reference number is: 1204████████1891

Charged Amount: 20.00 USD

You will receive a response for your application within 24 hours.

You may make inquiries only after 24 hours of submission of your ETA application.

For inquiries
Telephone :0094 71 9967888
Fax :0094112674631
E-mail :contvisa@immigration.gov.lk

This is a computer generated notice and carries no signature or seal.

Department of Immigration and Emigration
Sri Lanka

インターネットサイトより申請し、プリントアウトした査証。本書を携帯し入国審査時に提示する。

バンダーラナーヤカ国際空港地図（入国）
Bandaranaike Airport Map (Embarkation)

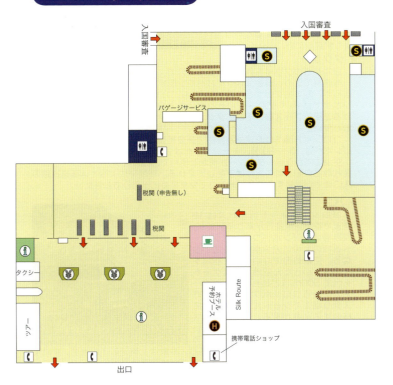

【左】提出書類が整ったら入国審査へ。【右】ビザがない場合はこちらで購入する。

🔴 空港～都市間の移動手段

入国手続きが完了したらコロンボかニゴンボ方面へと向かうのが一般的。

コロンボ方面は片道 30 ～ 40kmの距離で、到着後はあらゆる方面への移動に融通が利く。

一方のニゴンボへは空港からホテル街まで10km弱と近距離なのだが、翌日以降バスや列車で南西海岸や丘陵地帯方面への長距離移動をする場合は、一部便利な運行もあるが、ほとんどはいったんコロンボに出る必要が生じる。

空港近辺にも宿泊施設はあるので、深夜到着のフライト利用ならばそれらを活用し、明るい時間帯に移動を開始するという手段も検討したい。

バンダーラナーヤカ国際空港内のコンコース。

★ タクシー

日本からのフライトは夜に到着するので、荷物管理の面からタクシーが一番便利で安心。料金はドライバーや手配するツアーエージェンシーにもよるが、基本的には大きな違いはない。コロンボまで Rs.2,500 ～、ニゴンボまでは Rs.1,500 ～、キャンディまで Rs.6,000 ～が相場。税関を抜けると銀行ブース群のそばにタクシーカウンターがあるのでそこで申し込むと良い。

コロンボ方面へは高速道路経由で所要時間 30 分（通行料 Rs.300）。ニゴンボへは 15 ～ 30 分、キャンディへは 2 ～ 3 時間。

空港に向かう際もタクシーが何かと便利で、宿泊先、ツアー会社、タクシー会社などに知らせておけば手配してくれる。時間帯によっては高速道路の入口までが混雑することがあるので少々早めに出発しておきたい。

★ バス

コロンボフォート行きバスは 19 時まで空港始発運行があり便利だが、深夜帯はニゴンボ～コロンボフォート運行のものに途中乗車することとなる。空港始発でないものを利用する場合、いったん空港の到着ゲートを出て 500m ほど離れたカトゥナーヤカにあるコロンボフォート行きバス乗り場までシャトルバスか徒歩で移動する必要がある。シャトルバスは空港到着ゲート左側で待機している（15 分おきに出発）。徒歩移動の

バスはスリランカで安価な移動手段。バックパッカーや節約旅行者には強い味方。

場合は到着ゲートを出て右側へと進む。本数は 1 時間に 1 本程度。乗車後の所要時間は 40 分。バスルートナンバーは空港始発がルート 187、ニゴンボ発は 240、運賃は Rs.130 ～ 135。逆にコロンボから空港へ向かう際はコロンボフォート Bastian Mawatha Bus Station から乗車。19 時以降はニゴンボ便しかなくなるので、カトゥナーヤカで降車後に空港行きシャ

トルバスに乗り換えるか徒歩で空港出発ゲートへ向かう。

空港からニゴンボ方面へ向かう場合、いったん無料のシャトルバスか徒歩でカトゥナーヤカのバス乗り場まで移動し、コロンボフォート〜ニゴンボを走行するルート240のバスに乗る。ニゴンボ行きバスは15〜20分間隔で運行され、所要約30分、Rs.40。ただしニゴンボのホテル街までは走行しないことと、運行は20時半で終了すること、そして車内がまれに混雑しているのがデメリット。利用する場合はニゴンボターミナル到着後、ホテル街を目指すならば別のバスやスリーウィーラーなどに乗り換える必要があり、慣れていない人はスリーウィーラーの利用を勧める。ホテルを決めてなければドライバーに頼んで紹介してもらう手段もある。ターミナルからの距離は約2〜3km。

ペッターからわずか40分で空港まで移動できる。

★ スリーウィーラー

ニゴンボ方面との移動にこの手段を用いるのが有効で、コロンボやキャンディ方面など長距離移動には適さない。また海外から戻ったスリランカ人が知己のドライバーに迎えに来てもらうケースが多く、空港敷地内では外国人旅行者を乗車させないことがあるので空港から少し離れた場所から乗車すると良い。

荷物をそこそこ載せられ実用性が高く、タクシーより安いことが利点。しかし3人分の客席しかなくエアコンはない。交渉次第で値は大きく変わるが、ニゴンボまではRs.600〜800程度が妥当な料金。

短距離移動に重宝するスリーウィーラー。

★ 鉄道

定期列車を利用する場合、バス同様に1km近く離れたカトゥナーヤカサウス駅までの移動が必須となる。夜8時（土日は夜7時）でコロンボフォート行き列車が終了するため、日本からの直行便で到着する旅行客は利用が難しい。仮に運行中の時間帯に利用するとしても、現在のところ空港連絡特急のような海外旅行者向けの便利な運行はなく（事情により2013年に中止）、通勤列車風の車両に乗車する。バス並みに運賃は安いのだが、軽装でない限り強くはお薦めできかねる。

コロンボ近郊の通勤列車。ラッシュ時は乗客がはみ出すほど混雑する。

余談だが、実際には空港の側に"バンダーラナーヤカエアポート駅"が存在するが、現段階では貨物列車か団体客で申し込むなどして運行される不定期イベント列車（蒸気機関車牽引など）が乗り入れるのみ。ただ、今後は各方面から鉄道による空港アクセス運用再開の声が多く上がるなどして、政府側か民間業者に聞き入れられれば再開する可能性もあり、現在は様子を見守るしかない。

★ 知人や友人による送迎

近年、在日スリランカ人と仲良くなる日本人がこの手段を取るケースを多く見掛ける。良い知人であれば頼るのも手だが、タクシー料金ほどではないにしても多少はお金を包んだり、荷物を日本〜スリランカ間で親族あてに運んであげたりと、それなりの気配りが必要だろう。

● 出国

出国税はRs.1,500。通常は航空券代に含まれているので空港で支払う必要はないと考えて良い。

★ リコンファーム（再確認）

　FIXチケットであれば予約再確認は不要。OPENチケットの場合には空席があれば飛び込みでも搭乗可能だが、繁忙期はオーバーブッキングを引き起こす可能性もあるので、念のため帰国予定日の空き状況を航空会社の窓口に問い合わせ・確認された方が無難。

バンダーラナーヤカ国際空港地図（出国）
Bandaranaike Airport Map (Departure)

★ 航路

- スリランカ航空（UL）：成田行き〈水金土日〉、周辺諸国行き多数
- タイ国際航空（TG）：バンコク行き〈月水木土日〉
- マレーシア航空（MH）/ エアアジアX（D）：クアラルンプール行きで**毎日** / **火木金日**
- シンガポール航空（SQ）：シンガポール行きで**毎日**
- 大韓航空（KE）：仁川行き〈**火木日**〉
- キャセイパシフィック（CX）：香港/バンコク行きは〈**月水金**〉、香港行きは〈**火木土日**〉で実質**香港**へ**毎日**
- 中国東方航空（MU）：昆明行き〈**火木日**〉
- ミヒンランカ（MJ）：ジャカルタ行き**毎日**のほか、バングラデシュやインド各都市行き
- エミレーツ航空（EK）：シンガポール行きとマーレ/ドバイ行きが**毎日**就航

【左】バンダーラナーヤカ空港の出入国ゲート前。【右】出国チェックインカウンター。

Accommodation 宿泊

● 宿泊施設

スリランカにはシングルで1泊$100以上の高級ホテルから$20程度の安宿まで、旅行者のスタイルに合わせた宿泊施設がそろっている。高級ホテルは主にコロンボ、キャンディ、南西海岸などの観光都市に集中している。ビジネスホテルやゲストハウスクラス級の宿はどの地域でも見付かるが、設備や居住性は値段相応。

ヨーロピアンが大挙して訪れる12～3月、ペラヘラ祭が開催される繁忙期には宿泊費が上昇したり満室になりやすいので注意。webからの申し込み時はトラブル回避のため、できるだけ詳細情報を印刷しておくこと。

高級ホテル、高級リゾート

コロンボ、キャンディ、ビーチ等に集中する。豪華な旅を演出されたい方は是非ともご利用いただきたい。このクラスであれば大半はサービスに満足できるもの。大型スイミングプール、ショッピングセンター、高級レストラン、スポーツジムを完備するなど、それぞれのホテルに特徴がある。ツアーエージェントやwebでの予約申し込みで割安になる。

中級・ビジネスホテル

コロンボやキャンディの相場はUS$40～80程度。ほかの地域では一回り安くなる。宿泊料金を抑えつつ、ある程度の快適性を求めるならばこのクラスが適当。エアコンの有無でも料金は変化するので、涼しい夜はエアコン無しの部屋を選ぶなどの工夫をすると負担が軽い。未開発エリアでこのクラスだけが存在するような状況だと希少価値扱いで宿泊費が強気の場合も。

ゲスト・レストハウス

バックパッカーやエコノミー旅行者向けで、US$30以下で見付かることもある。探せば清潔な宿もあるが、人気が高く早い者勝ち。US$10程度のドミトリーなども存在するが、荷物管理を自ら行う必要が生じるなど（荷物をロッカーに入れ、自前の南京錠で施錠するタイプが主流）料金相応のサービスとなる。当たりハズレが極端で、共同シャワー・便所のケースになると快適とは言い難い。

Transport 移動手段

中・長距離移動

● バス

　スリランカ国内のバス網は発達していて、国内主要都市間は長距離バスで結ばれている。地域路線バスを併用すれば行けない場所はないとまでいわれている。
　長距離バスは国営の SLTB バスと民営に分かれる。SLTB バスは主に赤い塗装が施された大型バスでの運用。民営は運行区間によっては等級がノーマル [N]、セミラグジュアリー [S]、ラグジュアリー（インターシティーと表現することが多い）[AC]、スーパーラグジュアリー [LX] の 4 段階に分かれ、ノーマルの停車数が SLTB 同様に多い。AC 以上の大半は速達性やエアコン装備が売りとなるが、料金は S が N の 1.5 倍、AC が 2 倍、LX だと 3 倍になる。例えばコロンボ～キャンディ間がノーマルで Rs.145 だとすると AC で Rs.290。AC 以上は基本的に目的地までノンストップだが、乗車率が悪かったり途中下車により空席が生じると走行途中で必要に応じて客に乗車を促す。途中乗車・下車で区間が短い場合などは料金をディスカウントしている模様だが、乗車前に車掌に尋ねると良い。
　バスのメリットとして、安価な移動手段であることと速達性が挙げられ、特に高速道路を走行する運用は便利。デメリットは居住性の悪さと車内に日本の高速バスのようなトイレが付いていないこと。長距離を走行する路線は必ずトイレ・食事休憩を設けているが、好きな時に用足しや食事が取れないのは少々面倒かも（もちろん緊急で車掌に告げれば停止して便宜を図ってはくれるが）。また、民営のバスの大半は、正月など国民の休日には運休する。詳しい問い合わせは P.62 の公共交通サービスまで。

【左】セミラグジュアリーバス、【右】エアコン付き LX バス。

● 鉄道

　キャンディ、アヌラーダプラ、ヒッカドゥワ、ゴールなど、路線網は観光地を概ねカバーしている。車窓の美しさには定評があり、南西部海岸線沿いを走るコーストラインと紅茶畑を駆け抜けるメインラインの人気が高く、世界の鉄道ファンに愛される側面を持ち、外国人観光客の姿を多く目にする。
　長距離列車のメリットは車内の自由度が高いこと。トイレも付いているの

【左】VICEROY SPECIAL 専用蒸気機関車、【右】インターシティーエクスプレス。

で急な時は何とかなること（車両によっては少々不衛生に映るかもしれないが）。料金面についてもバス同様に安く、最速のインターシティーエクスプレスのエアコン付き1等でコロンボ〜キャンディ間を乗車してもわずかRs.520。また"EXPO RAIL"や"Rajadhani Express"と呼ばれる豪華車両を連結する運行（ダイヤはP.255時刻表参照）、30〜64人のグループで申し込みを受け付ける蒸気機関車牽引の"VICEROY SPECIAL"もあるので、興味があれば以下までお問い合わせいただきたい。

欠点は遅延しやすいことと駅が町の中心部から離れているケースが多いこと。余裕のある計画的な旅程が必要とされる。

◆EXPO RAIL 011-522-5050
　　　　　　　　　　　　オンライン予約：www.exporail.lk
◆Rajadhani Express 071-0355355
◆VICEROY SPECIAL ...... 011-2589402(JF Tours & Travels)

● 国内航空

2014年12月現在、バンダーラナーヤカ空港やコロンボシティーズ・ウォーターエッジからのセスナ運行、コロンボフォートより15km南に位置するラトゥマラーナ空港（空軍管理）を発着とするプロペラ/セスナ機や空軍によるヘリコプター運用がある。マッタラ〜コロンボの一部便はジェット旅客機の運行あり。バンダーラナー

スリランカ航空のエアタクシー。水上で離着陸するのが特徴

ヤカ/ラトゥマラーナから各地に定期運用があり、例えばジャフナまで片道Rs.18,000、往復Rs.29,000。ヘリでジャフナへは片道Rs.7,750。利用の際はミレニアムエアラインやフィッツエアー、ヘリコプターの場合はヘリツアー（P.268参照）への問い合わせとなる。

スリランカ航空ではエアタクシーと呼ばれる小型機を就航させ、海や大きな貯水池さえあればどこでも離着陸可能な点が強み。

国内航空はセキュリティーチェックの問題から出発2時間前にはチェックインする必要がある。

● ツーリストカー

ドライバーとのコミュニケーションは大体が英語となるが、中には日本語が話せるドライバーもいる（割り増しになる場合が多い）。日本国内旅行会社、バンダーラナーヤカ国際空港内や現地にあるツアー会社、宿泊先などでも手配もしくれる。中には街角で待機しているドライバーと交渉する方法もあるが、いずれにしても人数が多めの方が割り得。車両は日本製の4ドアセダンかワンボックスタイプが主流。料金は1

快適性ならばこのタイプ

日周遊ガソリン代込みでRs.5,000〜、あるいはRs.35/km移動ごとが大まかな相場となる。地域周遊や、公共交通では不便な場所（例えばシーギリヤ、アウカナ、メディリーギリヤなど）への移動には効果を発揮する。

● レンタカー

スリランカの交通事情は日本のそれとは若干異なるが、運転に自信のある方のみにお薦めの手段。旅行代理店やホテルなどで手配は可能。国際免許が必要となる。

具体的な運転ルールを説明すると、日本と同じ左側通行。追い越しは対向車がいないことを確認した上で前を走行する車両を追い越す。追い越される側はウインカー左点滅が追い越し可能、右側点滅が対向車ありのサインを追い越す때に伝える。右手を運転席から出して追い越し可否を教えてくれる場合もある。交差点を直進する場合はハザード点滅。

レンタル料はAC装備の日本車か韓国車両で1日Rs.4,000〜（ガソリン代別）。レンタルと同時にドライバーを雇う手段もあり、やり方次第ではツーリストカーより安く上がることもある。

近距離・市内移動

● スリーウィーラー

スクーターのエンジンに3人掛けの客席、全天候型ボディー、フロントフェンダーに丸ライト一灯（近年では2灯タイプも多い）の可愛らしい外観が特徴のインド製3輪タクシー。現地ではスリーウィーラーの呼び名のほかにインド生産メーカーの"バジャジ"や、タイやマレーシアの3輪タクシー"トゥクトゥク"、"トライショー"と呼ばれることもある。渋滞の中で小回りが利き、荷物を多く載せられるので大変便利。

2011年末ごろよりコロンボ界隈でメーター式の車両が登場し、料金面では安心して乗車できるようになった。料金は初乗り1km Rs.50、以降Rs.30/kmとリーズナブル。注意することは、メーターが以前の走行のままリセットされていなかったりメーターの電源を投入していないケースがあるので、乗車前に確認・指摘すること。また、大きい荷物を抱えて乗車するとメーター制にせず交渉となる場合がある。

メーターの取り付けられていないスリーウィーラーを利用する場合は要交渉。何も言わないで乗車すると降車時に高い料金を請求されるケースがあるので必ず乗車前に交渉すること。

バス同様にスリランカ全土でお目に掛かる移動手段の一つ。

メーター式は写真のように看板を掲げている。地元民にも人気なので、空車を探すのに一苦労の時も。

● バス

初乗り（大凡ジャンクション間か大きい町間）でRs.9と、とにかく安いことが利点。コロンボやキャンディ市内でバスルートを把握できれば金銭的に有利な移動が可能となり行動範囲も広がる。路線バスにも国営とプライベートの違いはあるが、料金はどちらも同じ。

注意点は乗車する際には必ず小銭を用意すること。というのも、走行区間によっては車掌が客捌きで忙しくなり、乗客が降車するまでに釣り銭を準備できなくなるという問題が起こりやすいため。彼らの仕事を円滑にする意味でも小銭の準備は必須。大きい紙幣しかないにしても Rs.100 以内に留めておくと無難。

降車の際は❶ブザーを鳴らす❷ブザーがなければ天井に吊るされたロープを引っ張りベルを鳴らす❸英語で車掌に "I'll get off the next"、あるいはシンハラ語で"バヒナワー/バイナワー"（下車するの意味）と告げる❹ほかの客と一緒に下車する方法のいずれか。

都市部のラッシュ時は混雑率が高く避けた方が無難。状況次第では車体から体をはみ出させ手摺につかまって移動することになるため、慣れた人でないとお薦めできない。

インド製大型車両が主流で独特な轟音を立てて走行する。少数だがダブルデッカー車両（2階建て）も活躍する。

【左】プライベートバス、【右】SLTBバス。大きな違いは車体の色使い。

🟢 鉄道

料金は路線バス同様に安いのだが、本数が少ないこと、中心街から外れた位置を走行することから、移動区間と目的地がハッキリしていないと利用は難しい。

しかしながらバスに比べて窮屈さはないので、例えば南西海岸や丘陵地帯を数日掛けて近距離移動する場合や、コロンボフォートからマウントラヴィニアホテルを目指すなど、条件さえ整えば利用する価値はあるともいえる。なお、コロンボ近郊移動の際、中・長距離列車はコッルピティヤ、デヒワラなどの小規模駅を通過してしまうので、乗車前には必ず駅員か周囲の乗客に尋ねること。

ラッシュ時の利用についてはバス同様に混雑率が高いため、できる限り避けた方が懸命。

🟢 タクシー（4輪）

都市部で4輪のタクシーも活躍する。日本製4ドアセダンのほか、近年ではインド製車両の導入が進んでいる。エアコンが装備され快適に移動ができる。

メーターが導入されていて、1km移動あたりRs.65～Rs.70程度でリーズナブル。こちらも数人での利用であればコストパフォーマンスが高くなり断然お得。比較的どこでも走行しているので捕まえやすい。長距離移動の際、ドライバーによっては要値段交渉。

近年活躍するインド製タクシー"ナノ"。小回りが利く。

Etiquette エチケット

🟢 挨拶

シンハラ人には「アーユボーワン」と挨拶する。人口の7割がシンハラ人・仏教徒なので合掌しながら挨拶すれば喜ばれる。タミル人は「ワナッカム」、ムスリムはイスラム教徒共通の挨拶で「アッサラームアレーコム」と伝えれば良い。見分けが付かず、タミル人と知らずに「アーユボーワン」と挨拶してしまうこともあるだろうが、事情は彼らも察していて大きな問題には至らないので心配には及ばない。

スリランカの都市部では基本的に英語が通じるので英会話で通しても問題はない。地方都市や田舎に行くと一部の人だけしか英語を理解しなくなるシチュエーションも出てくるので、多少でも表現方法を覚えておいた方が心象が良い。どこの国でもそうだが、母国語を話す努力をすることで少なからず旅を有利に運ぶことができるので、是非ともチャレンジしてみていただきたい。

現地の人は親しくなると握手をする習慣がある。日本人にはなじみの薄い文化だが、純粋に握手を求められたらできるだけ握手で返したい。くれぐれも握手は「不浄」とされる左手ではしないように。以前スリランカの少年がニヤニヤしながら左手で握手を求めてくることがあったのであえて右手を差し出したところ周囲が爆笑し、その少年は「あなたはスリランカのことを分かってますね」と言って即座に右手を差し出し握手したことがあった。ちょっとしたブラックユーモアである。なお、握手の際に左手を添える必要はなし。

🟢 食事

食物はスプーンやフォークを使わず素手で食べるのが一般的。ライス＆カリーなどの半液体物も手の指を使い器用に食べる。食前・食後はフィンガーボール（ロケーションによっては水道水）で手を洗う。前述どおり左手は不浄とされる理由から必ず右手を使う（怪我を負って右手が動かせないなど例外あり）。外国人にはスプーンやフォークを用意してくれるので心配は無用だが、地元の人と一緒に手で食べると親睦が深ま

手でカレーを食べる地元民。

るので是非挑戦していただきたい。
　一般家庭に招かれた際は客が先に食べ、ホストは後から食べる決まりがあるので、遠慮せずに食べて良い。また、食べ切る必要はない文化なので、無理して彼らと同じペースで食べず、残しても無礼にはならない。
　使用人など、カースト上で身分が低い人に同席を求めたり酒を勧めることは好まれないので慎むこと。

🟢 宗教施設について

　仏教寺院内では靴を脱ぎ帽子を取ること。靴を脱いだら施設入口に置いても盗難されることは少ないが、皆無とは言い切れないので、靴管理事務所が設けてある場合は預けるのが無難。返却時にお布施（大体Rs.20～100）を支払うのが礼儀。半ズボンやタンクトップなど**男女とも露出の激しい服装はタブー**。しかしながら、アヌラーダプラやポロンナルワなどの地域では日中、足場が焼けるように熱くなることがあり、皮膚の弱い人が素足で歩くと低温火

アヌラーダプラ、ルワンウェリ・サーヤダゴバ側の靴管理事務所。

傷を起こすことがあるので、ボロボロになっても構わない靴下を準備すると便利。靴下を履いて宗教施設内を歩き回ることにとがめはない。ヒンドゥー寺院内では靴を脱ぎ脱帽し、寺院によってだが男性は上半身の衣服を取る。イスラム教モスク内には写真（書籍の装丁、Tシャツにプリントされているものなども含む）は見せたままの持込は禁止なので袋などに入れること。女性がモスクに入る際は頭をベールで包み、膝上の素足を出さない服装にするなどの注意が必要（求められた場合）。
　写真撮影の際は仏像に背を向けた構図は不可。仏像を向いているか仏像に対して横向きならば可。また仏教圏の常識として仏像の上に乗ったり腰掛けて撮影することなどは御法度。過去にスリランカで外国人観光客が仏像に対

内部写真撮影禁止の宗教施設もある。

して過ちを犯し、浄化のため塗りを何度も施され、しばらくの期間ほかの観光客が見学できなくなるという異例の事態に発展した経緯があった。イスラム教のモスク、ヒンドゥー教寺院でも撮影可否を周囲の人に尋ねて確認を取り、とがめられたら即時中止すること。
　僧侶や聖職者に施設内を案内される機会もあるが、必要以上に接触するのはNG。万が一僧侶が女性の手に触れることがあれば女性の側から距離を置き、要らぬ誘惑を与えぬよう心掛けたい。
　仏教施設に限らず、動物や虫を殺す仕草（特に両手を叩いて蚊を殺すなど）は好まれないので、虫除けスプレーを腕や足に散布したり、スーパーマーケットなどでRs.100程度のシトロネラオイルを購入して刺されやすい個所に塗布しておくように。

🟢 街中の撮影について

　国会議事堂や警察署などの政府重要施設、港湾、空港内、軍部のキャンプ場などの撮影は　部で禁じられている。ファインダーを向ければ大半の場合は周囲の人や警官が"NO"のサインを見せるので必ず従うこと。
　都市部の観光スポットについても情勢次第では撮影が禁じられることがあるので必ず周囲の指示に従うこと。

🟢 サファリについて

　野生動物や自然を観賞するにもマナーを絶対に守ること。蛍光色の派手な服装でのサファリ参加やカメラのフラッシュをむやみに使用すること、サファリツアー中にコーディネーターの指示を無視して車外に出たり、喫煙・飲酒をするようなことは慎む。取り返しの付かない事故を引き起こさないためにも、必ずコーディネーターの指示に従うこと。

サファリではプロの指示に従うべし。危険行為は厳禁！

● トイレ

ほかのアジア諸国同様に排泄物をトイレットペーパーで拭き取る文化ではない。用を済ませたら近くにあるシャワーや水道の蛇口を利用したり、クラシカルなトイレではフィンガーボールが置いてあるので、指に水を浸して直接拭き取ることになる。

当然のことながらこの文化はわれわれになじみが薄く躊躇する人がほとんど。外国人が多く出入りする宿泊施設にはトイレットペーパーが置かれたり、スーパーなどでトイレットペーパーの購入が可能なのでペーパー文化の人間にも対応してくれてはいるが、移動中のローカルな飲食店や一般家庭ではトイレットペーパーを設置していないことがほとんどなので、ポケットティッシュを持参するなどの工夫が必要。ただ、排水溝が詰まりやすいので無制限の紙の使用は避けるように。もちろん「郷に入りては……」ができるならば最良ではあるが。

最近スリランカのトイレには洗浄用シャワーが備え付けてあることが多い。

Security 安全について

● 治安

2009年の内戦終結以降、スリランカ国内の治安は急速に回復へと向かい、安心して旅行ができるようになった。日本でもスリランカに関する報道内容がテロ事件から観光誘致へと大幅に変化。

もともとスリランカは治安の良い国で、紛争中でも実際には世界中から渡航者、とりわけヨーロピアンの姿を多く見られた。基本的に内戦当時からテロリスト側が外国人を巻き込む事件を起こすことはほとんどなく、官憲もツーリストを守る意識を持ち合わせていたので、一度スリランカ国内に入りルールを守って普通の旅行者に徹してさえいれば何も問題は起きず安全であったのだ。とはいえ、今後も旅行者目的ではなく一般市民や軍隊を狙った爆破テロの周囲に偶然居合わせないとは限らないので、宿泊先などで最新情報を確保し、国家行事、選挙日などには注意を払うこと。

一般論として、日本を含むどの国でも「100％安全」といえる場所はない。置き引き、すり、詐欺商法、だまし取り、うっとうしいナンパやハニートラップなど、細かいトラブルに遭遇する可能性はあるので、ほかの国への渡航同様に細心の注意を払い、トラブルは最小限に防ぐ努力をする必要がある。一番問題なのは旅行者側が平和ボケしていて危機意識が欠如していること。

困ったことがあれば積極的に現地ポリスに相談を。パスポートの提示を求められたら協力すること。

● 病気・医療

もし体調に異変を感じたらスリランカの医療機関に掛かると良い。スリランカの医師の多くは西側諸国での留学経験があり、医療は発達している。何か気になることがあれば"スリランカ基本情報 2"に記載されている医療機関へお問い合わせを。

医療費についてだが、複雑な手術以外で高額になるケースはまれ。しかしながら何が起こるかわからないので、念のために海外旅行保険の加入や疾病・傷害をカバーできる海外旅行保険付帯クレジットカードの持参を視野に入れたい。領収書類は最後まで保管するよう心掛けること。

2015年1月現在において予防接種は不要となってはいるが、次に挙げる感染症については注意が必要。

★ デング熱

主にデングウィルス保有の蚊に刺されて感染する。潜伏期間は4～7日間。症状としては38度以上の急激な発熱から始まり、頭痛、関節痛、筋肉痛、眼窩痛、倦怠感を伴うが、症状のみでは判断できない。まれにデング出血熱と呼ばれる重篤な状態になることもある。特効薬はなく1～2週間で回復するが、早めに医師と相談することをお薦めする。

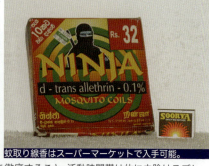
蚊取り線香はスーパーマーケットで入手可能。

予防としては蚊の駆除を徹底すること。活動時間帯は体に虫除けスプレーを吹きかけるか現地で販売されているシトロネラオイルやシッダーレーパの塗布をして蚊を寄せ付けないこと。就寝時は蚊帳の中に入るか蚊取り線香を炊くこと。

★ チクングンヤ熱

この感染症も主にウィルスを保有した蚊に刺された後、4～7日間の潜伏期間を経て発症する。高熱、頭痛、関節痛等のほか、肝機能低下を招くこともある。予防方法はデング熱と同様、できる限り蚊を寄せ付けないことだが、発症した際は迷わず医療機関へ相談を。

★ 肝炎、腸チフス、赤痢、等

生水や加熱不十分の食事等から感染する。加熱したものを食べ、生水を飲まないことで感染リスクは大幅に下がる。

★ その他

ゴキブリに噛まれた個所が麻痺するという稀有な事例が報告されているが、前述のような病原菌をゴキブリが保有していなければ数日で完治し、大きな問題にはならない。この事例は日本を含む全世界で確認されている。

● 盗難

基本的に盗まれたものは戻ってこないと考えるべき。被害後はツーリストポリスに相談し、クレジットカード会社提出用に盗難届が必要な人は作成を依頼すること。ただし、手際よく書類作成が行われるとも限らないので、許容範囲レベル、例えば低額携行品の盗難被害であれば状況次第では諦める決断も重要（被害状況によってはポリスレポート無しで海外旅行保険会社に請求できる場合もある）。

● ドラッグ類

スリランカ国内にて、外国人観光客や地元の人が街角の売人やスリーウィーラーのドライバーとドラッグ売買交渉する姿を目撃することがまれにあるが、実際には持ち込み・所持・密売自体が非合法。発覚すれば罰せられ、長期間抑留されたり国外退去処分になることもある。

中には「煙草と同じようなものだから」と、"ブラ"と呼ばれるキンマ（檳榔と石灰をキンマの葉で包んで口に入れて噛む）を勧めてくることがある。嗜好品ではあるが、度が過ぎれば人体に害を及ぼす。口の中が真っ赤になるので一見面白そうだが、ほどほどに。

キンマは嗜好品扱いとされているが、健康上の問題から地元の人も敬遠するケースが増えた。

Meal 食事

● 主食

コロンボの都市部や観光地では必ず飲食店にありつける。地方都市でも必ず存在するので、よほどの奥地に足を運ばない限りは心配無用である。

都市部ではライス＆カリーを代表とするスリランカ料理のほかに、イタリアンや中華などの各国料理、マクドナルドやKFC等の欧米系ファーストフードフランチャイズ店が充実している。高級ホテル内は別として、一般に値段が極端に高くなることはないので料金面での心配もない。

大衆食堂内でも地元の人たちは外国人観光客にウェルカム。是非とも活用していただきたい。

スリランカ料理店でわれわれのような外国人が注文する際は辛さを和らげて料理を出されることがあるが、もし地元のテイストを求めるならば注文文時にその旨をウェイターに伝えると良い。

外食も良いが、機会があれば是非とも家庭料理を堪能していただきたい。スリランカの家庭料理は各家庭で味付けや食材が異なりバラエティーが豊富なので、違った楽しみ方ができるのも魅力。

地元の人はスプーンを使わず手で食べることを習慣としているが、元植民地だけあってか、外国人にはスプーン＆フォークを用意してくれる。もしあなたが地元の人と親近感を深めたいならば地元の人と同じスタイルで食べることをお薦めする。

スリランカのライス＆カリーは日本のそれとは異なり、ライスの上に煮込んだカレーをかけて終わりというわけではない。豆、オクラ、芋、チキン、フィッシュ（マグロ、サワラ、タラなど）など、数種類のカレーが別皿に並べられ、それぞれをライス上に盛る。

スリランカではフライドライスにもカレーをかけて食べる。

主に鰹出汁をベースにした刺激の強いシンハラ料理を食べる機会に多く恵まれるが、南インドの影響が色濃いタミル料理、HALAL食材で構成されることで有名なイスラム式、ビーフカレーも楽しめるクリスチャン系、肉類を使用しないベジタリアンなど、民族やスタイルの違いも料理に現れる点は興味深く、この多種多様性がスリランカそのものともいえる。

● スイーツ・デザート・スナック類

ほかのアジア諸国同様、極端に甘いものが多い。砂糖のほか、スリランカの代表的な甘味料で孔雀椰子の花蜜から作られた"キトゥル"、それを煮詰めて固形化した"ハクル"を好んで使うのが特徴。キトゥルは近年、糖尿病に効果を発揮することから日本でも注目され始め、スリランカから日本への輸出が増加傾向にある。またスリランカ旅行をされた日本人女性にも好評のため、日本でブレイクするのも時間の問題ではないかと目されている。

スナック類はスリランカ産スパイスをまぶしたポテトチップスや乾燥麺（ムルック）などのほかに、是非ともお試しいただきたいのがカシューナッツ。太陽光をたくさん浴びて育つスリランカのカシューナッツは実が大きく味が濃厚のためリピーターも多い。塩味、スパイス味が主流でお土産にも重宝する。

スリランカの料理

★ **ライス＆カリー**
　豆、ほうれん草、茄子、カボチャなどの野菜カレー、マトンやビーフなどの肉入りカレー、エビやカニを使ったシーフードカレーなど、ご飯に何種類ものカレーをかけて食べる。カレーのほかに煎餅のようなパパダン、野菜の和え物なども並べられる。シンハラ料理の定番だが、各民族も好みでアレンジして食べる。

★ **ストリングホッパー**
　米粉を練り、細麺を製造するような型を通して麺状にしたもので、シンハラ語では"インディアーッパ"と呼ぶスリランカでは定番のもの。朝食時、カレーやサンボル（ココナッツ、タマネギ、ニンニクを香辛料で和えたもの）に浸して食べるのが一般的。

★ **ホッパー**
　米粉とココナッツミルクを使って焼き上げる。シンハラ語では"アーッパ"。卵をのせて焼くエッグホッパー（シンハラ語名"ビッタラアーッパ"）も人気がある。隅はサクサク、真ん中はしっとり。このまま食べてもカレーに浸してもイケる。近年ではチョコレートをかけたりジャムを塗ったりすることもある。

★ **ロティ**
　円筒形の型に米粉とココナッツのすり身を入れて焼き上げたもの。朝食時にカレーやサンボル、ミリス（チリのすり身）と一緒に食される。

★ **ゴーダンバロティ**
　小麦粉に香辛料やココナッツミルクを混ぜて作った生地。野菜・肉・ゆで卵のカレーを包み焼いたものはエラワルロティと呼ばれる。地元の人はバススタンドや駅売店で小腹の空いた時に食べる。

★ ブリヤーニ
ストックとスパイスを混ぜて炊き込んだアラビア・インド系料理で、シンハラ料理と比べ極端に辛くないのが特徴。ブリヤーニ専門店も街中に多く見られる。写真のように鶏肉やゆで卵を添えたりカレーをかけて食べるなど、その人の趣向に合った食べ方をするが、ライスだけでも十分味わえる。

★ デヴィル
香辛料とトマトソースを混ぜて炒めた料理。チキン、フィッシュ、マトン、ベジタブルなど、あらゆる食材に順応する。中華料理のチリソース煮に似たベースだが、スリランカの香辛料が混ざった独特な味を楽しませてくれる。近年始まった調理法で瞬く間に評判が広がり、現在ではスリランカ料理として定着している。

★ キリバトゥ
ココナッツミルクで炊きこんだご飯。朝食で食べるほか、新年や結婚式などのお祝いの席で振る舞われる。日本のひな祭りに出される和菓子のように菱形に刻まれていることが多く、そのまま食べても塩気がありおいしいが、サンボルやミリスと一緒に食べるとさらにおいしい。

★ カトレッツ・ロール・パティス
ロールは春巻の中にカレーを入れて揚げたもの。カトレッツはスリランカ風カレーコロッケ、パティスはパイの中にカレーを封じ込めたものと考えれば分かりやすい。いずれもキレの良い辛さで、バススタンドや軽食店など安価で入手できる。

★ ワデ
香辛料、豆、野菜などを混ぜ合わせ油で揚げたもの。レンズ豆を軽く挽いて混ぜたパリプワデはカリカリとした食感。エビを乗せたものはイッソーワデ。ミリスワデは唐辛子を丸々一個載せたもので激辛。ウルンドゥワデはウルンドゥダールを挽いて作られる。フワフワした食感。

★ ピットゥ
円筒形の型に米粉とココナッツのすり身を入れて蒸したもの。カレーに絡ませて食べるのが一般的。

スリランカの
スイーツ・デザート・スナック

★ カード
　水牛の発酵乳で作るのが特徴でヨーグルトと似ている。水牛の多く生息するマータラ界隈を中心とする南部が本場。商店では素焼きの容器に入れたものを販売している。整腸作用に効果があり、食後にこれをデザートとして食べるのが定番。最初から糖類が入れられていないので、上から砂糖をかけるか孔雀椰子から取れる蜜（キトゥル）をかけて食べる。

★ ワタラッパン
　スリランカ風プリンといった感じのスイーツで、カード同様に食後のデザートとして出されることが多い。卵、ハクル（キトゥルを固めたもの）か黒砂糖、シナモン、ナツメグ、ココナッツミルクなどが材料。濃厚な甘さで女性に人気が高い。

★ ジャガリ
　ハクル（キトゥルを固めたもの）を刻んだもの。キトゥル自体が血糖値を下にる効果が確認されており、糖尿病を抑制しつつ甘味を楽しめる優れもの。無糖の紅茶やコーヒーと一緒に楽しむ。

★ ハクル
　キトゥルを円形の椀に入れて固めたもの。これがスリランカスイーツの土台を形成する主原料。黒糖に似た味わい。

★ トフィー
ココナッツとハクルに白ゴマをまぶしたもの。強い甘味があるのでストレートティーなどと一緒に食べるのが望ましい。バススタンドや駅売店などで売られている。

★ アースミ
小麦粉、ココナッツミルク、塩、シナモンの葉、砂糖から作られたサクサクした食感のお菓子。最後にピンク色のシロップをかけられ甘さをさらに引き立てる。旧正月やお祝い行事に食べる。

★ コキス・キャウン
コキスは米粉、ココナッツミルク、スパイスを混ぜて油でカラッと揚げたもので、やや塩気があり形状は星型が多い。キャウンはハクルを用いてしっとり揚げられた甘いお菓子。ムンキャウンはコキスに包まれたハクルみたいなもの。いずれも旧正月やお祝い行事に振る舞われる。

★ ドドル
日本の羊羹みたいな食感で歯応えがある。色は深い緑や赤茶色で、いかにもアジアのスイーツ。ハクル、米粉、ココナッツミルクが材料で、カシューナッツが混ぜ込まれていることがある。

★ ファルーダ
インドで有名な薔薇シロップを投入されたパフェ。グラス下部がきれいなピンク色で沈殿している。スリランカでも女性を中心に人気が高い。

★ アイスクリーム
バニラ・チョコレート・ストロベリーなど、アイスクリーム自体はほかの国と変わりはないが、パパイヤ・パイナップル・バナナなど、フルーツの角切りを敷き詰めた皿の上にアイスクリームを乗せたり、アイスクリームの上にキトゥルをかけたりして食べるのがスリランカ流。

★ ムルック
日本の"ベビースターラーメン"のようなスナック菓子だが、味はスパイシー。ピーナッツやグリーンピースが入っている。

★ カシューナッツ
南国の太陽光線をたくさん浴びて育った大きい実が特徴。栄養価が高く現地では高級品扱い。土産物屋では味付けなしのもののほかにスパイス味、塩味が販売されている。味付けが絶妙で病み付きになりスリランカを再訪してこれを大量買いする旅行者も多い。

● アルコール類

　イスラム教を代表とする、アルコール類を禁じる宗派は飲まない。仏教・ヒンドゥー・キリスト教徒の飲酒は可能だが、人によってはアルコール類の摂取を忌み嫌うので、スリランカの人と仲良くなり酒を勧める場合には相手の心情を確認するように。逆に酒を勧められて飲めない体質の人が安請け合いで暴飲するのも注意。スリランカのアルコールは度数の高いものもあるので上手に付き合うこと。

　輸入物のビールやウィスキーは街角の酒屋やスーパーで容易に入手可能だが、せっかくならスリランカ産のアルコール類を味わっていただきたい。

夜を彩る スリランカのアルコール飲料

★ **ビール**
　現地生産品では LION ブランドの "LAGER" が代表格。アルコール度数は低めの 4.8%。さわやかな口当たりでライス＆カリーとの相性も良い。"STOUT" はアルコール度数 8.8% とやや高めの黒ビールで深い味わいが人気。さらにストレートな味わいを求めるならば "IMPERIAL" が良い。近年では缶ビールも登場し、市場は活況を呈している。

★ **アラック**
　スリランカ産は椰子の樹液を発酵させ蒸留したものを樽で寝かせ熟成させる。オールドやホワイトなど、熟成の仕方で味わいが異なる。ロック、水割り、コーラ割りなど、飲み方は色々。

★ **ラー**
　椰子の樹液を自然発酵させたもの。液体は白く酸味がある。甘味を付けられていて勢い良く飲めるものもあるが、度数が極端に高いものもあるので注意。安価で庶民に愛されているため街道沿いにこれを販売する店が多い。

● 清涼飲料・ソフトドリンク

何といっても紅茶が代表格で、スリランカ国内では必ずありつける。ミルクティー、ストレートティー、ジンジャーティーなどあるが、アイスティーは庶民の中では好まれず、外国人が出入りする場所くらいにしかメニューはない。一般家庭で出されるものは砂糖小さじ2～3杯は入れるのでとても甘いが、熱帯の南国では栄養補給として理に適っている。

近年ではコーヒーのマーケットが大幅に拡大し、紅茶でなくコーヒーを愛飲する人が増えている。街中ではバリスタやネスカフェの看板が多く見られ、コーヒーの国内栽培にも力を注ぎ始めている。ちなみに英国統治時代、スリランカでは紅茶栽培の前にコーヒー栽培が行われていたが、赤さび病が蔓延して当時の技術では対処することができずに壊滅。紅茶栽培に切り替えて成功した経緯がある。

その他にタンビリ（キングココナッツ）の汁や、バナナ、マンゴー、パイナップル、スイカ、パパイヤなどの新鮮なフルーツを搾った生ジュース、ボトル入りの炭酸飲料もある。

スリランカを訪れたら必ずあり付ける紅茶。本場の味を楽しみたい。

近年ではコーヒーを愛飲する人が急増中。

キングココナッツは紅茶と並ぶスリランカの国民飲料。

スリランカ産のフルーツを生絞りで提供するフランチャイズも登場！

● フルーツ

赤道まで南方約1000kmの位置にあるスリランカでは太陽の光をふんだんに浴びて熟したフルーツを堪能することができる。湿地帯ではバナナ、マンゴー、パイナップル、パパイヤなどを年間通して入手できる。丘陵地帯では冷涼な空気を活用して作られたアップルやストロベリーなど、さまざまな品種が栽培されている。

スリランカの果物

★ キングココナッツ
　外側がオレンジ色でツルツルしている。中身は適度に甘い液体と寒天質。ウェットゾーンに多く見られる。緑色の実のグリーンココナッツと茶色の繊維で覆われているポルはドライゾーンに多く、中身の汁を飲んだ後に内側の白い実を削り、料理に用いたりココナッツミルク・オイルを作る。

★ バナナ
　短く黄色い皮で覆われた甘酸っぱいアンブル、やや黄色味が薄い皮で栄養価の高いコリクットゥ、黄緑色に熟す細長いアーナマル、カレー料理に用いる赤い皮が特徴のラトゥケセルなど種類が多い。

★ パパイヤ
　酸味は弱く甘い。低地であればどこでも入手できる。現地ではライムや砂糖をかけて食べるのが好まれる。

★ パイナップル
　小ぶりで甘酸っぱい。現地の人は甘さを引き立てるためか赤いスパイスをふりかけて食べるのを好む。

★ マンゴスチン
　日本の柿を小ぶりにした大きさで、白く軟らかい実が茶色の硬い皮に覆われている。甘酸っぱい。

★ マンゴー
　皮の色が黄緑から黄色であれば食べごろ。スリランカ産は香りが強く味も濃い。現地ではスライスしたものに赤いスパイスをかけて食べる人が多い。

★ ウォーターメロン
外皮は深緑色から日本のそれと同じくらいの色。街角で販売される100%果汁ドリンクには砂糖を加え甘さを強めることが多い。

★ ジャックフルーツ
トゲのようなものに覆われていて、酸味はなくしつこくない甘み。フルーツとして食べるほか、カレー料理にも用いる。

★ ライム
汁をパパイヤにかけたり料理のアクセントに用いる。疲労回復のためにそのままかじったり紅茶に入れても楽しめる。

★ アップル
海外から輸入されているものを販売しているか、海外の品種を島内高地で栽培している。日本産に比べて酸味が強い。

★ ランブータン
赤く軟らかい細長のトゲが小さな実を覆い、実の中には軟らかい種が入っている。果肉は半透明で食感と味はライチと似ていて、ほんのりと甘酸っぱい。ウェットシーズンが食べごろ。

★ ウッドアップル
ねっとりした食感で酸味が強く、砂糖をかけて食べる人が多い。街中で売られているフレッシュジュースだと飲みやすい。

★ サワーソップ
舌触りはスカスカするが、ほんのりと甘酸っぱい。カレー料理にも用いる。

★ ドリアン
スリランカでもドリアンを食べることができる。ほかの国産とは異なり臭みの強いものは少ない。

Calendar 暦

　スリランカの祝祭日は各年度によって異なるので、各関係機関に問い合わせ確認を取ること。なお、各年の祝祭日は年度末に決定される。Poya Day（ポヤデイ）とは満月の日を意味し、商店の定休日に定めることが多い。

Sri Lanka Calendar 2015

1月 ── January
- ☐ 3rd ······ Milad-Un-Nabi (Holy Prophet's Birthday)
- ☐ 4th ······ Duruthu Full Moon Poya Day
- ☐ 15th ····· Tamil Thai Pongal Day

2月 ── February
- ☐ 3rd ······ Navam Full Moon Poya Day
- ☐ 4th ······ National Day
- ☐ 17th ····· Mahasivarathri Day

3月 ── March
- ☐ 5th ······ Medin Full Moon Poya Day

4月 ── April
- ☐ 3rd ······ Good Friday
- ☐ 3rd ······ Bak Full Moon Poya Day
- ☐ 12nd ····· Day prior to Sinhala and Tamil New Year Day
- ☐ 13th ····· Sinhala and Tamil New Year Day

5月 ── May
- ☐ 1st ······ May Day
- ☐ 3rd ······ Wesak Full Moon Poya Day
- ☐ 4th ······ Day following Wesak Full Moon Poya Day

6月 ── June
- ☐ 2nd ······ Poson Full Moon Poya Day

7月 ── July
- ☐ 1st ······ Adhi-Esala Full Moon Poya Day
- ☐ 18th ····· Id-Ul-Fitr (Ramazan Festival Day)
- ☐ 31st ····· Esala Full Moon Poya Day

8月 ── August
- ☐ 29th ····· Nikini Full Moon Poya Day

9月 ── September
- ☐ 23rd ····· Id-Ul-Alha (Hadji Festival Day)
- ☐ 27th ····· Binara Full Moon Poya Day

10月 ── October
- ☐ 27th ····· Vap Full Moon Poya Day

11月 ── November
- ☐ 11th ····· Deepavali Festival Day
- ☐ 25th ····· Il Full Moon Poya Day

12月 ── December
- ☐ 24th ····· Unduvap Full Moon Poya Day
- ☐ 25th ····· Christmas Day

コロンボ市内・近郊
Colombo & Suburbs

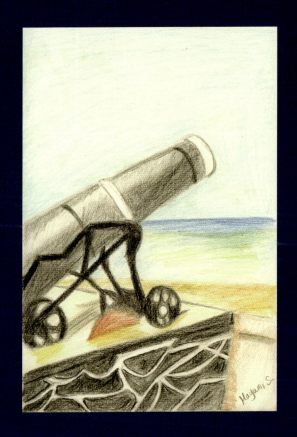

Colombo コロンボ

コロンボの歴史

　スリランカ島自体が東西の中継地という立地、そして航路の条件がうまく重なり、古来より外国からの来訪者が多い。コロンボも例に漏れず「外交」そのものが歴史といえるほど交流が盛んなエリアで、とりわけ南アジア〜西洋との交流に縁があった。

　歴史を遡ればコロンボは西アジア・西洋諸国との交易が始まる5世紀ごろから東西貿易の重要拠点として存在感を示すようになる。本格的な交易は8世紀、アラブ商人の来島以降。香辛料や宝石の取引が盛んとなり、一時代を築き上げた。

　長いアラブ交易時代を経て、1505年にはポルトガル人が来島。沿岸部に砦を築き上げ、この地を「コロンボ」と称した。

　17世紀に入るとオランダの侵食が始まり、シナモン貿易の利権争いからスリランカ島を舞台にポルトガルとの対決姿勢をあらわにするようになる。やがてオランダがポルトガルに勝利すると、コロンボの砦を拡

張、防波堤を改築、町の整備を行い、現在あるコロンボの原型を築き上げた。コロンボ7区のシナモンガーデンはこの時期まで、実際シナモンが栽培されるのどかな地区であったといわれている。

　1796年にはイギリスの統治が始まり、砦をさらに強固に築き直し、1815年にはコロンボがセイロン島の首都となり、1948年の独立まで持続された。

　1985年、コロンボから東約15kmに位置するスリージャヤワルダナプラ（コーッテ）へ遷都され20年以上が経過したが、GDPの50%を占めるコロンボの首都機能は不動で、都市特有の華やかさを見せている。現在はコロンボ各地で都市開発が計画され、大きな変貌を遂げようとしている。

コロンボの特徴

植民地時代の面影を残すコロニアル建物群、近代都市、下町、高級住宅街とあらゆる顔を持つのがコロンボの特徴といえる。全15行政区に分けられている。

Colombo-1(Fort)

大統領官邸、金融施設、スリランカ経済の象徴"ワールドトレードセンター"などの高層ビル群、高級ホテルなどが集まるコロンボの中心地。建造物の中には英国植民地時代の名残が見られるもの多数。シンハラ語で"コトゥワ"と呼ぶ。鉄道駅はコーストラインのセクリタリアットホールがある。

Colombo-2(Slave Island)

ムスリム、タミル、クリスチャン、仏教徒の各宗派がバランス良く住む地区で、一見下町風情。"Slave Island"のルーツは、オランダ植民地時代に黒人奴隷を収監させたことによる。鉄道駅はコーストラインのコンパンナウィーディヤ。

Colombo-3(Kollupitiya)

Cinnamon Grand、Liberty Plaza ほか、ゴールロードを中心に高級商業施設が充実する。この地域が一番洗練されているとの意見が多い。都市開発計画があり、さらなる変貌を遂げる。コーストラインの同区名鉄道駅がある。

Colombo-4(Bambalapitiya)

Colombo-3同様、複合ビルや映画館などの商業施設が充実している。多国籍料理を楽しめるフードコート、マクドナルドやKFCなどの外資系フランチャイズは同地区から導入されるなど、情報発信基地的な要素が強い。コーストラインの同区名鉄道駅あり。

モダンな店舗が集まるバンバラピティヤのマジェスティックシティー。

Colombo-5(Havelock Town)

高級住宅やマンションが立ち並ぶ落ち着いた地域。高級レストランが比較的多い。キャラニヴァレイラインのナーラーヘンピタ駅が同区内に位置する。

Colombo-6(Wellawatta)

タミル人の多い地域で"リトルジャフナ"とも呼ばれる。サリー・パンジャビードレス店、宝石商など、タミル民族の得意とする商いの店舗が多く集まる。インドの街角に佇むような雰囲気。コーストラインの同区名鉄道駅あり。

Colombo-7(Cinnamon Gardens)

国内最良の治安を誇る高級住宅街。政府機関人や在スリランカ外国人が多く住む。各国大使館が集まる地域でもあり、日本大使館の所在地もこのエリア。

Colombo-8(Borella)

新国会議事堂のあるコーッテに近い位置のためか、高級住宅が立ち並ぶ。中心部は青果物商が集まり、品揃え豊富。最寄鉄道駅はキャラニヴァレイラインのコッタロード。

Colombo-9(Dematagoda)

自動車部品店が多く立ち並ぶ。鉄道駅はメインラインの同地区駅名とキャラニヴァレイラインのベースラインロード。

Colombo-10(Maradana)

生地問屋、自動車部品店が多い。コロンボ第2の鉄道ターミナル駅と入出国管理局がある。

Colombo-11(Pettah)

Fort地区と隣り合わせの商業地区。バスと鉄道のターミナルはこのエリアに存在し、Fortとは別の意味でコロンボの中心的位置付け。港側はオランダ時代博物館やムスリムの名を冠した通り名、古くから存在する宗教施設など、過去の交易の足跡が見られる。シンハラ名"ピタコトゥワ"。近々再開発が行われる予定。

マラダーナ駅。コロンボ・フォートに次ぐ鉄道の重要拠点。

Colombo-12(Hultsdorf)、Colombo-13(Kotahena)、Colombo-14(Grandpass)、Colombo-15(Mutwal)

企業の倉庫や輸入業者が集まる港湾エリア。この界隈は観光開発に力が注がれないため、交易時代以降に定住するようになったムスリムやクリスチャンの末裔がコミュニティーを築き、古くから存在する宗教施設も多い。ペッター地区同様、過去の交易の足跡を偲ぶことができる貴重なエリアといえる。

市内移動

最も融通が利くのはスリーウィーラー。渋滞の多いコロンボ市内に適した小柄で小回りの利くボディが機動力を発揮する。最大3人まで乗車可能なこと（地元の人は子供を交えて5～6人で乗車することも）、後部に荷棚があるので買い物程度の荷物ならば難なく運べること、また突然のスコールでも幌で凌げることなど大変便利。大荷物を抱えて乗車したり大人数での乗車となるとドライバーの言い値になることがあるので乗車前に交渉をすること。メーター制でないスリーウィーラーは当然ドライバーとの交渉が必要となるが、メーター制に比べ高くなる傾向があるので利用するならば買い物や観光用チャーターに限るなど上手に活用したい。

スリーウィーラーは、できればメーター制を捕まえたい。

路線バスは初乗り4～5kmほどの移動でRs.9と格安。行けない場所はないほど路線網は発達しているのでコストパフォーマンスは最良。欠点はラッシュ時の混雑がすさまじく、状況次第では乗降口にしがみついて半ばぶら下がりながら移動させられるケースが生じること。そして乗降する際は車両を停止せず徐行するだけのことがあるので少々危険になることが挙げられる。地元の人に倣ってバスの進行速度に合わせバスを追い掛けながら飛び乗るのも粋ではあるが、失敗すると大怪我をするので細心の注意が必要。不慣れな外国人観光客、女性、老人が乗降する際には運転手も気を使って停止するようにはしている様子だが、全ての運転手がそうとは限らない。

路線バスを利用できるようになればスリランカ国内の行動範囲は広くなる。

鉄道もバス同様の運賃で安いのが魅力だが、コロンボ市内中心部の移動はマラダーナ～フォート～ウェッラワッタの区間に限られ、日中は1時間に1～2本と本数が少ないため実際の利用には制限がある。とはいえ、コッルピティヤから南側は海岸沿いを走行するので喧騒から外れて景色が良く、利用するタイミングさえ合えば観光要素としての価値がある。乗車の際には長距

鉄道施設は波打ち際にあるため、ゴールロードとはムードが異なる。

離急行列車と間違えて乗車するとモラトゥワまで下車できなくなるので、乗車前に駅員や乗客に尋ねることを勧める。ナーラーヘンピタ、ヌゲゴダ方面の利用はさらに本数が少ないため、予め発車時刻を把握しておく必要がある。

4輪のタクシーはスリーウィーラー同様、待機しているドライバーに声を掛けても、走行中の空車に手を上げて呼び止めても良い。宿泊している宿で呼んでもらうことや直接旅行者が電話連絡して指定場所・指定時間に来てもらうことも可能。メーター制なので料金を高く請求されることはなく、最初から安心を買う意味では勧められる。以下がコロンボ市内の主なタクシー会社連絡先。

4ドアセダン車のタクシー需要も高まり、地元でも信頼されている。

- ◆ KANGAROO CABS ……2588588
- ◆ Namdo Tours Pvt.Ltd. 2688888
- ◆ Radiant AC Cabs………2556556
- ◆ Kango Taxi ……………2577577
- ◆ Asian Cabs ……………2810810

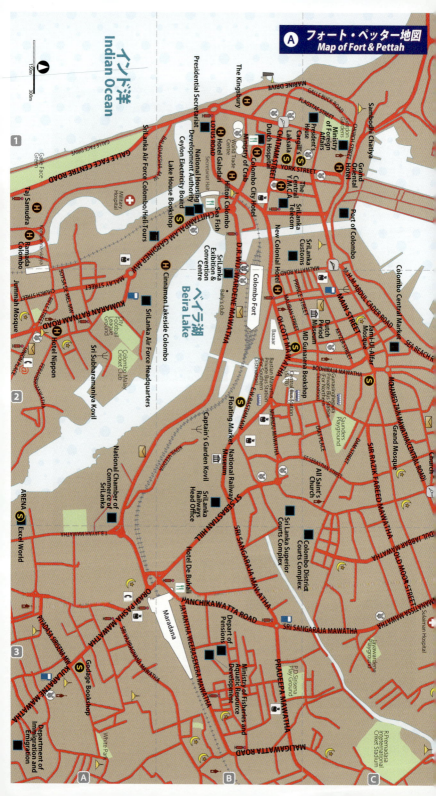

主なコロンボ市内バスルート

ルート	運行区間	経由地
— キャンディロード方面 to Kandy Road Area —		
180	Pettah 〜 Nittambuwa	Sri Sangaraja MW※1, Peliyagoda, Kandy RD
193	Bambalapitiya 〜 Kadawatta	Ward Placa, Sri Dhamma MW, Dematagoda, Peliyagoda, Kandy RD
200	Pettah 〜 Gampaha	Sri Sangaraja MW, Prince of Wales Avenue, Peliyagoda, Kandy RD
224	Pettah 〜 Pugoda	Sri Sangaraja MW, Peliyagoda, Kelaniya, Delgoda
228	Pettah 〜 Weliweriya	Sri Sangaraja MW, Peliyagoda, Kelaniya, Kandy RD, Miriswatta
230	Pettah 〜 Kiribathgoda	Sri Sangaraja MW, Peliyagoda, Kandy RD
234	Pettah 〜 Delgoda	Sri Sangaraja MW, Peliyagoda, Kiribathgoda, Makola
235	Pettah 〜 Kelaniya	Sri Sangaraja MW, Peliyagoda
356	Fort 〜 Kadurugashandiya	Pettah, Kandy RD, Makola, Sapugaskanda
— ゴールロード方面 to Galle Road Area —		
100	Pettah 〜 Panadura	Galle RD, Kollupitiya, Bambalapitiya, Dehiwala
101	Pettah 〜 Moratuwa	Slave Island, James Pieris MW, Dharmapala MW, Galle RD
102	Kotahena 〜 moratuwa	Abdul Cader MW, James Pieris MW, Dharmapala MW, Galle RD
400	Pettah 〜 Kalutara	Fort, Galle Face, Galle RD
— ゴールロード〜各地域 from Galle Road Area —		
104	Bambalapitiya 〜 Wattala	Bauddhaloka MW, D.S.Senanayake MW, Borella, Negombo RD
112	Kotahena 〜 Maharagama	High Level RD, Dickman's RD, Galle RD, Fort, Cader MW
117	Ratmalana 〜 Nugegoda	Attidiya RD, Pepiliyana RD
118	Dehiwala 〜 Baddagana	Hill ST, Allan AV, Hospital RD, Nugegoda, Jubilee Post, Pita Kotte
119	Dehiwala 〜 Maharagama	Hill ST, Borelasgamuwa
134	Mt. Lavinia 〜 Angoda	Galle RD, Bauddhaloka MW, Cumaratunga MW, Pettah, Avissawella RD
140	Kollupitiya 〜 Wellampitiya	Dharmapala MW, Deans RD, Maradana, Dematagoda, Kolonnawa
141	Bambalapitiya 〜 Narahenpita	Wellawatta, W.A.Silva MW, Kirillapone
154	Angulana 〜 Kiribathgoda	Galle RD, Bauddhaloka MW, Borella, Danister De Silva MW, Kandy RD
155	Ratmalana 〜 Mattakkuliya	Galle RD, Bauddhaloka MW, Cumaratunga MW, TB Jayah MW, Maradana, Kotahena
156	Dehiwala 〜 Nugegoda	Hill ST, Anderson RD, Kohuwala
163	Dehiwala 〜 Battaramulla	Hospital RD, Nugegoda, Pagoda RD, Pitta Kotte, Kotte RD, SJP MW※2
167	Dehiwala 〜 Thotalanga	Galle RD, Bauddhaloka MW, Reid AV, Dean's RD, Panchikawatta RD
175	Kollupitiya 〜 Kohilawatta	Dharmapala MW, Ward Place, Borella, Rajagiriya
176	Dehiwala 〜 Hettiyawatta	Hill ST, Allan AV, Hospital RD, Nugegoda, Nawala RD, Rajagiriya, Borella, Maradana
177	Kollupitiya 〜 Kaduwela	Ananda Cumaraswamy MW, Horton Place, Rajagiriya, Malabe
183	Panadura 〜 Nugegoda	Galle RD, Hospital RD
192	Moratuwa 〜 Maharagama	Ratmalana, Attidiya RD, Borelasgamuwa
255	Mt. Lavinia 〜 Kottawa	Katubedda, Piliyandala
— ニゴンボロード方面 to Negombo Road Area —		
107	Fort 〜 Elakanda	Abdul Cader MW, Jampettah ST, Wattala, Hendala
187	Fort 〜 Katunayake	Negombo RD
188	Fort 〜 Raddoluwa	Ja-Ela, Negombo RD
240	Pettah 〜 Negombo	Jethawana RD, Negombo RD
260	Pettah 〜 Hendala	Hekitta RD, Negombo RD
261	Pettah 〜 Mahara	Negombo RD, Wattala, Hunupitiya RD, Kandy RD
262	Pettah 〜 Ragama	Mahabage, Wattala
265	Pettah 〜 Minuwangoda	Ja-Ela, Ekala, Negombo RD
273	Pettah 〜 Negombo	Negombo RD, Tudella, Pamunugama, Pitipana
275	Pettah 〜 Bopitiya	Negombo RD, Wattala, Elakanda
— その他 others —		
103	Fort 〜 Narahenpita	Olcott MW, Mihundu MW, Maradana RD, Borella, Elvitigala MW
114	Pettah 〜 Pita Kotte	T.B.Jayah MW, C.W.W.Kannangara MW, Havelock RD
115	Pettah 〜 Pita Kotte	T.B.Jayah MW, C.W.W.Kannangara MW, Independence AV, Jawatta RD, High Level RD, Nugegoda
116	Mattakkuliya 〜 Piliyandala	Abdul Cader MW, Olcott MW, Dean's RD, Independence AV
120	Pettah 〜 Horana	C.W.W.Kannangara MW, Reid AV, Havelock RD, Dutugemunu ST, Boralesgamuwa
122	Pettah 〜 Avissawella	D.R.Wijewardene MW, High Level RD, Nugegoda, Maharagama
123	Pettah 〜 Kottawa	D.R.Wijewardene MW, High Level RD, Nugegoda

※ 政治・情勢によりルートが変更・廃止される場合があります。
※1, MW=Mawatha、※2, SJP=Sri Jayawardenepura

ルート	運行区間	経由地
		—— その他 others ——
124	Pettah ~ Ihala Bope	D.R.Wijewardene MW, High Level RD, Nugegoda, Maharagama
125	Pettah ~ Ingiriya	D.R.Wijewardene MW, High Level RD, Nugegoda, Maharagama
131	Maharagama ~ Wellampitiya	High Level RD, Kirulapone AV, Danister de Silva MW
135	Kelaniya ~ Kohuwala	Danister de Silva MW, Narahenpita, Kirula RD, Thimbirigasyaya RD, Dutugemunu ST
136	Pettah ~ Rukmalgama	Kompannaveediya, Town Hall, High Level RD, Kottawa
138	Pettah ~ Homagama	Union Place, Museum, High Level RD, Nugegoda, Maharagama
143	Pettah ~ Hanwella	Avissawella RD
144	Fort ~ Rajagiriya	Olcott MW, Maradana, Borella
145	Seemamalakaya ~ Mattakkuliya	Slave Island, Abdul Cader MW, Ramanathan MW, Althmawatha RD
150	Seemamalakaya ~ Kelanimulla	Dharmapala MW, Ward Place, Borella, Rajagiriya, Kalapaluwawa
152	Pettah ~ Battaramulla	Sri Sangaraja MW, Stace RD, Dematagoda, Kolonnawa, Gothatuwa New Town, Kalapaluwawa
153	Borella ~ SJP Hospital	Rajagiriya, Etul Kotte, Pita Kotte, Madiwela
164	Town Hall ~ Salmal Uyana	Ward Place, Kularatne MW, Borella, Dematagoda, Wellampitiya, Angoda
166	Kompannaveediya ~ Angoda	Sir James Pieris MW, Dharmapala MW, Dematagoda, Kolonnawa
168	Nugegoda ~ Kotahena	Pita Kotte, Rajagiriya, Borella, Kompannaveediya, Fort
170	Pettah ~ Malabe	T.B.Jayah MW, Borella, Rajagiriya, Battaramulla
171	Fort ~ Koswatta	Pettah, Maradana, Borella, Rajagiriya, Battaramulla
173	Nugegoda ~ Thotalanga	Nawala RD, Narahenpita, Town Hall, Kompannaveediya
174	Pettah ~ Kottawa	Borella, Battaramulla, Isurupaya, Talawatugoda RD
178	Narahenpita ~ Mattakkuliya	Borella, Dematagoda, Prince of Wales AV, Modera
186	Borella ~ Jayewardenegama	Rajagiriya, Battaramulla, Pannipitiya RD
190	Pettah ~ Meegoda	Ward Place, Bollera, Battaramulla, Malabe, Aturugiriya
212	Maharagama ~ SJP Hospital	Pamunuwa RD

コロンボ市内・近郊

ペッター周辺バスマップ
Map of Buses around Pettah

観光スポット＆アクティビティー

コロンボ北部

　1991年に完成したフォートに佇むスリランカ経済の象徴とされる39階建てのWorld Trade Centre、Sir Baron Jayathilaka Mawathaに見る金融街、York Streetに残る植民地時代の洋建造物（Cargill's、Miller's、LAKSALAが入る赤レンガの建物が有名）、スリランカ最大規模の下町であらゆるものが手に入るペッター、ペッター地区のイメージを覆すモダンなデザインのフローティングマーケット、経済発展に伴う港湾の拡張、アラブ交易や西洋諸国植民地時代に残された各宗派の施設・コミュニティー、コロンボ北部には「過去と現代」が混在する不思議な空間が広がっていて、見るものが多い。

オランダ時代博物館
Dutch Period Museum

　オランダの総督Thomas Van Rhee(1692～1697年)の官邸として建設。後の1696年にコロンボの私立学校へと変わり、1796年には英国人が陸軍病院および郵便局として使用。建物は1977年にオランダ政府の協力で修復され、スリランカのオランダ支配期を伝える博物館として1982年に一般公開。オランダ統治時代の家具、陶器、コイン、武器など3000もの遺産を展示。　地図 ❶C-2

【開館】9:00～17:00　※休館：金曜・祝日　【入場料】[大人] Rs.500 [子供] Rs.300
No. 95, Prince Street, Pettah, Colombo-11　☎ 011-2448466

シーママラカヤ寺院
Seema Malakaya Temple

　ベイラ湖上に浮かぶスリランカ国内では他に類を見ないデザインの仏教寺院。手掛けたのは熱帯地域建築デザインで世界的に有名なスリランカ出身のバーガー、ジェフリー・バワ（Jeoffery Bawa, 1919～2003）によるもの。バワはスリランカ国内のホテルの建築デザインも手掛ける奇才。　地図 ❶A-1

ジェフリー・バワはリゾートホテル以外にもこのような仏教寺院のデザインも手掛けた。

ゴールフェイスグリーン
Galle Face Green

　1859年に英国ワード総督の考案でこの地に芝生を敷き詰め、コロンボの真ん中で「絵になる風景」を構築。現在は市民の憩いの場とされ親子連れやカップルが集まり、子供用の玩具や軽食・アイスクリームを販売する露店が集まる。内戦終結後は特に問題もなく露店群は営業を再開している。　地図 ❶A-1

コロンボ市民の憩いの場。日中は日傘をさして歩く人々、夕方になると家族連れでにぎわう。

● 公共交通サービス
　バス・鉄道に関する問い合わせ窓口。
【バス】
★ **Central Transport Board**
Central Bus Station, Olcott Mawatha, Colombo-11
☎ 011-2329604～5　地図 ❶C-2
【鉄道】
★ **Colombo Fort Railway Station**
Colombo-11
☎ 011-2421281 ⇒ EXT.462
★ **Railtours**（フォート駅構内）
☎ 011-2435838　地図 ❶B-2

ウォルヴェンダール教会
Wolvendhaal Church

　キリスト教会が点在するコロンボ北部の中でも1749年に建造されたスリランカ最古のオランダ教会は必見。教会内にはオランダ時代の家具、木製の洗礼盤、銀製の聖餐杯、ポンプ式のオルガンなどが残されている。　地図 ❶C-2

Wolvendaal Lane, Pettah, Colombo-11
【運営】Wolvendaal Foundation
CRCSL Office Building/363, Galle Road, Colombo-06,
☎/📠 011-236-0577
🌐 www.wolvendaal.org

フローティングマーケット
Floating Market

ペッターの新名所。ベイラ湖に浮かぶデザインでジェフリー・バワの手法によく似ている。ここではあらゆるものが入手可能。軽く食べ歩きをしたい時にも重宝する。バス乗り場と鉄道駅に近いので出発前の買物にも便利。　地図 ❹B-2

色々なものが手に入る。価格も全体的に良心的なので気軽に楽しめる。

スリー・スバラマニヤ寺院
Sri Subharamaniya Kovil

古代タミルの侵攻時に建築された巨大シヴァ派寺院。タミル人祝日の大祭では体に針を通して宙吊りにされる行者の姿が見られる。　地図 ❹A-2

ヒンドゥーの神々が集まる一際目立つ巨大な塔が目印。

ガンガラーマヤ寺院
Gangaramaya Temple

毎年2月の満月日後にナーヴァム マハー ペラヘラ（Navam Maha Perahera：通称コロンボペラヘラ）が開催されることで有名な仏教寺院。ペラヘラ開催時はガンガラーマ寺院を中心にベイラ湖の畔を、装飾を身にまとった象、キャンディアンダンサー、ドラマー、アクロバット、悪魔祓いの仮装行列などを観覧できる。開催1～2時間前から場所を陣取るか、ツアー会社などで予約席を確保して（大よそ Rs.4,000～）

ジャミ・ウル・アルファーモスク
Jami-Ul-Alfar Mosque

赤と白のレンガ造りの一際目を引くモスクで1909年の建築。金曜日はグランドモスクとともにイスラム教徒でにぎわう。　地図 ❹C-2

国立鉄道博物館
National Railway Museum

イギリス統治時代、鉄道開業時のコロンボ駅が比較的きれいな状態で残されていて、当時の施設や貨車を見学できる。　地図 ❹B-2

【開館】10:00 ～ 16:00 ※土日祝休み
【入場料】Rs.500
National Railway Museum, Colombo-10
☎ 011-2421281
🌐 www.railway.museum.lk

コロンボでも手軽に本格的なペラヘラ祭を楽しむことができる。

● **スリランカ投資庁**
Board of Investment of Sri Lanka
スリランカでビジネス展開を検討されている方はここの対日セクションに相談すると良い。本部はワールドトレードセンタービル内にある。
26th, West Tower, Echelon Square, Colombo-1
☎ 011-2434403〜6
📠 011-2422407
🌐 www.investsrilanka.com
✉ infoboi@boi.lk

ゆったり観覧することになる。ペラヘラ祭が開始され、盛り上がりがピークに達するころには身動きが取れなくなる恐れがあるので、トイレは先に済ませた方が良いが、やむを得ず仮装行列を横切る場合は、現地の人が横断する後に付いて行くか近くの警察官に一声掛けること。文化行事なので、できる限り妨げないよう注意。
　ちなみに"ペラヘラ"とはシンハラ語で「行列」を意味する。　地図 ❶A-1

コロンボ中部

　コッルピティヤ、バンバラピティヤなど、コロンボ中部のゴールロード界隈はスリランカの流行を発信するエリアで、洗練された飲食店、ブランドアパレルショップ、商業複合施設が集う。スリランカで最もファッショナブルなエリアといっても過言ではなく、近年では日本にも引けを取らないほどオシャレな若者が闊歩し、サロン姿の男性、サリー姿の女性は減少する傾向にある。
　シナモンガーデン、ボレッラ、ハヴェロックタウンは主に上流階級の住む地域。各国大使館員や各国大手企業から派遣された従業員もこの地区に住む。大規模な商業施設がひしめくようなゴールロード界隈とは異なり、閑静で落ち着ける公園や美術館などが多く、コロンボでゆったり過ごすには勧められる。

国立アートギャラリー
National Art Gallery

　スリランカを代表する現代芸術家の絵画を展示。日によってアーティストの講演会も行われる。スリランカ現代芸術を理解できる価値あるギャラリー。　地図 ❶B-1

スリランカ独自のアートを堪能できる貴重なギャラリー。

【開館】9:00〜17:00　※休館：ポヤデイ
【入場料】無料
106, Ananda Kumaraswamy Mawatha, Colombo-7
☎ 011-2693965

ヴァジララマヤー寺院
Vajiraramaya Temple

　1901年より仏教学習センターとして開設され、各国の修行僧を受け入れ、一方で西側諸国へ仏陀のメッセージを伝える役割を担う。日曜日には数千人もの子供たちが僧侶の説法を受けに訪れる。
地図 ❶A-2
Vajira Road, Bambalapitiya, Colombo-4
☎ 011-2584202
🌐 www.vajirarama.lk
✉ vajiraramaweb@gmail.com

Useful Information
入出国管理局はマラダーナ鉄道駅中央口を出て左へ。Punchi Borella Junction まで進み左折。ANANDA RAJAKARUNA MAWATHA を50mほど進んだ所。住所はP269を参照。

ヴィハーラ・マハーデーヴィ公園
Vihara Mahadevi Park

　独立直後の1950年代に"ヴィクトリアパーク"を名乗っていたものを、Dutugemunu王の母にちなんだ呼び名に改められたコロンボ最大の公園。公園中央に仏像、南西側には植物園があり、テンジクボダイジュ、黒檀、マホガニー、ユーカリプタスを観賞できる。コロンボペラヘラの開催期には行列に参加する象がこの公園で一時的に待機する。　地図 ❶B-1

コロンボの中心にありながら閑静。つかの間のリラックスには最適。

【開園】6:00〜18:00　【入場料】無料

ライオネル・ウェント芸術センター
Lionel Wendt Art Centre

　鋭い感性で有名なスリランカの総合芸術家、ライオネル・ウェントの絵画や写真を展示。地元の芸術促進団体で運営されている。　地図 ❶B-1

【開館】
午前：9:00（月〜金 10:00）〜13:00
午後：14:00〜17:00
【入場料】無料
18, Guildford Crescent, Colombo-7
☎ 011-2695794
🌐 www.lionelwendt.org

コロンボ国立博物館・国立自然史博物館
Colombo National Museum・National Museum of Natural History

スリランカ初の公共博物館で 1877 年に建造。島の各地からスリランカの文化遺産を収集し展示。1 階は歴史関連、2 階は民俗学関連の遺品。図書館も併設され、50 万冊もの蔵書と 4000 以上の古代椰子の葉に記述された原稿 (Tipitaca) を収容。

国立自然史博物館では国内の動植物を中心に自然遺産を、ディスカバリールームには象の骨格が展示されている。

地図 ⓫B-1

【開館】9:00 ～ 17:00（最終受付 16:30）　※休館：ポヤデイ
【撮影料】[写真] Rs.250 [映像] Rs.2,000
★コロンボ国立博物館
【入場料】[大人] Rs.500 [子供] Rs.300
Sir Marcus Fernando Mawatha, Colombo-7
☎ 011-2694767 ～ 8　📠 011-2692092
★国立自然史博物館
【入場料】[大人] Rs.300 [子供] Rs.150
National Museum of Natural History, Colombo-7
☎ 011-2691399

ロイヤルコロンボゴルフクラブ
Royal Colombo Golf Club

イギリス人が余暇を過ごす目的で 1896 年に設営された。約 400㎡の敷地に全 18 ホールを整備。レストラン、コーヒーショップ、バーも設けている。時折コースの中をキャラニヴァレイラインの列車が横切るロケーションはユーモラスで独特の雰囲気がある。プレイ目的でなくても立ち寄る価値あり。

地図 ⓫C-2

【グリーンフィー】
[1 日] $65（平日）$82（土日祝）
[1 週間] $264
⦿キャディー：Rs.600
⦿クラブレンタル付きフルセット：Rs.3,000
※カート：無し
【営業】6:00 ～ 23:00（受付 8:00 ～ 17:00）
223, Model Farm Road, Colombo-8
☎ 011-2695431, 2691401　📠 011-2687592
🖱 www.rcgcsl.com　✉ chula@rcgcsl.com

独立記念ホール
Independence Memorial Hall

1948 年の独立時に立てられた記念ホール。"B.M.I.C.H" のすぐ側に位置するので分かりやすい。独立記念日の 2 月 4 日はこのホールを中心にセレモニーが開かれる。

地図 ⓫B-2

週末になると家族連れの市民が独立記念ホールで余暇を過ごす。

● スリランカ観光局
Sri Lanka Tourism Colombo

情報収集に非常に役立つ政府機関。宿泊施設情報誌の "Accommodation Guide" や、簡素化されたガイドブック "Travel Lanka"（いずれも英語版）を入手できる上、旅の相談にも応じてくれる。観光プロモーションについては、日本マーケット担当者が応じる。メールマガジンの申し込みも受け付けている。

地図 ⓫A-1

月～金　9:00 ～ 16:45
土　　　9:00 ～ 13:00
SriLanka Tourism Travel
80, Galle Road, Colombo-3
☎ 011-2437055/59/60
📠 011-2440001
🖱 www.srilankatourism.org
✉ info@srilanka.travel

● ツーリストポリス
Tourist Police

旅行者のトラブル相談に 24 時間応じてくれる。ツーリストボードと同じ敷地内に位置する。
☎ 011-2421451

● スリランカ国営宝石公社
National Gem & Jewellery Authority

購入した宝石の鑑定を行う。心配な人は依頼すると良い。スリランカ産宝石の輸出についても相談可。

地図 ⓫A-1

25, Galle Face Terrace, Colombo-3
☎ 011-2390645 ～ 8
📠 011-2390649
🖱 www.srilankagemautho.com
✉ gemautho@sltnet.lk

● コロンボ中央文化基金
Colombo Central Cultural Fund

文化三角地帯、各地遺跡、見所など、スリランカ国内の観光情報を入手できる。

地図 ⓫B-2

11, Independence Avenue, Colombo-7
☎ 011-2587912

● コロンボスイミングクラブ
The Colombo Swimming Club

短期会員として 1 週間コースを設けている。長期滞在者であれば 1 ヶ月以上の会員コースを選ぶと便利。また宿泊施設としての利用も可能。ゴールロード沿いのロケーションで各方面への移動は大変便利。

地図 ⓫A-1

【宿泊】Ⓢ [スタンダード] $62 ～ [デラックス] $72 ～ ❶ [スタンダード] $67 ～ Ⓓ [スーパーデラックス] $87 ～
【会員】[1 週間] Rs.2,500（配偶者 Rs.1,225）[1 ヶ月] Rs.10,070（配偶者 Rs.4,910）
148, Galle Road, Colombo-3
☎ 011-2421645/2473370/2473634
📠 011-4723955
🖱 www.colomboswimmingclub.org
✉ admin@colomboswimmingclub.org

● カジノ

コロンボで本格的なカジノを楽しむことが可能。古典的なルーレット、コンピュータ化されたカードゲームが主流。Rs.1,000 単位で賭けられるが、「優雅に楽しむ」気持ちで臨み、くれぐれも熱くならないこと。客層は中国、インド、中近東の富裕層が目立つ。

★ **Bally's Casino** 地図 AB-2
34, D.R.Wijewardhana Mawatha, Colombo-10
☎ 011-2331150/2, 5234448
🌐 www.ballys.com

★ **CASINO MARINA** 地図 AA-1
30, Marine Drive, Colombo-3
☎ 011-4219988
🌐 www.marinacolombo.com
✉ info@marinacolombo.com

★ **Star Dust Casino** 地図 AA-1
9, 15th Lane, Galle Road, Colombo-3
☎ 011-4219900, 2576576
🌐 www.stardustcasino.lk
✉ info@stardustcasino.lk

● ジャランカ
JaLanka

コロンボにて日本食材を販売するお店。スリランカ人のご主人と日本人の奥さまが 2003 年より運営。旅行者にはもちろん、ビジネスや国際結婚組などの日本人長期滞在者には強い味方。米類、麺類、調味料など、品揃え豊富。

地図 AC-1
【営業】9:00 ～ 18:00 ※日・ポヤデイ休業
89, Dudley Senanayake Mawatha, Colombo-8
☎ 011-2696674
🌐 www.jalanka.com
✉ jaranka89@gmail.com

スリランカ Q&A

Q
コロンボを 1 人歩きしていたら現地男性からナンパをされて大変でした。日本人と知られた途端、いつまでも付きまとわれて……どうしたら良かったのでしょうか？

A
現地の人は男女限らず日本人と結婚したがっている人は今も多く存在します。特に現地男性の場合、言い寄ってくる人のほとんどが「駄目でもともと」と考えているので、日本人女性側は優しい顔を見せずキッパリ断ったり、走って逃げるしかありません。明るい時間に街中を 1 人歩きする分には比較的問題は起こらないのですが、特に女性は深夜に 1 人で外出しないように心掛けてください。問題が起きたらツーリストポリス (P.65) へ相談を。

バンダーラナーヤカ記念国際会議場
Bandaranaike Memorial International Conference Hall

略称 "B.M.I.C.H" で知られる中国の寄贈として建設された国際会議場。コンセプトは親しみやすさと自然の調和で、内部は最新設備を導入。

併設された博物館 Bandaranaike Museum にはスリランカ独立の父、故バンダーラナーヤカ首相の業績を展示。

地図 AB-2

【開館】（博物館）9:00 ～ 16:00 ※休館：月・祝
【入場料】Rs.5　B.M.I.C.H., Colombo-7
☎ 011-2691139　📠 011-2697420
🌐 www.bmich.lk

イシパタナラマヤー寺院
Isipathanaramaya Temple

仏陀の生涯を画家のジョージ・ケイトがフレスコ壁画で表現。同様の作品がコッタロード駅前のゴータミヴィハーラにも飾られていることで有名。1915 年の建造。

地図 AB-2

Isipathana Mawatha, Colombo-5

コロンボ南部～デヒワラ地区

ゴールロードを南下するとウェッラワッタ辺りから高層ビルは減り、代わって宝石商やサリー専門店などの小型商店舗がひしめき合う。この界隈はタミル人の割合が多いのが特徴。デヒワラ地区は、かつては喧騒がそれほどでもなかったが、立体交差が完成したこともあってか都市化が著しい。町の中心部はバザールが開かれとても賑やか。デヒワラはコロンボ行政区外だが、実質コロンボの一部としての扱いに等しい。

立体交差で様相が変わったデヒワラの町並み。

コロンボ動物園
Colombo Zoological Gardens

アジア最大規模（約168,000㎡）を誇る動物園。スリランカ内外の動物が2000種類以上飼育されている。水族館と夜行性動物館も併設。中でも象のダンスショーが有名で、大小6頭の象が踊り、音楽を演奏する。バスでの行き方は、ゴールロードのデヒワラジャンクションから176か118番に乗車。所要約15分。帰路はバスだと混雑するので、流しのスリーウィーラーを捕まえるかデヒワラまで歩いて出たほうが賢明。　地図❸B-4

【開園】8:30～18:00 ※入場は17:30まで
【エレファントライド】14:30～16:00（土曜）
【象のダンスショー】16:30～16:55
【アシカのショー】16:00～16:15
【入場料】大人 Rs.2,000　子供 Rs.1,000
Anagarika Dharmapala Mawatha, Dehiwala
☎ 011-2712751～3
📠 011-2734542
🌐 www.colombozoo.gov.lk
✉ zoosl@slt.lk

LAKMEDURA

記念品、お土産、ギフトに、
　手工芸品、宝石、ジュエリー、オシャレな衣類を

適正価格にてご奉仕

OPEN DAILY 9:30AM - 7:00PM

LAKMEDURA LTD
Heart of Sri Lankan Handicraft

113, Dharmapala Mawatha, Colombo 7, Sri Lanka
☎94-011-2328900　📠94-011-2335380　e-mail : lakmedura@vinet.lk

ブルーサファイア、スターサファイア、ルビー、キャッツアイ……
スリランカで本物の輝きをお確かめください。
創業50年のプレマダーサ宝石店が、
あなたの大切な旅に彩を添えます。

Finest Sri Lankan Gems & Jewellery by

Premadasa & Co. (Jewellers) Ltd.

GEM MUSEUM & MAIN SHOWROOM

560, Galle Road, Colombo 3, Sri Lanka
Tel. : 2595178, 2595179, 2595353 Fax : 2582256
e.mail : preco@eureka.lk web : premadasajewellers.com

BRANCHES
692, Peradeniya Road, **Kandy,** Earl's Regency Hotel, **Kandy,** Tangerine Beach Hotel, **Kalutara,** Heritance, **Kandalama,** Heritance - **Ahungalla,** The Sands, **Kalutara,** Departure, Transit Lounge, **Colombo Airport**

BUSINESS AFFILIATIONS IN THE REPUBLIC OF MALDIVES
Embudu Village, Filitheyo Island Resort,
Medhufushi Island Resort, Adaaran Select Hdhuranfushi

SRI LANKA - MALDIVES

お薦めのショップ

近年のコロンボでは民芸品、小物類、アパレル等の開発に余念が無く、デザイナーが考案した個性的でおしゃれな商品も急増。もちろんスリランカ土産の王道、紅茶、宝石、スパイス類も健在。スリランカの商品は価格が安く気軽に手が出せるものが多いので、帰国後のお土産に、職場の話題作りに、是非活用していただきたい。

ラクサラ
Laksala

国営土産物店としてスリランカ各地に展開され、適正価格で購入できる。綿製品、バティック（ろうけつ染め）、銀細工、宝石などを取り扱う。　地図 ❶B-1　地図 ❶B-2

【営業時間】9:00 〜 21:00 ※日・祝定休
★ **Fort**：60, York Street, Colombo-1
☎ 011-2323513/4
★ **Thummulla**：215, Bauddhaloka Mawatha, Thummulla, Colombo-7
☎ 011-2580579
🏠 www.laksala.gov.lk　✉ contact@laksala.gov.lk

オールド・ダッチホスピタル
Old Dutch Hospital

オランダ統治下の1600年代、フォートに建造された病院を復元・改装して仕上げた新しい複合施設。施設内の壁に反射させて浮かび上がるTV映像とは裏腹に、建物は当時を偲ばせるノスタルジックなムードを演出し、過去と現代を共存させるコンセプトを打ち出している。コロンボでは訪れる価値の高いスポットといえよう。テナントに入る商店は全て名門揃い。　地図 ❶B-1

アリーナ
Arena

EXCEL WORLD内に店舗を構える。衣料品、バッグ、アクセサリー、子供服、インテリアのほかに、冬服も取り扱う点がポイントで、スリーパーダ登山や丘陵地帯旅行前に重宝する。日本の冬季に合った買い物も楽しい。　地図 ❶A-2

【営業時間】10:30 〜 21:00
338, T.B Jaya Mawatha, Colombo-10
☎ 011-5555338
✉ arenaint@eureka.lk

コットン/レザー・コレクション
Cotton & Leather Collection

Cotton Collectionはカラフルな綿製品、シャツ類やビーチ向け商品が充実。Leather Collectionは皮革製品を主に取り扱う。両店舗女性向け商品が多く、気軽でオシャレな品が人気。　地図 ❶A-1

【営業時間】10:00 〜 19:00 ※日・ポヤデイ定休
★ **Cotton**：40, Flower Road, Colombo-7
☎ 011-2372098
★ **Leather**：26, Flower Road, Colombo-7
☎ 011-2372094
✉ retail@cotton-collection.com

エレファントウォーク
Elephant Walk

　建築家ジェフリーバワのデザインによるバンガローの中に店舗を構える。手作りの家庭用品、家具、ランプ、ステーショナリーなど、シンプルかつ飽きの来ないデザインが冴えている。併設カフェがある。　　　　　　　　　　　地図 **B-1**

【営業時間】月～土 10:00 ～ 20:00
　　　　　　日・ポヤデイ 10:00 ～ 18:00
64, Ward Place, Colombo-7
☎ 011-2691056

パラダイスロード
Paradise Road

　アンティーク品のほか、奇抜で可愛らしいデザインの家庭用品を取り扱う。カップ、人形、ドアフレーム、キャンドルなどのインテリア品が揃い、ギフトに最適。　　　　　　　　　　　　　　　地図 **B-1**

【営業時間】10:00 ～ 20:00
213, Dharmapala Mawatha, Colombo-7
☎ 011-2686043
🌐 www.paradiseroad.lk
✉ paradiserd@eureka.lk

ラクメドゥラ
Lakmedura

　民芸品、宝石、アクセサリー、ろうけつ染め、紅茶などを取り扱う総合的な土産物店。銀細工の商品を多く取り揃え、現地の人も行事用品や贈答品を購入する。　　　　　　　　　　　　　　　地図 **B-1**

【営業時間】9:30 ～ 19:00
113, Dharmapala Mawatha, Colombo-7
☎ 011-2328900　📠 011-2335380
✉ lakmedura@vinet.lk

オデール
ODEL

　スリランカで最も知名度が高いアパレルブランド。カジュアルやスポーツウェアなどが得意分野で、食品や音楽関係も手掛ける。空港内や高級ホテル内など、国内各地に店舗を構える。アウトレットも狙い目。　　　　　　　　　地図 **B-1**

【営業時間】10:00 ～ 20:00
5, Alexandra Place, Colombo-7
☎ 011-4625800
🌐 www.odel.lk
✉ info@eodel.com

ベアフット
Barefoot

　Barbara Sansoni デザインの綿織物商品を展示・販売。蛍光色を用いた鮮やかな色使いが特徴で、主にインテリア用品と書籍を取り扱う。併設のカフェもある。ダッチホスピタル内にも出店。　　　　　地図 **A-2**

【営業時間】平日・土 10:00 ～ 19:00
　　　　　　日・ポヤデイ 11:00 ～ 17:00
704, Galle Road, Colombo-3
☎ 011-2580114　📠 011-2576936
🌐 www.barefootceylon.com

クレスカットブールバード
Crescat Boulvard

　高級ホテルのシナモングランド・コロンボに隣接する近代的な商業複合施設。地下には各国料理のフードコート、KEEL'Sスーパーマーケット、グランドと上階にはアパレル、スポーツウェア、高級紅茶、足裏マッサージ、アーユルヴェーダグッズ、書籍を販売する高級商品を取り扱う店舗が集まる。インターネットカフェは日本語フォントも準備され日本人にも使い勝手が良い。　地図 ⑧A-1

プレマダーサ宝石店
Premadasa Jewellers

　スリランカ国内の宝石店の中では老舗的存在。キャンディ、カルタラ、空港などに支店を持つ。間違いのない買い物ができるので本気で必要なものが探せる。　地図 ⑧A-2

560, Galle Road, Colombo-3
☎ 011-2595187, 2595179, 2595353
📠 011-2582256
🌐 www.premadasajewellers.com
✉ preco@eureka.lk

スリランカ紅茶局
Sri Lanka Tea Board

　品質で信頼のおける国営のセイロンティー販売店。茶葉からティーバッグまであらゆるセイロンティー商品を取り揃え適正価格で販売。セイロンティーに関するビジネス相談も可。　地図 ⑧A-2

【営業時間】平日 9:00 ～ 17:00
　　　　　　土曜 9:00 ～ 13:00 ※日・祝定休
574, Galle Road, Colombo-3
☎ 011-2587814, 2587773, 2582236
🌐 www.pureceylontea.com
✉ teaboard@pureceylontea.com

カシュー・セールスセンター
Cashew Sales Centre

　Sri Lanka Cashew Corporationが運営する、実質国営のカシューナッツ販売店。アウトレットも品質が良く、スリランカ自慢の身が引き締まったおいしいカシューナッツを購入できる。コッルピティヤ以外にも店舗がある。　地図 ⑧A-2

【営業時間】8:30 ～ 18:00 ※日曜定休
518/1 Galle Road, Colombo-3
☎ 011-2575119
🌐 www.cashew.lk

ノリタケ
Noritake

　言わずと知れた日本の食器製造メーカーの現地法人。マータレーに工場を持ちアウトレット品も取り扱うほか、コロンボ市内、空港内、ワッタラなどにディーラーやショールームを構える。スリランカでしか手に入らないモデルもある。

【営業時間】9:00 ～ 21:00 ※日・祝定休
★ショールーム：546-A, Galle Road, Colombo-3
☎ 011-2301334, 5737006
🌐 www.noritake.lk
✉ colpettysr@noritake.lk

マジェスティックシティー
Majestic City

　衣類、書籍、電化製品、コンピューター関連、文具品ほか、生活品を扱う店舗群、各国料理ブースが集う地下のフードコート、食料品が揃うスーパーマーケット、ケンタッキーフライドチキンなど、あらゆるカテゴリーのサービスが商業施設内に凝縮されている。ゴールロードのバンバラピティヤジャンクションより徒歩1分。　地図 ⑧A-2

ランカハンズ・エクスポート
Lanka Hands Exports

民芸品を中心とする手工芸品を取り扱う。木彫りの置物、ろうけつ染め、手縫いのバッグ、宝石、アクセサリー、インテリアグッズ、文具品、アーユルヴェーダ関連グッズなど、取り扱い品目が多め。 地図 ❽A-2

【営業時間】月〜土 9:30 〜 19:00
　　　　　　日・ポヤデイ 9:30 〜 18:00
135,Bauddaloka Mawatha Colombo-4
☎ 011-4512311
✉ lankahands@eureka.lk

ハウス・オブ・ファッションズ
House of Fashions

デザインがほかより都会的な商品を取り扱う。女性用化粧品、玩具、スポーツ用品、マタニティーグッズ、インテリア用品など、守備範囲が広い。 地図 ❽C-1

【営業時間】平日 10:00 〜 20:00
　　　　　　土 10:00 〜 20:30
　　　　　　日 10:00 〜 17:00
101, D.S Senanayake Mawatha, Colombo-8
☎ 011-2154555　　011-2680340
🌐 www.houseoffashions.lk
✉ talk@houseoffashions.lk

リバティープラザ
Liverty Plaza

コッルピティヤに位置するシンガポール資本で建設された商業施設。飲食店、アパレル、書店、インターネットカフェ、コンピューター関連、文具、インテリア、スーパーマーケットと何でも揃い、この建物の中だけで用事は足りてしまうほど不便さは感じさせない。近々建物全体でリニューアル工事の予定があり、関係筋の話によると大幅にイメージを変え、別ものに仕上げるとのこと。 地図 ❽A-1

コロンボお薦めの飲食店

コロンボ市内であればスリランカ料理のほか、日本料理を含め各国料理店も充実している。近年の傾向は洒落た飲食店の増加と衛生面の向上。紹介する飲食店以外にもコロンボ市内には魅力的なスポットが数多く存在するので、ご自身でも発掘していただきたい。

フラグ＆ホイッスル
Flag & Whistle

コロンボ港を満喫できる粋なバー＆レストラン。眼下に広がるコロンボ港の夜景を楽しめるロケーションは必見。西洋（ドイツ）料理かスリランカ料理が選べる。予算は Rs.3,000 〜。 地図 ❽C-2

【ランチ】　11:30 〜 14:00
【ディナー】17:00 〜 23:00
Setmil Building, 5th Floor,
256, Srimath Ramanathan Mawatha, Colombo-15
☎ 011-2485500 ・ 1, 2485510
✉ flag-whistle@setmil.com.lk

ミニストリー・オブ・クラブ
Ministry of Crab

シーフード料理の中でもスリランカのラグーンで獲れたカニ料理に定評があり、本格的カニ料理のほか、日本料理も提供する。オールドダッチホスピタルの看板的存在。 地図 ❽B-1

【営業時間】平日 18:00 〜 23:00
　　　　　　週末 12:00 〜※ポヤデイ定休
Old Dutch Hospital, Colombo-1
☎ 011-2342722
🌐 www.ministryofcrab.com
✉ info@ministryofcrab.com

ホテル・デ・ブハーリ
Hotel De Buhar

スリランカ国内では多くの人が知るチキンブリヤーニの老舗。営業実績も長く、今もってこの店のブリヤーニが最高においしいと評価するファンも多い。料金は控えめで、エッグブリヤーニ＆ローストチキン＝ Rs.370 〜。 地図 ⒶB-3

【営業時間】10:00 〜 22:00
15, Panchikawatta Rd, Maradana Colombo-10
☎ 011-2431015　📠 011-2865438

シー・フィッシュ
Sea Fish

コロンボ最古のシーフードレストラン。スリランカ産魚介類をスリランカン／西洋風でアレンジ。参考 Rs.1,000 〜。喧騒を離れた位置にあり店内はゆったりしている。 地図 ⒶB-1

【ランチ】　10:00 〜 14:00
【ディナー】18:00 〜 23:00
15, Sir CA Gardiner Mawatha, Colombo-2
☎ 011-2326915
🌐 www.seafishrestaurant.wordpress.com
✉ seafish@sltnet.lk

サイアムハウス・タイレストラン
Siam House Thai Restaurant

コロンボで本格的高級タイ料理を楽しむならばこの店。メニューが豊富で空間は広く 200 席を確保。バンダーラナーヤカ空港内にも出店。参考予算は Rs.2,000 〜。 地図 ⒷA-1

【営業時間】10:30 〜 23:00
17, Melbourne Avenue, Colombo-4
☎ 011-2595944/66
📠 011-2502326
🌐 www.siamhouse.lk
✉ siam@sltnet.lk

日本ばし
Nihon Bashi

世界のグルメ雑誌にも取り上げられる本格派日本料理店。地元の高額所得者がステータスとして集まる様相もあるが、値段相応のクオリティーを提供しているので重要な会議などで重宝する。 地図 ⒷA-1

【ランチ】　12:00 〜 14:30
【ディナー】18:00 〜 22:30
11, Galle Face Terrace, Colombo-3
☎ 011-2323847　📠 011-2423150
🌐 www.nihonbashi.lk
✉ info@nihonbashi.lk

ザ・マンゴーツリー
The Mango Tree

洗練されたインド料理店。メニューが豊富であらゆるインド料理を楽しめる。コロンボ3区本店のほかにクレスカットブールバードや ODEL にも出店。Rs.1,000 〜が目安。 地図 ⒷA-1

【営業時間】平日 18:00 〜 23:00
82, Dharmapala Mawatha, Colombo-3
☎ 011-7620620　📠 011-7620621
🌐 themangotree.net
✉ linfo@themangotree.net

ラージャボジュン
Raja Bojun

気軽に高級スリランカ料理をビュッフェ形式で楽しむならばこの店がお薦め。リバティアーケードの最上階にある。ランチ Rs.1,600 〜、ディナー Rs.1,750 〜。店内は清潔感がある。 地図 ⒷA-1

【営業時間】10:00 〜 0:00
282, R.A.De Mel Mawatha, Colombo-3
☎ 011-4716171　📠 011-4621130
🌐 www.rajabojun.lk
✉ rajabojun@gmail.com

築地魚一
Tsukiji Uoichi

有名日本料理店がアーケードインディペンデンススクウェア内にオープン。寿司、天ぷら、その他日本食の揚げ物等を提供。現地日系企業や地元の人の間でも話題になりつつある。 地図 ⒷB-2

【ランチ】　12:00 〜 15:00
【ディナー】17:00 〜 23:00
Arcade Independence Square, Colombo-7
☎ 011-2670707
🌐 www.arcadeindependencesquare.com/dine/tsukoji.php
✉ tsukiji.uoichi@gmail.com

アーバンキッチン
Urban Kitchen

近年登場した上品なフードコート。寿司バーを含む東西の料理店が集い、料金も比較的安めなのがうれしい。スリランカ式コース料理が Rs.500 〜。併設されているスーパーマーケットのARPICOは品揃えが良く便利。アーバンキッチンから歩いてすぐのところにあるセンカダフードコートも低価格で各国料理を提供するが、こちらは庶民的。 地図 ❽B-1

69, Hyde Park Corner, Colombo-2
☎ 011-7219169

クレスカット・フードコート
Crescat Food Court

クレスカット・ブールバード内にある地階のフードコート。スリランカ料理(シンハラ・タミル)を始め日本、韓国、中華、マレーシア、シンガポール、モンゴル、インド、西洋料理など、出店は時期により変化するが各国料理を低価格で楽しめる。ホテル・シナモングランドと直結しているため宿泊ついでに利用するのも便利。参考価格は Rs.600 〜。 地図 ❽A-1

【営業時間】7:00 〜 24:00 ※店舗により異なる
89, Galle Road, Colombo-3

チェザ・スイス
Chesa Swiss

スイス料理が楽しめるスリランカでは数少ない料理店。メニューはフォンドゥ、ロスティ、シュペッツレなど。チーズの味が自慢。参考予算は Rs.1,500 〜。 地図 ❽A-1

【営業時間】7:00 〜 19:00 ※ポヤデイ定休
3, Deal Place, Colombo-3
☎ 011-2573433, 4712716
🌐 www.chesaswiss.com
✉ info@chesaswiss.com

パラダイスロード・ザ・ギャラリーカフェ
Paradise Road the Gallery Café

建築家ジェフリー・バワによるデザインのおしゃれなカフェ。コロンボで優雅に過ごすならば一押しの場所。食事も可能で参考予算は Rs.1,000 程度。併設のショップでは雑貨を販売。 地図 ❽A-2

【営業時間】10:00 〜 23:00
2, Alfred House Road, Colombo-3
☎ 011-2582162
📠 011-2556564
🌐 www.paradiseroad.lk
✉ gallerycafe@paradiseroadsl.com

ニュー・バナナリーフ
New Banana Leaf

バナナの葉の上にカレーやブリヤーニを載せて提供する有名な老舗。料金はリーズナブル。是非とも地元の人と同じように手づかみでカレーを堪能してほしい。参考予算は Rs.200 〜。 地図 ❽A-1

【ランチ】 11:00 〜 15:30
【ディナー】18:00 〜 21:30
720, Galle Road, Colombo-3
☎ 011-7316666

さくら
Sakura

日本に滞在経験のあるコックが集う、スリランカで有名な日本料理店。てんぷらや刺身料理なども安心して食べられる。日本関係者のほか、日本に精通する現地人が多く出入りする。 地図 ❽A-2

【ランチ】 11:30 〜 14:30
【ディナー】18:00 〜 23:00 ※ポヤデイ定休
14, Reinland Place, Colombo-3
☎ 011-2573877, 4723973
🌐 www.kinjousakuragroup.com
✉ kinjoulanka@sltnet.lk

パラダイスロード・カフェ
Paradise Road Café

　ギャラリーカフェとは別ものので、こちらは雑貨店のパラダイスロード敷地内に併設された気軽に楽しめるカフェ。外観はレトロだが内部はモダンで洒落た造り。コーヒーやミルクシェーク等の飲み物のほかに軽食も楽しめる。参考予算はRs.600～。　地図❽B-1

【営業時間】10:00～19:00
213, Dharmapala Mawatha, Colombo-7
☎ 011-2686043

スリ・ヴィハール
Sri Vihar

　Philip Gunewardene Ave. から現在地に移動。旧名 Shanti Vihar。南インド・タミルベジタリアン料理の老舗で辛さは控えめで値は張らず、参考予算はRs.800～。タミル料理狙いならばお薦めの店。　地図❽B-2

【ランチ】11:00～15:00
【ディナー】18:00～22:30
3, Havelock Road, Bambalapitiya, Colombo-4
☎ 011-5747474, 2596597

チャイニーズ・ドラゴンカフェ
Chinese Dragon Café

　マウント・ラヴィニア、ラージャギリヤ、フォートにも出店。中華料理を中心に、西洋式やスリランカ料理も可。デリバリーサービスあり。　地図❻A-2

【ランチ】10:00～15:00
【ディナー】18:00～23:00
11, Milagiriya Avenue, Colombo-4
☎ 011-7808080～1　FAX 011-7808087
🌐 www.chinesedragoncafe.com
✉ suggestions@chinesedragoncafe.com

ザ・ベイリーフレストラン
The Bayleaf Restaurant

　高級住宅街に位置する。メキシカン、マレー、フレンチ等の各国料理がリーズナブル。参考価格は Rs.800～。併設する Retro bar でアルコール類を楽しむこともできる。　地図❽C-1

【営業時間】日～木 11:00～23:00
　　　　　金・土 ～12:00
79, Gregory's Road, Colombo-7
☎ 011-2695920, 4869000（配達）
FAX 011-2678402
🌐 bayleafcolombo.com
✉ info@harposonline.com

ビーチ・ワディヤ
Beach Wadiya

　インド洋に面した砂浜上のシーフードレストラン。すぐ側を列車が走り、時折汽笛が聞こえてくる雰囲気は独特。カニ・海老料理が Rs.600～。ウェッラワッタ地区で一番のシーフード料理との評判あり。　地図❽A-3

【ランチ】11:00～15:00
【ディナー】18:30～23:00
2, Station Avenue, Wellawatta, Colombo-6
☎ 011-2588568
🌐 www.beachwadiya.com
✉ info@beachwadiya.com

セン・サアル
Sen-Saal

　パンやスイーツを楽しむカフェスタイル。フライドライスやライス＆カリーなど各国料理も用意され、ランチやディナーにも活用できる。値段は良心的で参考価格はパン＋コーヒーで Rs.200～。食事として楽しむならば Rs.400～。　地図❽B-2

【営業時間】9:00～23:00
Havelock Road, Colombo-5
☎ 011-2590591
🌐 www.sensaal.com

錦城
Kinjou

　中国四川料理を中心とした 1991 年より営業する老舗レストラン。メニューの中には一部日本料理もある。参考予算はRs.600～。　地図❽B-3

【ランチ】11:30～14:30
【ディナー】18:00～23:00
33, Amarasekara Mawatha, Havelock Town, Colombo-5
☎ 011-2589477, 2591728
🌐 www.kinjousakuragroup.com
✉ kinjoulanka@sltnet.lk

ボンベイ・スイート・マハル
Bombey Sweet Mahal

　南インドのスイーツを味わえる現地では有名な大衆喫茶店。ドリアンジュースやインド名物のレイヤードジュース、ファルーダも低価格で楽しめる。　地図❽B-3

【営業時間】月～土 9:00～21:00
　　　　　日　　　～16:00
195, Galle Road, Wellawatta, Colombo-6
☎ 011-2362280
✉ sweetmahal@ymail.com

宿泊施設（高級・リゾート）

タージ・サムドラ

Taj Samudra

ゴールフェイスグリーンに面した好立地にあるインド系高級ホテル。2013年度に一部改装。16のスイートルームと＄3,000以上の最高スイートも用意されている。インド料理、スリランカ、中華、ウェスタンなど、計7種類の各国料理レストラン、内陸側にはジムやプールなどスポーツアクティビティー施設を完備。一流ホテルにおけるサービスは全てそろっている。　地図 ⒜A-1

全300室 ★★★★★
Ⓢ[スタンダード] $155 ～ [ラグジュアリー] $170 ～ [TAJ CLUB ROOM] $240 ～
Ⓓ[スタンダード] $165 ～ [ラグジュアリー] $180 ～ [TAJ CLUB ROOM] $250 ～
[スイート][デラックス] $510 ～ [ラグジュアリー] $810 ～ [グランドラグジュアリー] $1,510 ～
SC 10% TAX, TOTAL 27.36%
25, Galle Face Centre Road, Colombo-3
☎ 011-2446622
日本国内予約番号（タージホテルズ東京事務所）
☎ 03-3432-4530　📠 011-24437208
🌐 www.tajhotels.com
✉ samudra.colombo@tajhotels.com

ゴールフェイスホテル

Galle Face Hotel

1864年、ジェフリー・バワのデザインにより建造された伝統あるホテル。コンセプトは英国統治時代の雰囲気を残すことにあり、ミュージアムに展示されたクラシックカー、リキシャ、家具類などが深みを感じさせる。昭和天皇が滞在されたことでも有名。近代的なトレーニングジムや塩水を使用したプールなどの特徴を持つ。一部客室には最新設備が導入され、海側にスイートを設置。ロケーションは至便。改装工事は近々完了。　地図 ⒜A-1

全81室 ★★★
[スタンダード] $125 [スーペリア] $138
[デラックス] $143 [オーシャンビューバルコニースイート] $209 [オーシャンビュースイート] $228 [オーシャンビュースパスイート] $256
2, Galle Road, Colombo-3
☎ 011-2541010 ～ 6
📠 011-2541072 ～ 4
🌐 www.gallefacehotel.com
✉ reservations@gallefacehotel.net ;
information@gallefacehotel.net

コロンボ市内・近郊

ザ・キングスバリー

The Kingsbury

旧名はセイロン・コンチネンタル。スリランカ初の五つ星ホテルとして開業。大幅に改装してゴージャスさを強調している。ゴールフェイスグリーンの北端に位置し、プールから、そしてスカイラウンジから、眼下に迫るインド洋に圧倒させられる。「魅せる」凝った造り込みは、宿泊目的でなくとも訪れておきたい。ハネムーナーの宿泊にも価値がある。デラックスやプレミアムがお薦め。　地図 ❹B-1

全229室　★★★★★
[スーペリア] $125〜　[デラックス] $135〜　[プレミアム] $150〜
[エグゼクティブ] Ⓢ/Ⓓ$184〜　[スイート] Ⓢ $214〜　Ⓓ $223〜
[プレジデンシャル] $750〜
48, Janadhipathi Mawatha, Colombo-1
☎ 011-2421221, 5421221　📠 011-2433251
🌐 thekingsbury.lk　✉ info@thekingsburyhotel.com

ヒルトン・コロンボ

Hilton Colombo

　世界的に有名なヒルトングループ系列ホテルで信頼度が高い。日本人客、日本関係者が好んでこのホテルに宿泊する傾向があり、NHK放送の受信、部屋によっては日本製電動ウォシュレットが導入されている点も日本人観光客としてはポイントが高い。スポーツ施設やレストラン（計10件）が充実している。立地も良く、各方面への移動も便利。近日中にグランドフロアの改装工事が終了する。　地図 ❹B-1

全382室　★★★★★
Ⓢ [ゲストルーム] $135〜　[デラックス] $165〜　[エグゼクティブ] $195〜　[スイート] $265〜
Ⓓ [ゲストルーム] $145〜　[デラックス] $175〜　[エグゼクティブ] $205〜　[スイート] $275〜
SC 10%　TAX, TOTAL 25%　※2014年1月現在
2, Sir Chittampalam A. Gardiner Mawatha, Colombo-2
☎ 011-2492492, 2437177
📠 011-2544657/8
🌐 www.hilton.com　✉ colombo@hilton.com
日本国内予約番号（ヒルトン・リザベーション＆カスタマー・ケア・センター）
☎ 0120-489852
✉ marketing.jkm@hilton.com

ガラダリホテル

Galadari Hotel

もとは世界的チェーンのメリディアン運営の高級ホテル。フォート地区に位置し、ロケーションは良好。上階のナイトクラブからの夜景が美しく、コロンボ市街とインド洋を一望しながら洒落たひと時を味わえる。部屋は3カテゴリーに分かれ、それぞれにスイートを設定。インド・西洋料理レストラン、コーヒーショップ、充実したスポーツ設備を持つ。 地図 ⓐB-1

全450室 ★★★★★
Ⓢ[スタンダード] $150～[エグゼクティブ] $165～[プレジデンシャル] $195～
Ⓓ[スタンダード] $160～[エグゼクティブ] $200～[プレジデンシャル] $210～
64, Lotus Road, Colombo-1
☎ 011-2544544, 内線 370（予約）
011-2449875
www.galadarihotel.lk
info@galadarihotel.lk

グランドオリエンタルホテル

Grand Oriental Hotel

1837年に開業の老舗ホテル。旧式エレベーターや調度品などから英国統治時代を偲ばせるムードはほかのホテルには出せないものがある。クラシカルなムードを優先するのであれば割得感のあるホテル。ロケーションは抜群でフォート地区の真ん中に位置する。コロンボ港が間近なので夜景も楽しめる。ほかより値段の張らないホテルなので、あえてスイートを狙うのも賢い選択肢の一つ。 地図 ⓐC-1

全80室 ★★
[スタンダード] Ⓢ $70～103 Ⓓ $70～136 [デラックス] Ⓢ $114～147 Ⓓ $114～180
[スイート] Ⓢ $127～160 Ⓓ $127～193 SC 10% TAX, TOTAL 25%
2, York Street, Colombo-1 ☎ 011-2320320　011-2446740
grandorientalhotel.com　info@grandoriental.com

ラマダ・コロンボ

Ramada Colombo

旧名 Holiday Inn。ゴールフェイスグリーンに近い便利な位置にある。レストラン、バー、コーヒーショップ、プールを設けている。2013年に改装され居心地は良好。ウェブサイトからの予約申込み割引あり。 地図 ⓐA-1

全94室 ★★★★
$130～ [スイート] $170～
30, Sir Mohamed Macan Markar Mawatha, Colombo-3
☎ 011-2422001　011-2447977
www.ramadacolombo.com
info@ramadacolombo.com

シナモングランド・コロンボ

Cinnamon Grand Colombo

ランカ・オベロイの名で開業し、現在でも広く"オベロイ"の名で愛されている。建物内はユニークな吹き抜け構造。室内TVのNHK衛星放送配信や日本食を選べる朝食バイキングなど、日本人宿泊客に喜ばれる設備多数。敷地は広く、スイミングプール、テニスコート、ジムなど施設も充実。コロンボ市内ならばどの方面へも向かいやすい好立地。ホテル隣に商業コンプレックスのクレスカット・ブールバードが構え、ショッピングや食事に何かと至便。 地図 ❹A-1

全501室 ★★★★★
[デラックス] $160〜200
[エグゼクティブ] $205〜
[プレミアムスイート] $250〜
[エグゼクティブスイート] $300〜
[プレジデンシャルスイート] $1,200〜
[ペントハウススイート] $750〜
SC 10% TAX, TOTAL 25%
77, Galle Road, Colombo-3
☎ 011-2437437
📠 011-2449280
🌐 www.cinnamonhotels.com
✉ grand@cinnamonhotels.com

シナモンレイクサイド・コロンボ

Cinnamon Lakeside Colombo

旧名ラマダルネッサンス→トランスエイジア→現在のシナモングループへと落ち着く。フォートからスレイブアイランド方面へ南下したところに聳え立つ。建物は上空から見ると"コ"の字型の特徴ある構造。敷地が広く、巨大なプールを装備。日本、タイ、中華料理店を構え、シナモングランドとは違った居心地の良さがある。ホテルのウェブサイトからの予約で割安になるサービスあり。 地図 ❹B-1

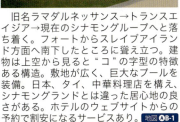

全346室 ★★★★★
[スーペリア] $137〜 [プレミアム] $150〜 [エグゼクティブ] $195〜
[シラントロスイート] $250〜 [プレジデンシャルスイート] $1,000〜
SC 10% TAX, TOTAL 25%
115, Sir Chittampalam Mawatha, Colombo-2
☎ 011-2491000
📠 011-2544211
🌐 http://www.cinnamonhotels.com
✉ lakeside@cinnamonhotels.com

ホテル・レヌーカ

Hotel Renuka

清潔感のある中級ホテル。三つ星で$75〜はコストパフォーマンスが良い。スリランカ料理のレストラン＆バー"Palmyrah"、フィットネスセンター、小ぶりではあるがプールもある。コッルピティヤ中心部に近く至便。 地図❽A-1

全99室 ★★★
[スタンダード] $75〜
[デラックス] $88〜
328, Galle Road, Colombo-3
☎ 011-2573598/602、2577345/8
📠 011-2574137、2576183
🌐 www.renukahotel.com
✉ renukaht@renukahotel.com

ヒルトン・コロンボレジデンス

Hilton Colombo Residence

ヒルトン系列なのでサービスに定評あり。ヒルトン・コロンボの改装期間中はこちらに宿泊することを推奨されている。上階からはベイラ湖、コロンボペラヘラ祭（開催時）を眺められるのが特徴。 地図❽A-1

全168室 ★★★★
[スタンダード] $245〜 [デラックススイート] $270〜 [デラックスプラススイート] $285〜
200, Union Place, Colombo-2
☎ 011-5344644　📠 011-5344648
🌐 www3.hilton.com
✉ colomboresidence_info@hilton.com

コロンボ・シティーホテルズ

Colombo City Hotels

ワールドトレードセンターの真裏、ダッチホスピタルの側にあるカジュアルなホテル。各部屋エアコン、ミニバー、TV、Wi-Fiを装備。コストパフォーマンスに優れる。 地図❽B-1

全48室 ★★★
[スタンダード] Ⓢ $72〜　Ⓓ $77.50〜
[デラックス] Ⓓ $82.50〜　Ⓣ $85〜
Level3, 33, Canal Row, Fort, Colombo-1
☎ 011-5341962/3/5/6
📠 011-2432480
🌐 www.colombocityhotels.lk
✉ cmb_cityhotels@sltnet.lk

カーサ・コロンボ

Casa Colombo

近年開業したスイートルームを中心とした、デザイナーLalin M.Jinasenaの手掛けた200年前のムーアスタイル高級ホテル。世界各紙で各賞を受けている。ゴールロード沿いの好立地も見逃せない。 地図❽A-2

全12室
[トラベラースイート] $300
[ロイヤルスイート] $500
231, Galle Road, Bambalapitiya, Colombo-4
☎ 011-4520130
🌐 www.casacolombo.com
✉ reservation@casacolombo.com

インドラリージェントホテル

Indra Regent Hotel

ゴールロードと平行するメルマワタに位置する。ファッショナブルな一角に位置し、レストランやショッピングセンターも周辺に集中している。 地図❽A-2

全26室 ★
Ⓢ/Ⓓ $65〜134　SC 10%
383, R. A. De Mel Mawatha, Colombo-3
☎ 011-2577405〜6
📠 011-2574931
🌐 www.indraregent.net
✉ info@indraregent.net

グローバルタワーズホテル
Global Towers Hotel

近年開業したマリンドライブ沿いの近代的なビジネスホテル。インド洋が見渡せる部屋は圧倒させられる。サービス内容からしても割得感が得られる。 地図 ❽B-3

全140室 ★★★
Ⓢ/Ⓓ $80～ **[ストゥディオ]** $105～
SC 10%　TAX, TOTAL 25.27%
Marine Drive, Colombo-6
☎ 011-2591000　📠 011-2591003
🌐 www.globallanka.com
✉ info@globallanka.com

オメガレジェンシー
Omega Regency

旧名 Omega Inn。改装され以前のものとは別物に。空調、室内温水シャワー、館内レストランなど、基本的な装備はされていて清潔。交通至便。 地図 ❽B-3

全15室 ★
[エグゼクティブ]Ⓢ $70　**Ⓓ** $75　**Ⓣ** $90
[ラグジュアリー]Ⓢ $90　**Ⓓ** $95　**Ⓣ** $110
324, Galle Road, Colombo-6
☎ 011-2582277　📠 011-4012695
🌐 www.omegaregency.lk
✉ reservations@omegaregency.lk

ホテル・サファイア
Hotel Sapphire

ウェッラワッタ、ゴールロード沿いにある上品なビジネスホテル。エントランスに重圧感があり強い高級感を演出。一通りのサービスは整っている。内装は小ぎれい。プールもある。 地図 ❽B-3

全44室 ★★
Ⓢ/Ⓓ $76～　SC 10%　TAX, TOTAL 25%
371, Galle Road, Colombo-6
☎ 011-2363306　📠 011-2360455
🌐 www.hotelsapphirelk.com
✉ rsvtns@hotelsapphirelk.com

パールシティーホテル
Pearl City Hotel

バンバラピティヤ交差点側にあり、好立地のビジネスタイプホテル。内部は落ち着きがあり、コストパフォーマンスの面でも人気が高い。 地図 ❽A-2

全69室 ★
Ⓢ $100～　**Ⓓ** $115
17, Bauddhaloka Mawatha, Colombo-4
☎ 011-4523800　📠 011-4523866
🌐 www.pearlcityhotel.net
✉ pearlcityhotel@sltnet.lk

ホテル・ジャナキ
Hotel Janaki

閑静なハヴェロックタウンに位置する。全室冷房、TV、バルコニー付き。レストラン・バーやプールの設備あり。ゆったりしたい人向け。 地図 ❽B-2

全50室 ★★★
Ⓢ $75～　**Ⓓ** $85～　TAX, TOTAL 25%
43, Fife Road, Havelock Town, Colombo-5
☎ 011-2502169　📠 011-2589139
🌐 www.hoteljanakicolombo.com
✉ info@hoteljanaki.com

コロンボ市内・近郊

中国四川料理　錦城

[Lunch] 11:30 ～ 14:30
[Dinner] 18:00 ～ 23:00
33, Amarasekera Mawatha, Havelock Town, Colombo-5
☎ 011-2589477, 2591728
🌐 http://www.kinjousakuragroup.com
✉ kinjoulanka@sltnet.lk

宿泊施設 (ミドルクラス・エコノミー)

レイクロッジ / Lake Lodge

ベイラ湖近くの閑静なエリアに位置するゲストハウス。バックパッカー向けの宿から居心地の良い便利な宿に改装された。グランドスイートは $120。 地図 ❺A-1

全13室
Ⓢⓓ $90〜 TAX, TOTAL 23%
20, Alvis Terrace, Colombo-3
☎ 011-2326443　011-2438271
🌐 www.taruhotels.com
✉ lakelodgesales@taruhotels.com

コロンボ・Y.M.C.A. / Colombo YMCA

ドミトリータイプは男性のみの利用。ロッカーはないので荷物の管理は宿泊者自らが工夫して行う。シングルとダブルルームは女性も利用可。別料金でビリヤード台やジムも楽しめる。 地図 ❺B-1

全40室
[男性限定ドミトリー] Rs.180
Ⓢ Rs.550 (共同バス)
[ファン、個室バス付き] Ⓢⓓ Rs.1,200
39, Bristol Street, Colombo-1
☎ 011-2325252　011-2436263

Y.W.C.A・コロンボインターナショナルゲストハウス / Y.W.C.A Colombo International Guest House

男性も宿泊可。アルコール類の持込みは禁じられている点さえ守れば、ホットシャワー・朝食付で割と居心地は良い。タウンホールに近く交通至便。 地図 ❺B-1

全4室
[AC] ⓈRs.5,500　ⒹRs.6,500
[ACなし] ⓈRs.3,000　ⒹRs.3,500
393, Union Place, Colombo-2
☎ 011-2324181, 2324694
🌐 www.ywcacolombo.com
✉ info@ywcacolombo.com

ホテル・ニッポン / Hotel Nippon

初代オーナーが日本人であったことが有名なホテル。ロビーの天井やレストランの調度品がそれっぽい。立地が良くコロンボ各方面への移動が便利。2015年1月現在、当時の雰囲気を残しつつ居心地の良いホテルへと改装中。 地図 ❺A-1

[ファン] Rs.2,500 [エアコン付き] Rs.3,700
123, Kumaran Ratnam Road Colombo-2
☎ 011-2431887/8　011-2332603
✉ hotelnippon@yahoo.com

ホテル・サンス / Hotel Sansu

ナーラーヘンピタにあるビジネスホテル。エアコン、TV、ホットシャワー完備。フォート方面へは始発バスが便利。本数は少ないが鉄道駅が近くにある。 地図 ❺C-2

全26室
ⓈRs.4,500　ⒹRs.5,500　ⓉRs.6,500
651/31, Sir Oliver Gunathilake Gardens, Colombo-5
☎ 011-2500273　011-2587668
🌐 www.sansu.lk.hotel
✉ hotelsansu@gmail.com

スカイウェイズ・イン / Skyways Inn

ボレッラ地区の廉価ビジネスホテル。設備が概ね整っているので人気が高い。部屋数が少ないので早めの予約を心掛けたい。 地図 ❺C-1

全7室
[スタンダード] $30　[デラックス] $40
14, Cross Road, Borella, Colombo-8
☎ 011-2669333
🌐 www.ceyvista.com
✉ skyways@ceyvista.com

ウェイファレルス・イン / Wayfarers Inn

高級住宅街に位置するゲストハウス。ヨーロピアンの穴場的存在で、ロケーションと居心地は良好。簡素ながらテラス式レストランやインターネットサービスがある。 地図 ❺B-1

全4室
Ⓢⓓ $40〜 10% TAX
77, Rosmead Place, Colombo-7
☎ 011-2693936, 2686288
📠 011-2686288
✉ wayfarer@slt.lk

Mt.Lavinia マウント・ラヴィニア

コロンボ市内・近郊

概要

現地名、ガルキッサ。コロンボから南方約12km。コロンボ近郊都市の割には静けさがあり穏やかなビーチを楽しめるとあって、このエリアの宿泊施設は人気が高い。ヨーロピアンに好まれる傾向があり、日本人宿泊客はマウント・ラヴィニアホテル以外では少なめ。穴場的なミドルクラスの宿が多く集まる地域でもあるので、コロンボで宿にあり付けなかった場合に重宝する。

歴史的には元来、静かな村に過ぎなかったが、イギリス植民地時代の19世紀に歴代総督の避暑地として開発された。地名の由来はさまざまな説があり、シンハラ語の"リヒニヤカンダ（かもめ岩）"が訛ったとする説のほかに、イギリスのトーマスメイトランド総督が1806年に現在のマウントラヴィニアホテルとなる避暑用の建物を造り、この地でシンハラ人とポルトガル人ハーフの愛人"ラヴィニア"と密会していたことから名付けられたとする二つの説が有力とされ、後者は伝説として今に残る。

交通手段	コロンボからバス・鉄道で約30〜40分。

宿泊施設

マウント・ラヴィニアホテル
Mount Lavinia Hotel

建物自体がイギリス植民地時代から存在する。内部はゴールフェイスホテル同様、調度品などにコロニアルな雰囲気を残しつつも、エアコンやジムなどの近代設備を導入。雰囲気そのものが売りなので堪能していただきたい。このホテル専用のビーチエリアで泳げる造りになっていて、宿泊者以外の専用ビーチ利用も可能。

全226室 ★★★★
[スタンダード] ⓈⒹ $120〜 Ⓣ $130〜
[デラックス] ⓈⒹ $145〜 Ⓣ $150〜 SC10%＋TAX
100, Hotel Road, Mount Lavinia
☎ 011-2711711 FAX 011-2738228, 2730726
www.mountlaviniahotel.com info@mtlavinia.com

ベルジャヤ・ホテル・コロンボ
Berjaya Hotel Colombo

手軽に高級感を味わいたい宿泊者向き。ビーチにも近く便利。バーやマレーシア料理レストランなど設備も充実。Mt.Lavinia Hotelより若干安め。

全90室 ★
ⓈⒹ $100〜 Ⓣ $120〜
36, College Avenue, Mount Lavinia
☎ 011-3739610〜4 FAX 011-2733030
www.berjayahotel.com
reserve_bmrbh@sltnet.lk

パームビーチホテル
Palm Beach Hotel

ベルジャヤに並ぶお得な高級ホテル。強烈な特徴や個性はないが、コストパフォーマンスに優れている。

全44室 ★
[スタンダード] ⓈⒹ $89〜 Ⓣ $121〜
[スイート] ⓈⒹ $165〜 Ⓣ $180〜
52, De Saram Road, Mount Lavinia
☎ 011-2712713 FAX 011-2721827
www.palmbeach.lk
info@palmbeach.lk

お薦めの飲食店

ゴールデンマイルビーチ
Golden Mile Beach

ビーチに設けたアウトドアタイプのレストラン。中華料理を中心に各国料理を扱う。オージービーフのステーキとロブスターの炒め物が人気。Rs.1,500〜が目安。

【営業時間】11:00〜0:00
43/14, College Avenue, Mount Lavinia
☎ 011-2733997

ジ・アングラー
The Angler

アットホームな飲食店。スリランカン・中華・西洋風が楽しめる。お薦めは何といってもシーフードカレー。参考予算はRs.1200〜。

【営業時間】11:00〜21:00
71, Hotel Road, Mount Lavinia
☎ 011-2716626

Kelaniya キャラニヤ

概要

キャラニヤは仏陀が訪れたとされる仏教徒の聖地ラージャ・マハーヴィハーラヤ (Raja Maha Viharaya) と、仏教学を中心とするキャラニヤ大学で有名な仏教色の濃いアカデミックな地域。一方でコロンボのベッドタウンとして栄え、スリランカ初のプライベート水族館ウォーターワールドの開業のほかに、高級ホテルや飲食店も徐々に増えつつある。また、2013年10月に開通した高速道路 "Colombo Katunayake Expressway" の玄関口をキャラニヤの西地域に設定したことで、この地域の発展を加速させている。

普段はコロンボのベッドタウンに過ぎないエリアだが、ポヤデイやペラヘラ祭が開催されるとラージャ・マハーヴィハーラヤを中心に様相は一変し、本来あるキャラニヤの姿を現す。

コロンボから近い位置にありアクセスも容易なので、コロンボ地区の観光行程には是非ともキャラニヤを加えておきたい。スリランカ到着日にキャラニヤで宿を取って翌日に参拝したり、帰国日にキャラニヤの宿から車で空港へ向かうのも賢い選択の一つ。

交通手段 コロンボからバス・鉄道とも本数が多く、所要30分前後。鉄道の場合は近郊列車でも通過してしまうことがあるので、乗車前に駅員か乗客に尋ねること。また、キャラニヤ鉄道駅からラージャ・マハーヴィハーラまで3km近く離れているので、スリーウィーラーか路線バスの活用が望ましい。空港からは高速道路で15～20分。

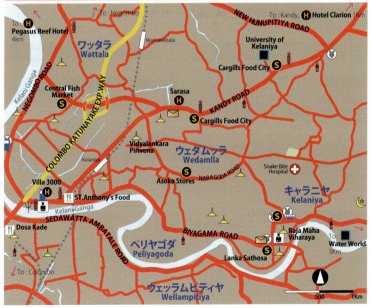

観光スポット＆アクティビティー

ラージャ・マハーヴィハーラヤ
Raja Maha Viharaya

ラージャ・マハーヴィハーラヤにはいろいろと言い伝えがある。有名なのが仏陀三度目の来島時に Maniakkhika 王に招かれ説法をしたとされること。ほかにはキャラニヤで都市を築いた Yatala Tissa 王が仏教を軽んじたため、津波で壊滅させられたなど。寺院内部には仏陀来島にまつわる壁画があり、大型の仏像が置かれている。

仏陀が訪れた地と信じ、スリランカ各地から信徒が訪れ、祈りをささげる。

ラージャ・マハーヴィハーラヤはキャンディの仏歯寺に次ぐスリランカ仏教の聖地となるが、13世紀にはインドの侵略時に部分的な破壊、そして17世紀にはポルトガルの侵略により壊滅させられ、18～19世紀にかけて再建、現在に至る。

1月には Duruthu Perahera が2日間開催され、各地から観覧に訪れる。

一番安い行き方はコロンボペッター始発の路線バス。ルートナンバー 224、228、235 でラージャ・マハーヴィハーラヤ前まで運んでくれる。ポヤデーやペラヘラ祭開催時は混雑が激しいので、スリーウィーラーや四輪タクシーを使う手段もある。相場としては往復 Rs.1,200～。

ウォーターワールド
Water World

海洋生物のほかに、世界の鳥類を見られる Bird Park もお薦め。

スリランカ初のアクエリアムで唯一水面下のクリアトンネルから展望できる。ラージャ・マハーヴィハーラヤから東約3km のキャラニヤ河側に位置する。インド洋に生息する海洋生物以外にも世界中の鳥類を展示する Bird Park もスリランカ初。コロンボペッターから路線バス（224、228）で直行できる。車掌にキャラニヤのウォーターワールドと告げれば分かる。

【営業時間】9:30 ～ 17:30 ※入場は 17:00 まで
【入館料】Rs.500
95, Biyagama Road, Thalwatta, Kelaniya
☎ 011-5555434　📠 011-5555433
🌐 www.waterworldlanka.com

宿泊施設

ホテル・クラリオン
Hotel Clarion

緑色のガラス張りが目印の洋館風リゾートホテル。必要な設備は概ね整っている。空港に近い点もポイント。

全31室
Ⓢ $100 ～ Ⓓ $107 ～ Ⓣ $110 ～
SC 10% TAX, TOTAL 22%
103, Kandy Road, Kiribathgoda
☎ 011-2916191 ～ 2　📠 011-2914473
🌐 www.clarionlk.com
✉ info@clarionlk.com

サラサ・シティーホテル
Sarasa City Hotel

オーソドックスなビジネスホテル。寺院観光には便利な距離。

全20室
933, Kandy Road, Wedamulla Kelaniya
☎ 011-2910460　📠 011-2916948
🌐 www.sarasacityhotel.com
✉ info@sarasacityhotel.com

ペガサスリーフホテル
Pegasus Reef Hotel

ビーチに面したこの地域唯一の四つ星高級リゾートホテル。全 140 室あり大人数も収容可能。近代的な造形で清潔感にもあふれ評判は上々。高速道路のキャラニヤジャンクションから約 4km の位置なので、夜間到着の便で入国した人や、すぐに空港へ向かいたい人には便利。部屋はスタンダード、デラックス、スイートがある。ジムや Wi-Fi 接続など設備は整っている。

全140室 ★★★★
参考宿泊費用：$100 ～
P.O BOX2, Hendala, Wattala
☎ 011-2930205 ～ 9　📠 011-4816053
🌐 www.pegasusreefhotel.com
✉ info@pegasusreefhotel.com

Sri Jayawardenepura スリージャヤワルダナプラ

概要

　スリー・ジャヤワルダナプラ、現地名別称コーッテ (kotte) はコロンボから南東部へ約15kmに位置し、1983年、ジュニアス・リチャード・ジャヤワルダナ (Junius Richard Jayawardene) の命によりコロンボより遷都された、名実ともにスリランカの首都である。

　対外的に知られるスリー・ジャヤワルダナプラは《光り輝くジャヤワルダナの都》を意味するが、元来ジャヤワルダナと呼ばれたことのある地域であることに加え、1978～89年の大統領 J.R.Jayawardene の姓にちなんだもの。

　J.R.Jayawardene はわれわれ日本人にとっては重要な存在であるが、あまりにも知られていないので下記に記述しておく。

　大蔵大臣だった J.R.Jayawardene は、1951年の9月に開かれた対日講和会議にセイロン代表として出席し、"hatred ceases not by hatred, but by love（憎悪は憎悪により止むことはなく、慈愛により止む）" の仏陀の言葉を引用して対日賠償請求権を放棄。参加国にも寛容を促し日本を援護、日本の国際社会復帰の道筋を築いた立役者である。日本が発展することを見越して擁護したと見る向きもあるが、仮にそうだったとしても先見の明があり、賢い人物であったことに間違いはないだろう。

　J.R.Jayawardene は1996年にこの世を去る際、遺言に従い角膜の右目をスリランカ人、左目を日本人に献眼させた。これは生前の J.R.Jayawardene が大の親日家であったことに起因するが、その理由は日本が西洋列強に対して独自の存在感を示し、アジアを西洋列強の植民地から解放する切っ掛けを築き上げたからとされる。政界を引退後は昭和天皇の大喪の礼に参列、広島平和記念資料館を見学するなど、いかに日本を本質的に愛していたかが分かる。さらなる理解を深めるならば、コロンボ7区のジャヤワルダナホール (191, Dharmapala Mawatha TEL:011-2695084、8:30～16:30) に足を運ぶと良い。

　スリー・ジャヤワルダナプラの町並みを見ると、ウォーターズエッジの名所開発などでここ数年は大分発展したものの、一部政府機関が設置されているに留まり、いまだ実質の首都機能の大半がコロンボに集中している。現在このエリアは全体として静かでラージャギリヤ側を中心に上品な高級住宅街の雰囲気を漂わせ、独自の方向へと発展を遂げている。

　この地域一番の見所である国会議事堂は、コロンボのシーママラカヤ寺院の建築デザインを手掛けたジェフリー・バワにより造成され、シーママラカヤ寺院同様、湖の上に浮かぶ独特なイメージを持たせている。対岸にはスリランカの首都の象徴とされる巨大仏像があり、ここが首都であることを強く主張する。残念ながら国会議事堂の一般見学は不可。

　過去の歴史の中でもこの地に首都が置かれたことがある。13世紀の動揺期にはこの地へ一時的に遷都する措置がとられ、後の15世紀前半にはパラークラマバーフ6世がこの地に都を置き、要塞を築き、チャクラヴァルティ率いるタミルの侵略を打ち負かしてコーッテ王国を建国。法を敷き、三階建ての寺院に仏歯を安置し、ポルトガルに侵略されるまで一時代を築いた。

　現在では遺跡の類は殆どなく、コロンボ国立博物館に当時の寺院に使用されたパネルが展示されているのみ。

　スリー・ジャヤワルダナプラには日本政府の無償協力により建設された "General Hospital" がある。地元の人は協力主をよく理解しており、われわれが日本人と知ると極めて友好的な態度を見せる。また、湖の畔には "JAPAN SRI LANKA FRIENDSHIP ROAD" という名の道があり、あらゆる面で日本との友好の証を感じさせる。これら全て、J.R.Jayawardene の偉業から派生しているということができるだろう。

交通手段　路線バスはペッター、コッルピティヤ、デヒワラなどから始発がある。所要約30～40分。時間優先であればスリーウィーラーでの移動が良い。相場はコロンボ各地から Rs300～500程度。

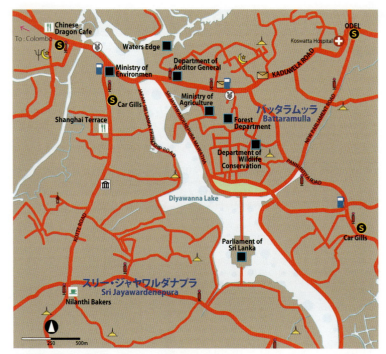

● 森林局
Forest Department

森林保護区や国立公園内での取材や宿泊など、必要に応じてここの許可を得ることになる。
82, Rajamalwatte Road, Battaramulla
☎ 011-2866631 FAX 011-2866633
🌐 www.forestdept.gov.lk

● 野生生物保護局
Department of Wildlife Conservation

ジャングル区域内のバンガロー予約、野生生物の輸出入に関する相談が可能。
811A, Jayanthipura, Battaramulla
☎ 011-2888585
🌐 www.dwc.gov.lk
✉ director@dwc.lk

上海テラス
Shanghai Terrace

高級上海中華料理店として開業。料金はそれなりに高めだが味にはこだわりを持ち、スリランカで一番おいしい中華料理店との評判もあるほど。参考予算はRs.2,000〜。接待などに適す。

【ランチ】　11:00〜15:30
【ディナー】19:00〜23:30
811, Kotte Road, Ethul Kotte
☎ 011-2878878
🌐 www.shanghai-terrace.com
✉ info@shanghai-terrace.com

お薦めの飲食店

ウォーターズエッジ
Waters Edge

イタリアンのpranzo、ハンバーガーショップのTHE BOARDWALK、日本料理のGINZA on the Edge、アーユルヴェーダリゾートスパのARIYANNA SPAなど、この地域の新名所として誕生した複合施設。湖の畔に立地する優雅さが魅力。各アワードを受賞している。

316, Ethul Kotte Road, Battaramulla
☎ 011-2863863
🌐 www.watersedge.lk ✉ we@watersedge.lk

Useful Information

昨今では高級ホテル宿泊時、冷蔵庫に鍵がかけられて驚かされることがあり、フロントでデポジットを払えば鍵を開けてくれる（チェックアウト時に返金される）。とある新興国の旅行者が料金を支払わずに冷蔵庫の中にあるリキュール類を全て持ち帰ったり、ひどい場合は冷蔵庫ごと持ち去られるケースがあるため、予防策の一環なのだとか。

26年間ヒルトンコロンボにて営業して参りました銀座芳せんが"Ginza on the Edge"としてバッタラムッラのウォーターズエッジに移転しました。美しい眺めと共に、芳せんと同じチームで良質の料理を提供いたします。

★ 鉄板焼き、焼き鳥、寿司、刺身料理、天ぷら、しゃぶしゃぶ
★ 出張サービスを承ります

2F, Waters Edge, Battaramulla, Capital City
☎ 011-2887088, 2863863(ext.1010)
📠 011-2863777
🌐 https://www.facebook.com/ginzalk
✉ weginza@watersedge.lk

Japanese Restaurant
和食レストラン　銀座

Ja-Ela/Katunayake ジャ・エラ/カトゥナーヤカ

コロンボ市内・近郊

概要

　ジャ・エラはコロンボから北に約20km、バンダーラナーヤカ（コロンボ）国際空港から南10kmの地点にある。コロンボの近郊都市の位置付けとして、また外資系企業の参入しやすい地域として、近年急速に発展。ジャ・エラの中心部はフランチャイズや大型スーパーが立ち並び、日系企業もこの地域で見かける。ジャ・エラは静かな漁村であったが、のどかな雰囲気は少々発展した現代でも保たれている。クリスチャンとムスリムが多く住み、通りにはジーザスを祀ったガラスケースが飾られ、モスクのスピーカーからはコーランが大音響で響き渡る。投資エリアとしては大変魅力的で、国際空港とコロンボの中間であること、既に外資系企業が多く参入しているので、こなれている点も良い。

　カトゥナーヤカはバンダーラナーヤカ（コロンボ）国際空港がある町。1970年代後半に自由貿易区がこの地に開設され、スリランカ経済の方向性を変えたという意味での重要拠点である。近年では高級ホテルのほかにコロンボを結ぶ高速道路が開通し、目まぐるしい発展を遂げている。

交通手段　ジャ・エラはバスでコロンボ・ニゴンボ双方から約40分、バンダーラナーヤカ空港からは約25分。鉄道はプッタラムラインの複線区間最終駅のため本数が多くコロンボとのアクセスは良好。コロンボ・ニゴンボ双方から30～40分。

 ## 観光スポット＆アクティビティー

グルゲー・ネーチャーパーク
Guruge Nature Park

　ジャ・エラに誕生したスリランカ初のテーマパーク。ジュラシックパーク、王の塔、原住民村、列車、ボート、乗馬、エレファントライド、歴史等の各テーマを楽しめる。近年ではそこそこ評価が高い。

【入場料】Rs.200＋各アトラクション Rs.50～200
Guruge Nature Park, 266, Ganemulla Road, Ja-Ela
☎/📠 011-2247697
🌐 gurugepark.com
✉ contact@gurugepark.com

 ## 宿泊施設

ホテル・グッドウッド・プラザ
Hotel Goodwood Plaza

全55室
Canada Friendship Road, Katunayake
☎ 011-2252561　📠 011-2252562
🌐 www.hotel-goodwood-plaza-katunayake-sri-lanka.lakpura.com
✉ hotelgoodwood@mymail.lk

　近年開業の高級ホテル。現在バンダーラナーヤカ空港に最も近い位置にあるホテルで、空港から車での移動であれば5分程度。徒歩でも移動できるため、人気があり宿泊客で埋まっていることが多い。スイミングプールや中華・西洋レストランを備える。全室エアコン・TV付き。

ザ・ゲートウェイホテル・エアポートガーデン・コロンボ
The Gateway Hotel Airport Garden Colombo

空港から車で10分程度の距離にありコロンボ・ニゴンボ方面への行き来に至便。設備は一級ホテルクラスで、近年では新館がオープン。レストランやバーなどが充実。安心して宿泊ができる。到着日や帰国日の利用に大変重宝する。落ち着いた雰囲気も良い。

全110室
【スーペリア】Ⓢ $115 Ⓓ $125
【エグゼクティブ】Ⓢ $130 Ⓓ $140
【デラックススイート】Ⓢ $350 Ⓓ $450
234, Negombo Road, Seeduwa
☎ 011-5440000
📠 011-2252953
🌐 www.thegatewayhotels.com/airportgardencolombo
✉ airport.colombo@tajhotels.com

ラマダ・カトゥナーヤカ
Ramada Katunayake

タージ・エアポートガーデン同様、空港から車で10分ほどの距離にある、シードゥワ地区に位置する高級ホテル。ラマダ系列の高級感と安心感が売り。24時間営業のコーヒーショップ兼レストラン、バーラウンジ、スイミングプール、ジムなどの装備がある。

全56室
【スタンダード】Ⓢ $110 Ⓓ $117
【デラックス】Ⓢ $123 Ⓓ $129
【スイート】Ⓢ $135 Ⓓ $141
842, Negombo Road, Seeduwa
☎ 011-2253646/7
📠 011-2254157
🌐 www.ramadakatunayake.com
✉ info@ramadakatunayake.com

Gampaha ガンパハ

概要

ガンパハとはシンハラ語で"5つの村"の意味で、かつて本当に5つの村があったことが由来。もともとガンパハは現在のようなコロンボ近郊都市の様相ではなく、森林に覆われた地域であった。英国植民地時代の1864年、この地に鉄道駅が建設されたことがきっかけで周辺の町として発展するようになった。

特にこの地域は大きく目立つものはないが、スリランカ初のゴムの木がヘナラトゥゴダ植物園に植えられていることが有名。

交通手段 コロンボから北東約25km。インターシティーバス・鉄道ともに30〜40分。鉄道はRs.25、バスはインターシティー/ノーマルでRs.56/28。

スリランカ Q&A

Q コロニアル風のホテルの中を全速力で走るアジア人客をボーイが冷たい目で見ていたのですが、この国では良くない行為なのでしょうか?

A 元植民地の国ですので、英国の仕来りに則ったマナーが今でも根付いています。時代が進んだとはいえ、せっかく訪れた元英国植民地のスリランカ、優雅さを欠くことは避けたいところです。

ガンパハ(ヘナラトゥゴダ)植物園
Gampaha Botanic Gardens

スリランカ国内では意外と知られていない植物園だが、開設は1876年と歴史は古く、スリランカで初めてパラゴム(いわゆるゴムの木)を植えたことが始まり。ここで育ったゴム種は英国の各植民地に供給され、現在でも活用されている。ほかの植物も数多く展示。駅から北西へ徒歩20分。

【開園】年中無休 【入場料】Rs.500
Henerathgoda, Gampaha
☎ 033-2222316

平和寺は、ガンパハ地区にある1931年に建てられたスリランカ仏教シヤム派の寺院です。

世界平和におおいに貢献された二代目ウダケンダワァラ・スリ・サラナンカラ長老にはレーニンによって平和勲章が渡されています。

それをきっかけとして三代目住職が平和寺と名付けました。

そして、世界平和を広めるための伝道布教を目的とした国際比丘養成学校を作り、全国から集まった僧侶を育成しました。この平和寺で育った若い僧侶が日本、ロシア、中国、インドなどの国々で活躍しています。

証願寺幼稚園、スチャリトーダヤ・ダルマ・スクールの日曜学校、三つ輪日本語学校、蓮華コンピューターセンター、蓮華図書館、日本文化会館などの教育施設が整っていることから、地域の教育センターとして人気を集めています。

また、福祉センターとしても大きな役割を果たしています。車いすなどを必要な人に貸し出したり、病院に救急車などを提供しています。スリランカの内戦によって、被害をこうむった戦地の子供たちに毎年12月、援助をしています。

平和寺
Sama Maha Viharaya

242,Colombo Road Gampaha
TEL : 033-2221868/2222464
URL : www.somasiri.org　E-MAIL : info@somasiri.org

近年のスリランカ〜日本ビジネス事情

近年世界中で人気の高い日本製品。スリランカでも日本製品の引き合いは強く、電化製品、精密機器、自動車などの工業製品のほか、食料品やTV映像（NHKドラマ『おしん』はスリランカで一番有名な作品）等、文化・サブカルチャー面での需要までもが高まっているから驚かされる。スリランカが親日国家であることが理由の一つに挙げられるが、ただ「日本が好きだから」の理由以外に、日本製品の"質"を見極めて判断する人が多い点はうれしく思う。

スリランカ国内では以前から日本製品の中で飛び抜けて中古車需要が高く、21世紀初頭までは多くの人たちがこのビジネスモデルに群がり富を築き上げたことはスリランカ関係者であれば誰もが知っている。

やがてスリランカ国内で日本製中古車が供給過多となり、頭を悩ませた政府はしだいに中古車の関税率を上げ、2012年は1,000〜1,500ccの排気量車両には製造後2年以上経過のものを200％にするなど、大幅に引き上げる政策を打ち出した。

同時期に中国・韓国・インドの車両（新車）が日本車より安価で手に入るようになり、いよいよ日本製中古車ビジネスの終焉が囁かれた。実際、あちらこちらで中国・韓国・インド車の走行が目立つようになり、日本車は淘汰され始め影を潜めたのだ。

──ところがそれは一時的ブームに終わり、以前並みの供給量とまではいかないものの、日本車はまたもスリランカで復権したのだ。

地元の人は「日本車はスリランカ国内でユーザーが何度変わろうとも市場に出せるが、他国車は厳しく中古では利益を生まない」「日本製のバスは耐用年数が長く頑丈だが某国製は1年目で客室のステップが歪み始め、エンジンも喧しくなった」「トータルコストパフォーマンスを考えると他国産の新車より日本車の中古を購入する方が懸命だ」──このようなコメントを残し、日本車回帰になったことを教えてくれた。

お世辞半分にしてもうれしい言葉であるが、実はこれがお世辞ではないと確信が持てる。というのも私はシンハラ語の理解が多少は可能で、実際に現地の人がシンハラ語で日本車の良さをテーマにした世間話を何度か耳にしたことがある。もちろん自動車に限らずほかの製品でも同様の考えを持っている人が多く、高評価をよく耳にした。

近年ではスリランカでも発展とともに富裕層を輩出し、自動車であれば日本製ハイブリッドカーを新車で購入する傾向にあり、中古ともに引き合いが強い。家電製品等も日本製の信頼とランニングコストの良さから購入する者は多く、安物買いの何とやらはスリランカ人も避ける傾向にあり、日本製品の需要は今でも健在であることを示してくれる。

ビジネスチャンスはスリランカと日本の間で、まだいくつもの発掘が可能だろうし、むしろ増える傾向にある。チャレンジャーは情報のアンテナを高くし、常にアップデートしておきたい。この世界でも「時は金なり」なのだから。

カトゥガストタにある日本製中古車街。近年ではハイブリッドカーが目立つようになった。

新井 惠壱

南西海岸〜カタラガマ
South West Coast & Kataragama

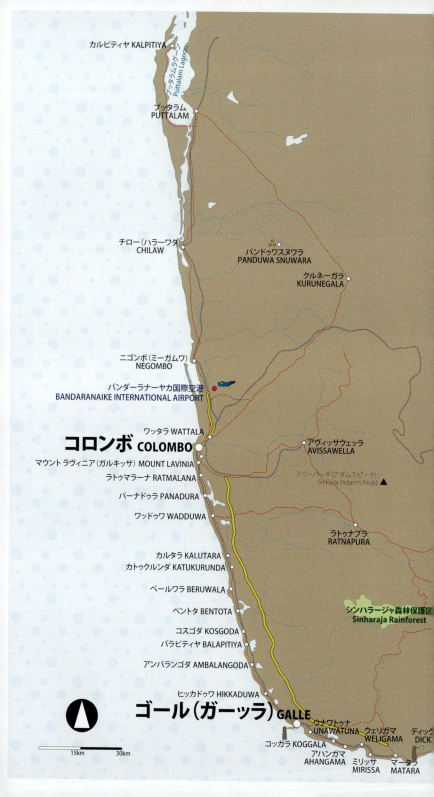

南西海岸の歴史・概要

2004年12月26日に発生したスマトラ沖地震による津波の影響でこのエリアが被害を受けたことは記憶に新しいが、現在はもとの姿を取り戻し、内戦終結も手伝い活況に満ちあふれている。

島の南西地区沿岸部全体を通称 "Golden Beach（黄金海岸）" と呼ぶ。その呼称の由来はさまざまだが、実際に光り輝く美しい海岸であることのほかに、歴史の中でアラブ商人や西洋諸国の人々が富を求めてこの地を目指したことも由来とされている。

海岸の美しさは世界有数を誇り、11月から3月にかけての北東モンスーン期の海面はあふれんばかりの太陽光できらびやかとなり、エメラルドグリーンに輝く海水と青い空のコントラストが際立ち、マリンアクティビティーに適した最良のシーズンを向かえる。世界に数少ない珊瑚礁を楽しめることもこのエリアの特徴で、観光客の呼びス となっている。

海岸の美しさはコロンボ～マータラ間を移動する公共交通からも一望できる。鉄道は波打ち際を走行する区間が多く、車窓だけでも十分楽しめる。マータラから先は手付かずの海岸が続く。

歴史の観点からも南西海岸には魅力がある。7世紀に来島したムスリムが築き上げたモスク群およびコミュニティー、前述のコロンボのほかにゴールやマータラに残る西洋支配期の砦跡、ローマンカソリック教徒の教会群とコミュニティーなど、見所は数多い。ちなみにゴールの要塞は世界遺産に指定され、重要観光拠点とされる。

この地域といえばシーフード料理も自慢の一つで、エビ、カニのほかに巨大なロブスター料理が手頃な値段で楽しめるなど、南国のパラダイスを大いに満喫できる。

近年、スリランカの経済発展とともに手付かずだった西部沿岸、プッタラムやチローのリゾート開発、石油開発の動きが活発化している。新しいリゾートとして、またビジネスの側面としてもこのエリアを見過ごすことはできない状態になりつつある。

南西海岸～カタラガマ地図
Map of South West Coast to Kataragama

クマナ野鳥保護区
Kumana Bird Sanctuary

ウダワラウェ国立公園
Walawe National Park

ヤーラ（ルフナ）国立公園
Yala(Ruhuna) National Park

カタラガマ
KATARAGAMA

シトゥルパフワ SITULPAHUWA

マッタラ・ラージャパクサ国際空港
ATTALA RAJAPAKSA INTERNATIONAL AIRPORT

ティッサマハーラーマ
TISSAMAHARAMA

ウィーラウィラ
WEERAWILA

キリンダ
KIRINDA

ハンバントタ
HAMBANTOTA

タンガッラ TANGALLE

Negombo ニゴンボ

概要

　現地名は"ミーガムワ"。アラブ商人の来島時代から港として繁栄し、スパイスの重要な貿易基地としてこの地が活用された。後の支配国となるポルトガル、オランダもまた、立地条件の良さからニゴンボを重要な港と位置付けた。その歴史の裏付けとして、この地域には回教徒やキリスト教徒（90％以上がにローマンカソリック）が多く定住し、各地でモスクやキリスト教会が点在する。

　近年では穏やかな砂浜とバンダーラナーヤカ国際空港に近いロケーションを活かし、ゆったりと休暇を過ごしたいヨーロピアンやトランジットパッセンジャー向けに町の中心部から北側1kmの位置に外国人向けの宿泊施設が軒を連ねている。そのため、スーパーマーケット、土産物店、インターネットカフェ、両替商など、外国人に不自由のない施設が集中している。

　空港からコロンボまでは若干距離があるので、スリランカ到着後の長距離移動を嫌ってニゴンボで一時的に滞在、逆に空港に向かう前日をニゴンボで過ごし、最終日のスリランカ観光を楽しんでから空港へ移動する旅行者も多い。

　町の中心部は外国人宿泊者向けホテル街とは異なり、のどかな地方都市特有の雰囲気のある漁民の町である。朝の魚市場は活況を呈するが、日中はローカルライフが垣間見れる。教会やモスクは古いものが多く、外国人の訪問には寛大。町の西端にオランダ植民地時代の砦跡、輸送用の運河が残されている。

交通手段

【バス】コロンボからはSLTB（No.240）/インターシティー双方のバスが30分間隔で運行されている。料金はRs.75/150、所要約1時間。キャンディからは1日5本の運行、SLTBバスで料金Rs.153、所要約3時間半。【鉄道】コロンボから所要時間約1時間ほど。料金は3等Rs.40。コロンボフォートから日に10本以上の運行があるので割と便利。バス・鉄道両者ともニゴンボの中心街へのアクセスとなり、外国人が集中する宿泊施設エリアとの距離が2～3km離れている。節約するのであれば下車後に徒歩で移動するか、路線バスNo.905に乗車してエトゥカラで下車。あるいはスリーウィーラーとの交渉になる。

観光スポット＆アクティビティー

オランダ砦跡
Dutch Fort

　町の中心部からメインストリートを歩き1kmほど進んだところに、オランダ占領期に建造された砦跡がある。多くはイギリス統治時代に取り壊されて刑務所へと転化され、現在でも残されている一部分の建物を刑務所として活用している。ゲートには1678年建造と記されている。

聖メリー教会
St Mary's Church

　ニゴンボ市内に数多く存在するキリスト教会群の中でも最大級の大聖堂で、19世紀前半に建てられたとされる。重圧感のある外観とは異なり、内部はカラフルな聖職者の像でデコレートされている。建築は1874年に始まり、完成は1922年。実に50年近くもかけた造り込みは見学する価値がある。町の中心から西方約500mの距離。

魚市場
Fish Market

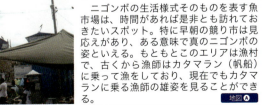

　ニゴンボの生活様式そのものを表す魚市場は、時間があれば是非とも訪れておきたいスポット。特に早朝の競り市は見応えがあり、ある意味で真のニゴンボの姿といえる。もともとこのエリアは漁村で、古くから漁師はカタマラン（帆船）に乗って漁をしており、現在でもカタマランに乗る漁師の雄姿を見ることができる。

Useful Information
ニゴンボ周遊に便利なドライバーを活用する方法もある。主要観光地をおおよそ2時間で周遊してくれて$15はリーズナブル。バジル・ファーナンド氏。☎077-7117009

宿泊施設（高級・リゾート）

ジェットウィング・ブルー

Jetwing Blue

ジェットウィンググループ運営の高級ホテル。ニゴンボで唯一スリランカ観光局が五つ星を認定している。ビーチに面しているため海水浴が存分に楽しめる。テラピストによるスパトリートメントが好評で、最高のリラクゼーションを与えることを目的としている。ビーチに面したバーも評判がよく、夜になると飾られている小舟にスポットライトが当てられムードを盛り上げてくれる。

地図 B-1

全112室 ★★★★★
[アネックス] $80〜
[デラックス] $135〜
[スーパーデラックス] $183〜
[ファミリー] $183〜
[スイート] $302〜
Ethukala, Negombo
☎ 031-2279000〜3, 011-2345720（予約）
📠 031-2279999
🌐 www.jetwinghotels.com/jetwingblue/
✉ blue@jetwinghotels.com

ジェットウィング・ラグーン

Jetwing Lagoon

スリランカ建築家ジェフリー・バワによる初のリゾートホテル。ホテル街ではなく町の中心部から南西約8kmのラグーンに位置する、ニゴンボでは少々珍しいロケーションのため独特な静けさがあり、落ち着いて滞在する人向き。白と茶色を基調にしたシックなデザインの建物、中央には大型プールを配置。レストランはイタリアン、日本食、スリランカスタイルと、比較的日本人の好みにまとまっている。お薦めの部屋はBawa Room。

地図 A

全50室
[デラックス] $223〜　[Bawa] $263〜　[ファミリー] $263〜
[スイート] $402〜　[ハネムーンスイート] $398〜
Pamunugama Road, Thalahena, Negombo
☎ 031-2233777, 011-2345720（予約）　📠 011-2345729
🌐 www.jetwinghotels.com/jetwinglagoon/
✉ lagoon@jetwinghotels.com

ジェットウィング・アーユルヴェーダ パヴィリオンズ
Jetwing Ayurveda Pavilions

本格的アーユルヴェーダ施設完備のホテル。ビーチとは一線を画し、自然と静寂を貴重とし、精神面での治癒も考えられている。各部屋の庭は高い壁で覆われプライバシーに配慮。専門医とセラピストが常駐。シタールの演奏でリラクゼーションを促し、ドーシャを最適化させる。ホテルの建築には Anura Ratnavibhushana が携わり、各部屋を画一化していないのが特徴。お薦めは6日間食事プラン付き長期ステイ。

地図 **0-1**

全12室
[クイーン] $154〜 **[キング]** $187〜（3食+アーユルヴェーダトリートメント込み）
Ethukala, Negombo
☎ 031-2276719、4870765、011-2345720（予約）　📠 031-4870765
🌐 www.jetwinghotels.com/jetwingayurvedapavilions/
✉ ayurveda@jetwinghotels.com

ジェットウィング・ビーチ
Jetwing Beach

ジェフリー・バワデザインによるスリランカのリゾートホテル建設の基礎となった意義のあるホテル。洗練されたデザインは今でも色あせない魅力を持っている。セラピストによるアーユルヴェーダを取り入れたオリジナルスパ・トリートメントにも力を注いでいる。

地図 **0-1**

全78室
[デラックス] $143〜
[スイート] $302〜
Ethukala, Negombo
☎ 031-2273500〜5、011-2345720（予約）
📠 011-2345729
🌐 www.jetwinghotels.com/jetwingbeach/
✉ beach@jetwinghotels.com

Useful Information
アーユルヴェーダ施術は原則、女性には女性の専門医がトリートメントを施す。トラブルを避けるため、事前に施術者の性別を尋ねておいて、納得できない場合は断わった方が無難。

南西海岸〜カタラガマ

ジェットウイング・シー
Jetwing Sea

「海を見せる」コンセプトの高級リゾート。白と茶色を基調とするジェットウインググループ得意の手法で、高級感と安心を演出。施設は比較的新しく清潔感に満ちあふれているが、ほかのホテルより若干安めのため穴場的な存在。天井を排したスパでデトックスや自然治癒力を高めるトリートメントサービスも受けられる。

地図 B-1

全83室 ★★★★
【スタンダード】$95〜　【デラックス】$119〜　【スイート】$278〜
Palangaturai Kochchikade, Negombo
☎ 031-4933413〜7, 011-2345720（予約）　📠 011-2345729
🌐 www.jetwinghotels.com/jetwingsea/　✉ sea@jetwinghotels.com

ブラウンズ・ビーチホテル
Browns Beach Hotel

プール、アーユルヴェーダセンター、テニスコート、レストラン、バーなど、基本装備が充実しているリゾートホテルの老舗。建物自体も砂浜と直結で便利。

地図 B-2

全140室 ★★
参考宿泊費用：$120〜
175, Lewis Place, Negombo
☎ 011-2308408　📠 011-2433755
🌐 www.aitkenspencehotels.com
✉ ebiz.lk@aitkenspence.lk

ゴルディサンズ・ホテル
Goldi Sands Hotel

砂浜に面し、各部屋から海が見渡せる。ビーチバレーボールコート、ビーチビュッフェ、アーユルヴェーダスパなど、館内設備も上々。

地図 B-1

全70室 ★★
Ⓢ $125　Ⓓ $137　Ⓣ $150
SC 10%　TAX, TOTAL 24%
Ethukala, Negombo
☎ 031-2279021, 2279227, 2279348
📠 031-2278019
✉ goldi@eureka.lk　🌐 www.goldisands.com

宿泊施設（ミドルクラス・エコノミー）

ザ・リーフビーチホテル
The Reef Beach Hotel

小ぎれいな廉価ホテル。砂浜に面している点はほかの高級ホテルと同じ条件なので、ビーチ優先であれば良い選択肢といえる。ただし、ロケーションが良く人気の割には部屋数が少ないので埋まりやすい。できるだけ早めのチェックインを心掛けたい。

地図 B-1

全10室
参考宿泊費用：$50〜
40, Poruthota Road, Ethukala, Negombo
☎ 031-5312121

南西海岸〜カタラガマ

Useful Information

2015年1月の選挙でシリセーナ政権が誕生した。今後は大統領制から日本のような議院内閣制を採用することが囁かれているが、今後の動向は次第に判明するだろう。スリランカに深く関わる方は積極的に情報収集を。在スリランカ日本大使館 Web ページは http://www.lk.emb-japan.go.jp/ へアクセス。

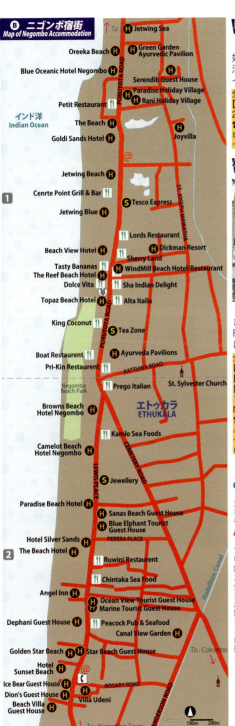

トパーズ・ビーチホテル
Topaz Beach Hotel

館内の充実した設備、砂浜に直結、好条件で低料金な人気ホテル。室内は清潔で従業員も親切で好感が持てる。インターネット設備もある。　地図 B-1

全22室
[スーペリア] $55〜 [デラックス] $65〜
21, Poratota Road, Ethukala, Negombo
☎ 031-2279265 📠 031-5310329
✉ topaz.beach.hotel@gmail.com
🌐 www.topazbeachhotel.com

パラダイスホリデイヴィレッジ
Paradise Holiday Village

専用ビーチを保有する宿。室内は小ぎれいにまとまっている。有料でWi-Fi接続サービスもある。ヨーロピアンに穴場的存在で好評。　地図 B-1

全49室 ★
[スタンダード] $45〜
[デラックス] $50〜
[スイート] $100〜
154/9, Poruthota Road, Palangathure, Negombo
☎ 031-2274588〜9
📠 031-2279289
🌐 www.paradiseholidayvillage.com
✉ info@paradiseholidayvillage.com

スリランカ Q&A

Q
スリランカには「外国人料金」と呼ばれるローカルより高い設定があると聞きましたが本当でしょうか。できる限りローカルに近い値段で旅を楽しみたいのですが。

A
ロケーション次第で外国人料金が適用されます。例えばレストラン、メーターが導入されていないスリーウィーラー、エンターテイメント施設、遺跡などが典型例です。実情としてはローカル値の1.5〜5倍を徴収されます。われわれ外国人がこの料金を知って落胆することもありますが、彼ら「スリランカに来る外国人の大半がお金持ち」の解釈が生み出すシステムなので、致し方ない部分でもあります。100%ではありませんが、現地の友人を介したり現地語を話すことでそれなりの値下げを見込めます。近年では国内の経済発展とグローバライゼーションの影響により、このようなシステムの見直しが考えられています。

南西海岸〜カタラガマ

ゴールデンスター・ビーチホテル
Golden Star Beach Hotel

充実した設備と砂浜に直結した好立地で人気のホテル。料金も高すぎず好感が持てる。スイミングプール、ビュッフェラウンジ、アーユルヴェーダスパ、Wi-Fi設備もある。 地図 B-2

全22室
[スーペリア] $52〜 [デラックス] $69〜
163, Lewis, Place, Negombo
☎ 031-2233564〜5 📠 031-2238266
✉ salesandmarketing@gsbhlk.com
🌐 www.goldenstarbeachhotel.com

ホテル・サンセットビーチ
Hotel Sunset Beach

落ち着いた雰囲気と海の見えるバルコニーを備えた客室が売り。コロンボやゴール方面ツアー、夕暮れ時の野鳥見学など、独自オプションにも力を注いでいる。 地図 B-2

全40室
Ⓢ $75〜 Ⓓ $80〜 Ⓣ $90〜
5, Carron Place, Negombo
☎ 031-2222350 📠 031-4870623
✉ sunset@eureka.lk
🌐 www.hotelsunsetbeach.com

キャメロット・ビーチホテル
Camelot Beach Hotel

開放感を演出したビーチリゾートホテル。子供用も設けたスイミングプール、アーユルヴェーダサービス、バー施設など基本は押さえてある。 地図 B-2

全83室
Ⓢ $70〜 Ⓓ $80〜 Ⓣ $90〜
345, Lewis Place, Negombo
☎ 031-2222318, 2235881〜3
📠 031-2238285
✉ camelothotel@sltnet.lk
🌐 www.camelot.lk

ホテル・ジャンボガーデン
Hotel Jambo Garden

ビーチエリアとは異なるチローロード寄りの閑静なゲストハウス。空港に近いロケーションなので旅行の最終日にこの宿を活用すると便利。部屋は清潔にまとめられているが、全5室しかないので電話にて空き室を確認すると良い。 地図 A

全5室（上層2室、階下3室）
[上階] $25 [階下（温水シャワー）] $35
186, Chillaw, Road, Negombo
☎ 031-2235750

ビーチヴィラ・ゲストハウス
Beach Villa Guest House

値段とサービスに定評のある砂浜に面した宿。スリランカ・西洋料理レストランを経営。近隣エリアのツアーやボートトリップも受け付ける。 地図 B-2

エアコン付き7室 エアコンなし5室
Ⓢ Rs.1,200〜 Ⓓ Rs.1,600〜 Ⓣ Rs.2,000〜
SC 10%
3/2, Senevirathna Mawatha, Kudapaduwa, Negombo
☎ 031-2222833 📠 031-2234134
✉ nissajet@sltnet.lk
🌐 www.beachvillanegombo.com

オーシャンビュー・ツーリストゲストハウス
Ocean View Tourist Guest House

廉価宿として30年以上の実績。各地ツアーを積極的に行い、西側バックパッカーがこの宿を拠点にスリランカを観光する。Wi-Fi 可。 地図 B-2

全13室
[バルコニータイプ] $23〜28
[エアコン付き] Ⓓ $35〜38 Ⓣ $42〜47
104, Lewis Place, Negombo
☎ 031-2238689 📠 031-2220708
✉ oceanviewgh@sltnet.lk
🌐 www.oceanview-negombo.com

サナス・ビーチゲストハウス
Sanas Beach Guest House

エアコン、ホットシャワー、TV、Wi-Fi 装備がされていて低価格な宿。キッチンの付いた長期滞在用の部屋もある。値段は要交渉。 地図 B-2

エアコン付き7室 エアコンなし3室
Ⓢ $25〜 Ⓓ $26〜 Ⓣ $35〜 SC 10%
212, Lewis Place, Negombo
☎ 031-2238272 📠 031-2273474
✉ sanath.ravindra@yahoo.com
🌐 www.sanasbeach.com

スタービーチ・ゲストハウス
Star Beach Guest House

エアコンは別料金 Rs.1,000 追加になるが、料金的に安め。館内レストランやクリーニングサービス、Wi-Fi など、一般的な宿の機能は整っている。 地図 B-2

全16室
Rs.2,500 SC 10%
83/3, Lewis Place, Negombo
☎ 031-2222606 📠 031-2220076
✉ info@starbeachnegombo.com
🌐 www.starbeachguesthouse.com

パラダイス・ビーチホテル
Paradise Beach Hotel

旧名サンフラワービーチ。開放感のある上品な設備は健在で、安心してビーチを楽しみながら宿泊ができる。レストラン、バー、Wi-Fiなど充実。 地図 B-2

全66室
Ⓢ $75〜 Ⓓ $90〜 Ⓣ $100〜　SC 10%
289, Lewis Place, Negombo
☎ 031-2224258　📠 031-2238154
✉ paradisebeach@sltnet.lk
🏠 www.paradisebeachsrilanka.com

デファーニ・ゲストハウス
Dephani Guest House

各部屋ファン、トイレ、ホットシャワー付き。ビーチに直結のロケーション、値段の安さ、レストラン設備、決め手はアットホームなムードの良さで人気が高い。 地図 B-2

全12室
【エアコン無し】Rs.3,000〜
【エアコン付き】Rs.4,000〜
189/15, Lewis Place, Negombo
☎ 031-2234359　📠 031-2238225
✉ dephanie@slt.lk
🏠 dephaniebeachguesthouse.com

アイスビアー・ゲストハウス
Ice Bear Guest House

静かな森を抜けるとビーチにたどり着くような雰囲気のゲストハウス。自転車とWi-Fiの無料サービスなど、気の利いた宿として有名。 地図 B-2

全12室
【ヴィラ】€23〜　【バンガロー】€35〜
95/2, Lewis Place, Negombo
☎ 071-4237755
✉ icebearhotel@yahoo.com
🏠 www.icebearhotel.com

お薦めの飲食店

ローズ・レストラン
LORDS Restaurant

アジア各国料理やベジタリアン料理が楽しめる。一風変わった芸術的なムードを放ち、このエリアで際立っている。子供向けメニューも用意。Rs.1,000〜が目安。 地図 B-1

【ランチ】11:30〜14:30
【ディナー】18:00〜22:00 ※ポヤデイ定休
80B, Poruthota Road, Ethukala, Negombo
☎ 031-49390519　📠 031-2275655
🏠 www.lordsrestaurant.net
✉ martin@lordsrestaurant.net

シェリーランド
Shery Land

バギーカーやジープを飾ったポップな料理店。各国料理を振る舞うが、シーフードが得意。参考価格はRs.1,000〜。 地図 B-1

【営業時間】10:30〜23:30
74, Poruthota Road, Ethukala, Negombo
☎ 031-4874901
🏠 www.sherrylandnegombo.com
✉ sherrylandrest@gmail.com

プリキンレストラン
Pri-kin Restaurant

全体的に低料金でバックパッカーに人気。中華、ウェスタン、スリランカ料理を扱う。一人およそ800ルピー以内。宿泊施設もある。 地図 B-1

【営業時間】9:00〜22:30
10, Porutota Road, Ethukala, Negombo
☎ 031-2278646

アルタ・イタリア
Alta Italia

凝った味の洒落たイタリアンレストラン。夜に入店すると薄暗いが、独特のムードがあってユニーク。スパゲティがRs.500〜。 地図 B-1

36, Porutota Road, Ethukala, Negombo
☎ 031-2279206

Wadduwa 〜 Kalutara ワッドゥワ〜カルタラ

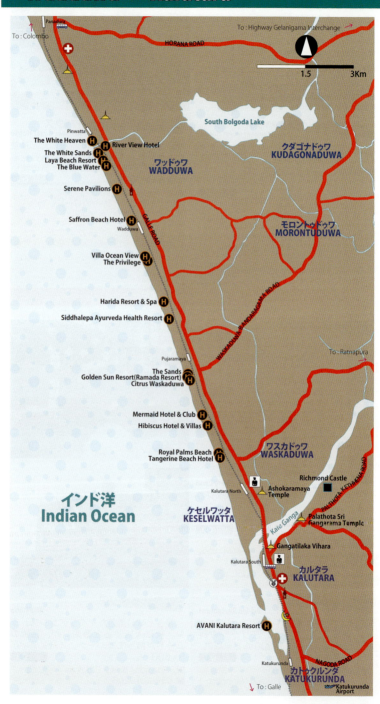

概要

　この界隈は穏やかな海岸が続くエリアで、地形を生かしたビーチリゾートが林立している。特にワッドゥワは、空港やコロンボと近い距離にあることから以前よりリゾート開発が盛んで、外国人観光客向けの宿泊施設が集中している。
　カルタラはワッドゥワから南方約8kmほどに位置し、コロンボ近郊都市として発展。またゴールロード上の主要都市としても機能し、朝夕の交通量は多い。一方でマットや籠などの民芸品、上質のマンゴスチンが採れることでも有名。
　ゴールロードを南下し続け、Kalu Ganga Bridge を渡って左側に見えてくる Gangatilaka Vihara はカルタラのイメージ的存在。ドライバーが安全を祈願してお布施をする光景こそがカルタラを象徴する。旅行者も現地の人に倣い、旅の安全祈願に小銭をお布施箱に投入すると良いだろう。
　歴史の中でカルタラは西洋諸国植民地時代に立地条件の良さから西側とのスパイストレードの重要拠点とされ、繁栄したことがある。所々で洋館が残されていたり、古い教会が当時の名残として見られる。

交通手段　バス・鉄道とも、コロンボからカルタラ方面行きが頻繁に出発するので移動に不自由はない。どちらも所要1時間弱。鉄道の場合、カルタラサウス駅がメイン。カルタラノースは近郊列車のみの停車となるので本数が若干少なくなる。料金はSLTBバスでおおよそRs.60、鉄道3等はRs.40ほど。ゴール方面行きインターシティーバスに乗車して途中下車することも可能。料金は倍近くになるがエアコンが完備されていて移動は快適になる。

観光スポット & アクティビティー

ガンガーティラカ寺院　*Gangatilaka Vihara*

　別名カルタラボディヤ。旅行者がお布施をして通り過ぎることがほとんどだが、内部には仏陀の生涯を描いた75の絵画が展示されている。休憩がてら内部を見学してみるのも良い。ポルトガル支配期にはこの寺院が砦として活用され、支配国がイギリスに代わると宿舎として扱われた経緯がある。

リッチモンド邸宅　*Richmond Castle*

　インドのマハラジャ宮殿をモチーフにロンドンの建築家によって1896年に建てられたもので、2階建て全15部屋の構成、吹き抜けも計算されて造られているため、当時のこの地域では最高の建築技術とされている。

【入場料】Rs.100
【開館時間】9:00 ～ 16:00
☎ 034-2226548

宿泊施設

シッダーレーパ・アーユルヴェーダ・ヘルスリゾート
Siddharepa Ayurveda Health Resort

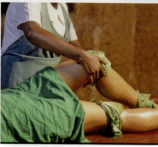

　専門医が常駐する本格的なアーユルヴェーダリゾートとして開設。心身の治癒をコンセプトに掲げ、コースは6泊以上から設定。運営はスリランカ国内のアーユルヴェーダに基づくハーバル製品、200年以上のシッダーレーパブランドを手掛けるヘティゴダグループ。用意される食事も自然治癒力回復を妨げない本格的なもの。英語／日本語対応なので日本人客にとって心強い。短期滞在者にも本格アーユルヴェーダを体験してもらうため、マウントラヴィニア日帰りスパ、コロンボと空港にクイックスパを設けている。アーユルヴェーダを学習するためのコースも用意されているので、興味があればご相談を。

全50室
[1泊] Ⓢ €80〜 **Ⓓ** €115〜 **Ⓣ** €210〜 **[6泊コース]** €740〜935 **[13泊コース]** €1,625〜2,185 **[20泊コース]** €2,320〜3,145 **[27泊コース]** €3,050〜4,100
Samanthara Road, Pothupitiya, Wadduwa
☎ 038-2296967 〜 70, 4284996　📠 038-2296971, 011-2735465
🏠 www.ayurvedaresort.com　✉ resort@siddhalepa.com

ザ・サンズ
The Sands

　旧名ラマダリゾートとして親しまれたホテル。5エーカーの広大な敷地とショッピングモール、サウナ、スパなど、観光客を飽きさせない一級の設備・サービスは健在。価格帯は良心的。

全100室
[スタンダード] $88〜
[カバナ（ビーチサイド）] $95〜
Kudawaskaduwa, Kalutara
☎ 034-2228484　📠 034-2228485
🏠 www.aitkenspencehotels.com/thesands/
✉ res.thesands@aitkenspence.lk

南西海岸〜カタラガマ

ザ・ブルーウォーター
The Blue Water

　20世紀で世界的に影響力のあったアジアの建築家ジェフリー・バワデザインによる、ワッドゥワの力強い太陽と青い海のアクアに拘りデザインされた高級リゾートホテル。館内に佇むと水中にいるような感覚を味わえる独特な建築手法に驚かされる。五つ星の宿泊施設として認定されており、スパ、ビューティーサロン、ショッピングモールなどの設備も充実している。

全49室　★★★★★
【デラックス】$117～【スーペリア】$157～【クラブスイート】$213～【スイート】$222～
Thalpitiya, Wadduwa　☎ 038-2235067～8　📠 038-2295708
🌐 www.bluewaterssrilanka.com　✉ reservations@thebluewaterssrilanka.com

ロイヤルパームス・ビーチホテル＆タンジェリン・ビーチホテル
Royal Palms Beach Hotel & Tangerine Beach Hotel

【写真左：ロイヤルパームス】全室海向きでバルコニー・テラス付き。デザイナーが手掛けたバスルームが自慢。ジャグジー付きスイミングプール、バレーボールコート等スポーツ施設が充実。浜辺にすぐ出られるロケーション。日本食も用意されている。
【写真右：タンジェリン】ロイヤルパームスに隣接する。こちらも一級のサービスを誇る。古今の内装デザインで、ロイヤルパームスより落ち着いた雰囲気を持つ。

【ロイヤルパームス】　全124室
　　　【デラックス】　ⓈRs.15,000～ⒹRs.16,500～ⓉRs.21,000～
　　　【エグゼクティブスイート】ⓈRs.22,000～ⒹRs.24,500～ⓉRs.29,000～
　　　☎ 034-2228113～7　📠 034-2228112　✉ info@royalpalms.lk
【タンジェリン】　全166室
　　　【デラックス】　ⓈRs.11,400～ⒹRs.12,500～ⓉRs.15,500～
　　　☎ 034-2237982～3　📠 034-2237794　✉ rservations@tangerine.lk
De Abrew Drive, Waskaduwa, Kalutara North
【予約先】Tangerine Tours　A Tangerine Group Hotel　236, Galle Road, Colombo-3
☎ 011-2343720～7　📠 011-2448278～9
🌐 www.tangerinehotels.com　✉ tangerinetours@mi.com.lk

南西海岸～カタラガマ

Beruwala 〜 Bentota ベールワラ〜ベントタ

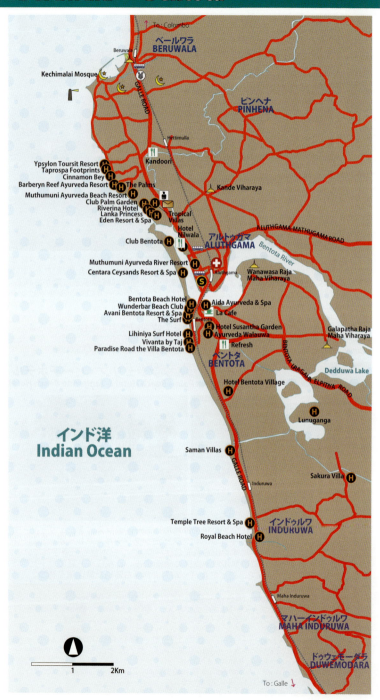

概要

このエリアもワッドゥワ～カルタラ間と同様、バンダーラナーヤカ空港やコロンボから近距離かつ好立地のため、沿岸部のリゾートホテルが林立している。南下するほど都市部から離れるので、さらなる落ち着きを求めるならばこのエリアは手頃といえる。また、価格帯も高級ホテルからゲストハウススタイルまで、旅行者のニーズに合わせられる点も便利。

ベールワラ

地名の由来はシンハラ語"バエルアラ（緩やかな航海）"が有力。ムスリムがスリランカ島に初めて訪れた地とされ、当初は宝石の出荷港として栄えた。現代でも名残が見られ、町の中心部にはムスリム商人経営の宝石商が点在する。この地域のムスリム人口は多く、ムスリムハットを被った男性、パンジャビードレスとベールをまとった女性の姿が目立ち、礼拝の時刻になると町中でコーランが聞こえてくる。

町の北側岸壁には、10世紀から存在したとされるスリランカ最古のモスク、ケチマライモスクがそびえ立つ。

ケチマライモスクから湾を見ると数百もの漁船が並ぶ。ベールワラは漁村としても有名で、朝の魚市場ではマグロを売りさばく活況を見せる。

また、ベールワラのもう一つの顔としてはビーチリゾートがある。ケチマライモスクから3kmほど南下したモラガッラ地区にスリランカ政府観光局お墨付きの宿が集中し、ヨーロピアン観光客の姿を多く目にする。

交通手段 【バス】コロンボからゴール／マータラ行きに乗車し途中下車する方法が良い。所要約1時間。【鉄道】カルタラ以南行きの本数が少なく大半が通過するため、活用が難しい。鉄道を使うならば本数の多い急行で一度アルトゥガマまで出て、ローカルバスかスリーウィーラーで引き返す方法が良い。3等 Rs.55。

南西海岸～カタラガマ

 ## 観光スポット＆アクティビティー

ケチマライモスク
Kechimalai Mosque

スリランカ最古のモスクと信じられ、スリランカ人回教徒のメッカ的存在。ラマダンが終了すると Id-ul-Fitr のお祭りが催されるので、これを目当てに訪れるのも良い。イスラム教伝来の歴史の視点からもこのモスクは重要。観光客には寛大で、無礼がなければ問題なく中に招いてくれる。写真撮影の際は周囲の許可を得てからすること。

異教徒でも周囲の者に断わっておけば内部の見学や写真撮影も限られた範囲内で応じてもらえる。聖職者も温かく迎え入れてくれる。

スリランカ Q&A

Q
バンダーラナーヤカ国際空港の入国ロビーにて、荷物をカートに載せて運ぼうとしたところ"Rs.50"と書かれたオレンジ色のタスキを着た人が突然現れ、頼んでもいないのに荷物を勝手にカートに載せて運ばれ、最後にRs.50を要求されました。

A
荷物運びで生計を立てる人たちです。イリーガルではないので頼まなければ支払う義務も生じません。もちろん事前に断ることも可能です。断ったところで彼らは気分を害さないので心配には及びません。

↑荷物が多めの時は彼らを活用するのも手段の一つ。日本円で¥30程度と考えれば安い!?

宿泊施設

バーベリンリーフ・アーユルヴェーダリゾート
Barberyn Reef Ayurveda Resort

常駐医師、セラピスト、薬剤師、鍼師でヘルスセンターチームを構成するアーユルヴェーダを前面に押し出したリゾートホテル。自然との融和を図った施設作りで、近代的な装備を前面に出さない気配りがうれしい。アーユルヴェーダ施術リゾートとしては料金が良心的で人気が高い。個別に薬草の調合や栄養バランスを考えた食事を支給される。2009年に大改装を行い、大きめのプールを設置。ビーチにもすぐに出られる。

全75室 ★
[スタンダード] ⓢ$98〜 ⓓ$163〜
[クラシック] ⓢ$117〜 ⓓ$182〜
[ガーデン] ⓢ$137〜 ⓓ$202〜
[エアコン] ⓢ$150〜 ⓓ$215〜
[デュープレックス] ⓢ$150〜 ⓓ$215〜
[ビーチフロント] ⓢ$150〜 ⓓ$215〜
アーユルヴェーダ治療:別途 $89/日
Moragalla, Beruwala
☎ 034-2276036, 2276134, 2276173
🖷 034-2276037
🌐 www.barberynresorts.com
✉ info@barberyn.lk

エデン・リゾート＆スパ
Eden Resort & Spa

ベールワラ地区唯一、信頼の五つ星認定ホテル。新婚旅行など、最高のサービスを求める観光客がエデンを選ぶ傾向にある。アーユルヴェーダ施術はもちろん、レストラン3軒、バー2軒、スパなど、あらゆる設備が整っている。プールが広く子供用区画も設けてあるので、子連れ旅行でも安心。ビーチにも面しており充実した休暇を約束する。

全158室 ★★★★★
ⓢ$160〜 ⓓ$200〜 ⓣ$270〜 10% SC TAX, TOTAL 22%
Kaluwamodara, Beruwala
☎ 034-2276075/6 🖷 034-2276181
🌐 www.lolcleisure.com ✉ reservation_ers@lolcleisure.com

南西海岸〜カタラガマ

リヴェリナホテル
Riverina Hotel

　エデン同様に人気が高い高級リゾートホテル。大型プール、テニスコート、ジム、フィットネス、レストラン、バーなど設備は充実。ビーチに直結で便利。子連れのツアーでも安心して楽しめる。

全189室　★★★★
参考宿泊費用：$75〜
Moragalla, Beruwala
☎ 034-2276044/5　📠 034-2276047
✉ riverina@confifi.net

ザ・パームス
The Palms

　椰子をシンボルにしたビーチリゾート。各部屋から海が見える構造。ビーチレストラン＆バー、カフェ、子供専用面も用意されたスイミングプール、バレーボールコート、アーユルヴェーダセンター、Wi--Fiエリアなど、装備も充実。

全98室　★★★
[スーペリア] $70〜　**[デラックス]** $75〜　**[スイート]** $160〜　10%SC TAX, TOTAL 25.7%
Moragalla, Beruwala
☎ 034-2276041/43、011-2381644（予約）　📠 034-2277039、011-2381645（予約）
🌐 thepalmsberuwala.com　✉ thepalms@sltnet.lk ; marketing@forthotels.lk（予約）

シナモンベイ・ベールワラ
Cinnamon Bay Beruwala

　シナモンホテルグループ経営のリゾートホテル。近年営業を開始しているため設備は全て真新しい状態。スパ・トリートメントやレストラン・バーの各種サービスはシナモンホテルならではのハイクオリティー。

全210室
Ⓢ$185〜　Ⓓ$205〜　Ⓣ$255〜　TAX, TOTAL 25%
Moragalla, Beruwala
☎ 034-2297000　📠 034-2297010
🌐 www.cinnamonhotels.com/CinnamonBeyBeruwala.htm　✉ reservations@cinnamonhotels.com

ムトゥムニ・アーユルヴェーダ・ビーチリゾート
Muthumni Ayurveda Beach Resort

　アーユルヴェーダ施術とビーチを楽しむ総合リゾート。ヘッドマッサージ、シロダーラ、ハーバルスチームバスなど10項目全35種の本格アーユルヴェーダトリートメントやヨガ・瞑想サービスを用意。常駐医師によるコンサルも受けられる。日帰りコースのほか、時間に余裕がある方向けに7日間集中コースが用意されている。Wi-Fi可。

全34室
【デラックス】$80〜　【スイート】$120〜　【7日間集中コース】$1,000〜
80/24, Beach Side, Moragalla, Beruwala
☎ 034-2278070, 2277048,　📠 034-2276072
🌐 www.muthumuniayurvedabeach.com　✉ hello@muthumuniayurvedabeach.com

アルトゥガマ

　アルトゥガマは元来、カキが取れることで有名な賑やかな漁村。町の中心部は活気があり、早朝のマーケットでは新鮮な魚を競売に掛けるシーンを目にする。海が穏やかなことから、マリンアクティビティーを楽しめるゲストハウスが多く立ち並ぶ。アルトゥガマとはシンハラ語で新しい村の意味。

交通手段　【バス】コロンボからゴール/マータラ行きインターシティーに乗車して途中下車。所要約1時間〜1時間半。【鉄道】アルトゥガマ駅は全列車停車で本数も比較的多く使いやすい。所要約1時間半〜2時間。3等 Rs.55、2等 Rs.110。

宿泊施設

ランカプリンセスホテル
Lanka Princess Hotel

　本格アーユルヴェーダ、ヨガ、瞑想を取り入れたリゾートホテル。食事もアーユルヴェーダに基づいたものを提供し、常駐医師によるカウンセリングも受けられる。30種以上に及ぶトリートメント、ストレス開放やパーキンソン緩和、そして75万ユーロのフルコースが自慢。

【コンフォート】Ⓢ €88〜 Ⓓ €150〜
【スーペリア】€103〜　【スイート】€120〜
Kaluwamodara, Aluthgama
☎ 034-2276711　📠 034-2276323
🌐 www.lankaprincess.com
✉ direktor@lankaprincess.com

ホテル・ニルワラ
Hotel Nilwala

　開放的なイメージで、スリランカ色の強いリゾート。この界隈はヨーロピアン向けの宿が多いのでローカルムードを味わいたければお薦め。アーユルヴェーダマッサージやボートサファリコースを提供。料金は比較的安め。

全10室 ★
【エアコン付き】Ⓢ Rs.5,000〜 Ⓓ Rs.6,000〜
【エアコンなし】Ⓢ Rs.3,000〜 Ⓓ Rs.3,500〜
Galle Road, Kaluwamodara, Aluthgama
☎ 034-4939755　📠 034-2270408
🌐 nilwalahotel.com
✉ hotelnilwala@gmail.com

ムトゥムニ・アーユルヴェーダ・リバーリゾート
Muthumni Ayurveda River Resort

"ビーチリゾート"の姉妹宿。こちらでも閑静な場所で本格アーユルヴェーダ施術を受けられる。特色としてはリバーサファリやボートライディングサービスを提供していること。ビーチリゾートと同じく、アーユルヴェーダトリートメントは本格的なもので、何かしら体調の悪い観光客が訪れ施術を受ける。Wi-Fiもあり便利。

全24室
Ⓢ$90〜 Ⓓ$141〜 [7日間集中コース] $1,000〜
16, Galle Road, Moragalla, Aluthgama
☎ 034-2278071, 2276766　📠 034-2276072
🌐 www.muthumuni-ayurveda-river-resort-aluthgama-sri-lanka.ja.ww.lk/
✉ muthu1@sltnet.lk

ベントタ

このエリアの海水の透明度が高いことと海が穏やかなことに着眼し、政府主導で外国人観光客向けにリゾート開発が行われ、一級サービスを誇るホテルやアーユルヴェーダ施設が集まっている。町自体も外国人向けのコミュニティが広がりを見せ、観光客に不便を感じさせない。一方で「これでは本来あるスリランカの魅力を感じさせない」という意見から、ベントタ南部からインドゥルワ地区にかけては手を付けずオリジナルの風景を残している。

宿泊施設の割合としては全体的にミドルクラスから高級指向。バックパッカーやエコノミー旅行者にはアルトゥガマかヒッカドゥワ以南で宿を探す方が居心地は良いだろう。

交通手段　【バス】ベントタ河を越えた地点かアルトゥガマで途中下車するのが無難。【鉄道】コロンボフォートから本数が若干少なく、1日5本。3等Rs.60、2等Rs.110。アルトゥガマで下車し、ローカルバスかスリーウィーラーに乗り換える方法も要検討。

宿泊施設

ヴィヴァンタ・バイ・タージ
Vivanta by Taj

　コロンボのタージ・サムドラ、空港近隣のエアポートガーデンと同系列の高級ホテル。五つ星を与えられ、ベントタ地区でも最高級、パーフェクトなサービスを提供する。世界的に評価も高く、1泊$780〜のプレジデンシャルスイートも設けられ、エグゼクティブクラスの宿泊者が多い。ロケーションも申し分ない。

全160室　★★★★★
【スーペリア】Ⓢ$135〜 Ⓓ$145〜　【デラックス】Ⓢ$210〜 Ⓓ$220〜
【スイート】Ⓢ$435〜 Ⓓ$445〜　10% SC　TAX, TOTAL 26.9%
National Holiday Resort, Bentota
☎ 034-5555555, 03-3432-4530（日本国内予約番号）　📠 034-2275160
🌐 www.vivantabytaj.com/Cities/About-Bentota.html　✉ vivanta.bentota@tajhotels.com

アヴァニ・ベントタ・リゾート&スパ
Avani Bentota Resort and Spa

　旧名セレンディブ。ジェフリー・バワ初期建築デザインのビーチリゾートホテル。館内のデザインはバワ特有のもので、所々で個性的な造形が楽しめる。池の中央に草木をあしらい、室内は自然派の凝った温かみのある仕上がり。ほかのバワ建築ホテルに比べて低価格で手頃に楽しめるため人気が高い。セラピストによるマッサージサービスも好評。

全75室　★★
【スーペリア】$115〜　【スタンダード】$143〜
【デラックス】$202〜　【スイート】$274〜
Bentota {5th Floor, Hemas House, 75, Braybrooke Place, Colombo-2}（予約）
☎ 034-4947878〜 81, 011-4790500〜 6（予約）　📠 034-2275313
🌐 www.serendibleisure.com　✉ inquiries@serendibleisure.lk

ベントタ・ビーチホテル

Bentota Beach Hotel

　信頼の四つ星を獲得するシナモングループ自慢の本格リゾートホテル。ジェフリー・バワの建築という付加価値がある点を考慮すると割安。ベントタ河がインド洋に流入する地点にある。スパやスポーツ施設が充実。

全130室　★★★★
Ⓢ$175〜　Ⓓ$195〜　Ⓣ$245〜　TAX 15%
Bentota
☎ 034-2275176〜7　📠 034-2275179
🌐 www.cinnamonhotels.com/BentotaBeachHotel.htm
✉ reservations@cinnamonhotels.com

アーユルヴェーダ・ワラウワ
Ayurveda Walauwa

　アーユルヴェーダ医師常駐の体質改善を目的とする専門リゾート。ヨガ・メディテーションコースも人気。体の悩みは何でも相談に応じてくれる。

全28室
[宿泊のみ] $80〜　[1日コース] $200〜
[15日コース] $1,400〜[22日コース] $2,100〜
Warahena, Bentota
☎ 034-2275372〜4　📠 034-2275374
✉ herbalhr@sltnet.lk

クラブ・ベントタ
Club Bentota

　ベントタ河に面したスポーツリゾート。ジェットスキー、ウォータースキー、サーフィン、ボートなどを前面に押し出している。

全146室　★★
Ⓢ$225〜　Ⓓ$275〜　Ⓣ$300〜
Paradise Island, Aluthgama
☎ 034-2275167〜71　📠 034-2275172
🌐 www.clubbentota.com
✉ clubbentota@clubbentota.com

アイダ・アーユルヴェーダ＆スパ
Aida Ayurveda & Spa

　6泊7日からの滞在を前提としたアーユルヴェーダ施術パッケージを推奨しているリゾートホテル。本気で体質改善を図る人向け。

全34室
Ⓢ$70〜　Ⓓ$95〜
12A, Mangala Mawatha, Bentota
☎ 034-2271137/9　📠 034-2271140
🌐 www.aidaayurveda.com
✉ aida1@sltnet.lk

スリランカ Q&A

Q
　ビーチでチェアーに座っていると、民芸品やアクセサリーの売り子がひっきりなしに現れてセールスを行います。言葉が解らないので戸惑います。中には興味深いものもありますが、クォリティー面で少し心配です。

A
　ビーチに限らず、売り子は外国人観光客を見れば必ずセールスを始めます。というのも、彼らは生活がかかっているので「外国人であれば買ってもらえる可能性が高い」と考え、売れるまで執拗に食い下がる場合も少なくありません。中には「家が津波で流されて生計が厳しい……」などと、泣き落としのテクニックで攻め込むこともあります。いずれにしても必要がなければ買わないこと。あなたが買う意思が無ければ "No!" と言って諦めてもらうのが親切です。品質については、土産物店で扱う品と同じ品を販売する売り子もいますが、クォリティーの低い品、要するに土産物店に卸されなかったB級品を扱っている恐れもあるので、できるだけ品質を良く見てから購入するように。

南西海岸〜カタラガマ

センタラ・セイサンズ・リゾート＆スパ
Centara Ceysands Resort & Spa

2014年6月に一部改装。ビーチはロケーション抜群の静かなエリア。室内はきれいにまとまっている。海が見える部屋がお薦め。

全165室 ★★
Ⓢ$116〜
Althugama
☎ 034-2275073　📠 034-2275395
🌐 www.centarahotelsresorts.com
✉ ccs@chr.co.th

ホテル・スサンタガーデン
Hotel Susantha Garden

値が張らない中級ホテル。シーフード料理が自慢。マリンアクティビティー、アーユルヴェーダ、周辺ツアーにも力を注ぎ、独自路線を追求。

エアコン付き9室　エアコン無し9室 ★
ⓈRs.3,100〜　ⒹRs.3,500〜　ⓉRs.3,750〜
TAX, TOTAL:22%
Nikethena Road, Pitaramba, Bentota
☎ 034-2278324, 5700020
📠 034-2271404
🌐 www.hotelsusanthagarden.com
✉ susanthas@sltnet.lk

ルヌガンガ
Lunuganga

ジェフリー・バワのデザイン建築。中心部から4kmほど内陸に位置するロケーション。館内随所にバワのコレクションを展示。ジェフリー・バワ愛好家の中でも、Lunugangaは生前の故人を偲ぶのに最高と賞する声が多い。

全6室
[Glass] $205〜　[Gallery] $340〜
Lunuganga Estate, Dedduwa, Bentota
☎/📠 034-4287056
🌐 www.geoffreybawa.com
✉ lunuganga@sltnet.lk

さくらヴィラ
Sakura Villa

落ち着いて過ごしたい人向け。スリランカ料理のレッスンや自炊も可能。レンタサイクル、レンタルバイク有。アーユルヴェーダ施術も受けられる。

全5室
Ⓢ$25〜60　Ⓓ$35〜70
Kommala 80500, Bentota
☎ 071-9201987,【日本予約先】080-5048-3500
✉ sugathkh@yahoo.co.jp

ザ・サーフ
The Surf

旧名リヒニヤサーフホテル。室内は木製の家具とシックなデザインで落ち着きを持たせ、万人に受け入れられやすい。一部の部屋がスイミングプールと直結しているのが特徴的。

全100室 ★★
Ⓢ$153〜　Ⓓ$164〜　Ⓣ$174〜
National Holiday Resort, Bentota
☎ 034-2275126〜9　📠 034-2275486
✉ lihisurfgm@sltnet.lk

ホテル・ベントタヴィレッジ
Hotel Bentota Village

全体的にスリランカローカルスタイルイメージで小ぎれいにまとまっている。二つ星を獲得しているためサービスは上々。マリンスポーツに力を注ぎ、館内レストランは西洋と東洋料理。

全14室 ★★
[デラックス] €50〜　[スイート] €110〜
Alwis Road, Warahena Bentota
☎ 034-2270130, 4939694
📠 034-2275813
🌐 www.hotelbentotavillage.com
✉ info@hotelbentotavillage.com

ホテル・ワンダーバー・ビーチクラブ
Hotel Wunderbar Beach Club

宿全体がウミガメの保護に取り組むためイメージキャラクターにも起用されている。スタッフがフレンドリーな点も売りの一つ。ビーチに面しマリンアクティビティーも存分に楽しめる。

全15室
[スタンダード] Ⓢ€45〜　Ⓓ€65〜
[ラグジュアリー] Ⓢ€55〜　Ⓓ€75〜
Robolgoda, Bentota
☎ 034-2275908　📠 034-2271342
🌐 www.hotel-wunderbar.com
✉ wunderbar@sltnet.lk

お薦めの飲食店

カンドゥーリ
Kandoori

中華・インド・シーフード料理を手軽に楽しめる。チキンフライドライスやベジタブルライス＆カリーがRs.290〜。

【営業時間】11:00〜23:00
428, Galle Road, Hettimulla, Beruwala
☎ 034-4935836

リフレッシュ
Refresh

料金控えめの大衆向け中華料理店。そこそこ味が良く料金が安いので客足が途絶えない。Rs.250〜。

1, Galle Road, Bentota
☎ 034-2271636

Ambalangoda アンバランゴダ

概要

砂浜はきめ細かく美しいが、町の中心部でのリゾート開発は行われず、町の北側アハンガッラか南側のアクララに集中。アンバランゴダは漁港として機能するため、本来のスリランカらしさが残されている町ともいえる。

この地を有名にしているのが伝統の悪魔祓い仮面舞踊と、それに用いられる仮面。元来は農村で人々の悪意を鎮め、病の広がりを防ぐために取り入れられた仮面舞踊で、いわば精神浄化のダンスである。Kolam、Sokari、Nadagam、Pasu の4種類の仮面舞踊があり、最も知られているのが Kolam。「人間の欲」を模しているとされ、目鼻を飛び出させ、コブラを装飾して醜さを誇張した仮面をまとい、ドラムと歌に合わせて奇怪なダンスを展開する。Kolam は Sandakinduru Katava と Gothayimbala Katava の二種が主流。

この民族舞踊で使用される仮面が観光客の間で話題となり、土産物店で販売したところ好評を得て名産品となった。また、椰子の蒸留酒アラックのラベルデザインにも仮面が用いられている点も意味深である。アンバランゴダの別の特徴としてはシナモン栽培が盛んなこと。宿泊施設やスリーウィーラーに頼むと連れて行ってもらえる。

交通手段

バス、列車とも町の中心部にターミナルがあり、比較的便利。【バス】コロンボからゴール/マータラ行きに乗車し、途中下車するか、アンバランゴダ行きに乗車する。所要約2時間。インターシティーバスは Rs.225、ノーマルが Rs.113。ゴールからノーマル Rs.72。その他、ヒッカドゥワ方面からのローカルバスも頻繁に発着する。【鉄道】コロンボフォートから日に9本の運行があり便利。コロンボから所要2時間前後。2等 Rs.140、3等 Rs.75。ただし、このエリアからコロンボ方面へ向かう際は混雑して座れないことが多い。ゴールに出てから乗車すると着席できる。ゴールへは3等 Rs.30。

Useful Information

バンダーラナーヤカ空港での乗り継ぎで空港の外には出ず休みたい、空港を早朝に出発したい人は空港内2階にあるスリランカ航空運営の Serendiva Transit Hotel（6時間まで $55、以降1時間ごとに $15）を活用すると良い。全24室。☎019-7334111

観光スポット＆アクティビティー

アリヤパーラ仮面博物館
Ariyapala Mask Museums

仮面制作・販売のカリスマ、Ariyapala氏の次男が店舗を2件構え、それぞれに博物館を併設。2つあるうちのアリヤパーラ博物館の方が充実し、ジオラマを使った展示でビジュアル的に分かりやすい。仮面についてさらなる詳しい内容を求めるならば、冊子 "The Ambalangoda Mask Museum" が販売されているので購入してみると良い。

【開館】8:30～17:30 【入場料】無料
426, Main Street, Ambalangoda ☎ 091-2258373 091-2258948
 masksariyapalasl.com info@masksariyapalasl.com

バンドゥウィジェスーリヤ・ダンススクール
Bandu Wijesooriya School of Dance

Kolamを含めた本格的な仮面舞踏やインド舞踏を観賞することができる。開催日程は不定期なので要確認。また、仮面舞踏、ドラム演奏、マスク制作を学ぶ教室もある。

【舞踏開催時間】18:30～19:30 ※日程不定期
【料金】［マスク製作］Rs.750
　　　［舞踏スクール］Rs.500/1時間
417, Patabadimulla, Ambalangoda
☎ 091-2258948

スリー・プシュパラマ・マハー寺院
Sri Pushparama Maha Vihara

バラピティヤに位置する西洋建築の仏教寺院。住職によると130年以上前、入植者によってこの地にキリスト教会が建築されようとしたが、途中で地元仏教徒住民の反対に遭い、そのまま仏教寺院へと改装されたという。実際に建物を見ると分かるが、教会らしき佇まいである。スリランカの歴史を物語る1シーンとして貴重な建物。

Galle Road, Balapitiya

南西海岸～カタラガマ

宿泊施設

ザ・リヴァーハウス
The River House

隠れ家的な高級リゾートホテル。GIN,KALA,KIRINDA,MENIK,WALAWE,WHOLE VILLAの個性豊かなスイート5室を用意。ハネムーンやほかとは違う高級感を演出される方にお薦め。

全5室
[KALA] $286 [GIN] $311 [MENIK] $373 [WALAWE] $373 [WHOLE VILLA] $1,629
70, Uthamanyana Mawatha, Welagedara, Balapitiya
☎ 091-222256306, 011-5769500～2 theriverhouse@asialeisure.lk

ヘリタンス・アハンガッラ

Heritance Ahungalla

　ジェフリー・バワ建築の高級ビーチリゾートホテル。五つ星を与えられ、館内装備は良好で、スーペリア、デラックス、プレミアム、ラグジュアリー、スイートまで5段階の部屋を選べる。熱気球、リバーサファリ、ホェールウォッチング、海亀の見学など個性的なツアーも用意するなど、思い出深い滞在が可能。

全152室　★★★★★
[スーペリア] $105〜　[プレミアム] $151〜　[スイート] $228〜
Galle Road, Ahungalla
☎ 091-5555000　📠 091-5555050
🌐 www.heritancehotels.com/ahungalla/　✉ ebiz.lk@aitkenspence.lk

シナガワ・ビーチ

Shinagawa Beach

　日本人オーナーの高級ビーチリゾート。料理や館内設備など随所に日本の文化を取り入れつつ現地のビーチリゾートホテル群に引けを取らないサービスは、まさにスリランカで新旋風を巻き起こす。純粋に滞在を楽しむという意味でも薦められる。

全26室
[デラックス] $173〜　[スイート] $295〜　10% SC　TAX, TOTAL 25.04%
30, Old Guru Niwasa Road, Balapitiya
☎ 091-2030444　📠 091-2254405
🌐 www.shinagawabeach.com　✉ info@shinagawabeach.com

ドリーム・ビーチホテル

Dream Beach Hotel

　アンバランゴダでは珍しいビーチ直結の宿。町の中心部から離れているので静かに滞在できる点が良い。スリランカ・西洋料理レストラン＆バー、アーユルヴェーダサービスも提供され、滞在に不自由はない。料金も比較的安くお得感がある。

全36室
参考予算：$50〜
509, Galle Road, Ambalangoda
☎ 091-2258873　📠 091-2255699
🌐 www.dreambeachhotel.com
✉ dbra@sltnet.lk

スリランカ Q&A

Q
　旅行中、ムスリムの人から「日本人とビジネスの取引をしたい」とアプローチを受け、連絡先をもらいましたが……。

A
　スリランカのムスリムは比較的ビジネスに熱心な人が多いといえます。上記のような申し出は割と普通で、中には現地ムスリムと交流した結果、成功を収めた日本人も存在します。もちろんあなたが興味を持てなければお断りして結構ですが、興味が持てるならば帰国後にリスクを考えた上でお付き合いを考慮しましょう。ただしビジネスなので油断は禁物。納得のできない取引には必ず"No"の返答をすること。彼らに"No"の理由を伝えれば必ず理解を示します。

南西海岸〜カタラガマ

概要

　スリランカ国内で有名なビーチスポットで、世界中から観光客が余暇を過ごす目的でこの地を訪れる。海水の透明度が高く、シュノーケリングやサーフィン、ボートセイリングなど、ビーチアクティビティーは全て堪能できる点が人気のポイント。ベントタ界隈とは若干様相が異なり、過去に多くのヒッピーがこの地に押し寄せたことから独特な開放感に満ちあふれ、廉価宿が充実している。そのため、今でもバックパッカー旅行者に好まれる傾向にあり、どの宿も観光客のもてなしには慣れている。ビーチがより一層きれいで、沖合いの珊瑚礁とサーフィンに適した波があることから、宿泊施設は町の中心より南に集中する。

　オフシーズン中の5〜10月は宿泊料金がディスカウントされる傾向にあり、マリンアクティビティーに関係なく、例えばマータラやカタラガマ方面へ行く中継地として宿泊する賢い旅行者も多い。

　この町もまた漁業の素顔を持ち合わせており、町の中心では早朝に魚市場が活況を見せる。町の中心にあるセイロン漁港は観光客も入場可能なので、早朝の魚市場を見学すればこの町の別の側面を楽しむことができる。

交通手段　【バス】コロンボから約2時間半程度。ゴール/マータラ行きインターシティーで途中下車、Rs.250。ゴールからノーマルバスで30分弱、Rs.56。【鉄道】コロンボからは1日9本（アルトゥガマから2本の運行あり）。ヒッカドゥワからコロンボ方面へ乗車の際は時間帯によって混雑する。ピークシーズンは2等車でも立ち席になる恐れがあるのでゴールに出てから乗車するなどの工夫が必要。コロンボから所要約3時間、2等Rs.160、3等Rs.90。ゴールからは3等Rs.20。

観光スポット＆アクティビティー

ヒッカドゥワ漁港
Hikkaduwa Fishery Harbours

漁港を観光客向けに開放している。夕刻に訪れると漁港は落ち着き払い、夕暮れ時のインド洋で日の入りを堪能できる。早朝に訪れると漁港ならではの慌しい別の素顔が見られる。早朝は人の往来が激しいので邪魔にならないよう心掛けたい。入場料は1人Rs.110。入口でチケットを購入する。

Caylon Fishery Harbour, Hikkaduwa
☎ 091-2277850

●その他のダイビングスクール
ヒッカドゥワにはダイビングスクールが何軒かある。料金は同じく、以下いずれもPADIライセンスの取得が可能。

★**ブルーディープ・ダイブセンター**
Blue Deep Dive Centre

271, Galle Road, Hikkaduwa
☎ 077-3229031　FAX 091-2276608

★**国際ダイビングスクール**
International Diving School

326, Galle Road, Hikkaduwa
☎ 071-7251024
🌐 www.internationaldivingschool.com

ポセイドン・ダイビングステーション
Poseidon Diving Station

11～4月のオンシーズンであれば、プロインストラクターのダイビング指導によるダイブツアーのほか、Professional Association of Diving Instructors(PADI)のライセンスを数日で取得するコースがある。長期滞在も想定され、宿泊施設も備えているので空室があれば低料金での宿泊が可能。全16室。

PADIライセンスコース（オープンウォーター）：€265
Galle Road, Hikkaduwa
☎ 091-2277294　FAX 091-2276607
🌐 www.divingsrilanka.com
✉ info@divingsrilanka.com

宿泊施設(高級・リゾート)

コーラルサンズホテル
Coral Sands Hotel

珊瑚礁に近い位置にあるビーチリゾートホテル。バルコニーから珊瑚礁を見渡せる造りがポイント。サーフィン、シュノーケル、スキューバダイビング、リバーサファリ、ホェールウォッチング、アーユルヴェーダマッサージ・トリートメントなどオプションも充実。ロブスターを始めとするシーフード料理も自慢。Wi-Fiやインターネット接続サービスもあり装備に不自由はない。

全82室
Ⓢ$92～　Ⓓ$98～　Ⓣ$125～　10% SC　TAX, TOTAL 24%
326, Galle Road, Hikkaduwa
☎ 091-2277513, 2277436　FAX 091-4383225
🌐 www.coralsandshotels.com　✉ coralsands@stmail.lk

チャアヤトランズ・ヒッカドゥワ
Chaaya Tranz Hikkaduwa

旧名コーラルガーデンズホテル。ベンタビーチホテルと同系列のシナモンホテル経営に組み込まれた。四つ星を獲得し、サービスには以前から定評がある。ホスピタリティーからマリンアクティビティーサービスまで、あらゆる面で満足が行く手堅いホテル。レストランは蟹料理がお薦め。　地図2

全150室　★★★★
Ⓢ$180〜 Ⓓ$200〜 Ⓣ$250〜　TAX, TOTAL 15%
※小児は食事代金割引サービスあり
Hikkaduwa
☎ 091-2277023, 2278000　🖷 091-2277189
【予約先】Keells Hotel Management Services Ltd. 130, Glennie Street, Colombo-2
☎ 011-2306600　🖷 011-2320862
🏠 www.cinnamonhotels.com/ChaayaTranzHikkaduwa.htm
✉ reservation@chaayahotels.com

シトラス
Citrus

旧名アマヤリーフ。重厚な雰囲気の館内で、異空間に佇んでいるような独創的な演出が良い。客室の細かい部分にもデザイナーのセンスがうかがえる。料金的にも妥当でありながら、海を一望できるスイミングプール、アーユルヴェーダ施術、マリンアクティビティーサービスなど、サービスも充実。　地図2

全90室
[スタンダード] Ⓢ$80〜 Ⓓ$96〜 [デラックス] Ⓢ$88〜 Ⓓ$104〜
400, Galle Road, Hikkaduwa
☎ 091-5560001〜5　🖷 091-4383243
🏠 www.citrusleisure.com　✉ info@citrusleisure.com

コーラルロック・バイ・アマヤ
Coral Rock by Amaya

町の中心部からゴールロードを南下し100mほどの距離に位置するアマヤグループ経営リゾート。館内は子供向けのサービスも充実。ホテル周辺はダイビングスクールが多い。　地図1

全65室
Ⓢ$92〜 Ⓓ$98〜 Ⓣ$125〜　TAX, TOTAL 24%
340, Galle Road, Hikkaduwa
☎ 091-2277021　🖷 091-2277521
🏠 www.amayacoralrock.com
✉ coralrock@amayaresorts.com

ホテル・スイートランカ
Hotel Suite Lanka

ビーチに面した高級ゲストハウス。館内設備は清潔感を追求され、町の中心部からやや離れており静けさも併せ持つ。連泊割引サービスが有り、新婚旅行等に最適。　地図2

全6室
[スーペリア] €116〜
[デラックス] €148〜
[スイート] Ⓢ€198〜 Ⓓ€258〜
Thiranagama, Hikkaduwa
☎ 091-2277136
🏠 www.suite-lanka.com
✉ contact@suitelanka.com

ランカ・スーパーコーラルズ
Lanka Super Corals

珊瑚礁に近い抜群のロケーションと各部屋に海が見渡せるバルコニー付きで人気が高い。館内はショッピングアーケード、Wi-Fiサービスもあり、近代的設備が整っている。各種オプショナルツアーも充実。　地図2

全75室
Ⓢ$50〜 Ⓓ$60〜 Ⓣ$70〜　TAX, TOTAL 22%
390, Galle Road, Hikkaduwa
☎ 091-2277387, 4383385
🖷 091-4383384
🏠 www.hotellankasupercorals.com
✉ supercorals@sltnet.lk

ヒッカドゥワ・ビーチホテル
Hikkaduwa Beach Hotel

津波被害後に修復とサービス改善を続け、現在は居心地の良いきれいな宿へと成長。町の中心部に近いロケーション。27室が海向き。　地図1

全55室
Ⓢ$60〜　Ⓓ$68〜　Ⓣ$80〜
298, Galle Road, Hikkaduwa
☎ 091-2277327　FAX 091-2277174
www.hbeachhotel.com
inquiry@hbeachhotel.com

宿泊施設（ミドルクラス・エコノミー）

ニッポンヴィラ・ビーチリゾート
Nippon Villa Beach Resort

海に面したプールと専用ビーチを用意。サーフポイントに位置するため、サーファーに人気。オーナーは大の日本びいきで、日本語でのコミュニケーションが可能。コストパフォーマンス良好。　地図2

全25室
[スタンダード] $42〜
【スイート】$70〜
412-D, Galle Road, Wewala, Hikkaduwa
☎ 091-4383095　FAX 091-2277103
www.nipponvillabeach.com
nipponvilla@emailsrilanka.com

スニルズ・ビーチホテル
Sunils Beach Hotel

低料金の割りにサービスが行き届いている。海に面しているのも良い。　地図2

エアコン付き45室　エアコン無し10室
Ⓢ$35〜　Ⓓ$40〜　Ⓣ$45〜　TAX, TOTAL 22%
Narigama, Hikkaduwa
☎ 091-2277186　FAX 091-2277187
www.sunilsbeach.com
sunilsbeach@sltnet.lk
【予約先】Sunils Beach Hotels Ltd.
48, Ambatale, Mulleriyawa New Town
☎ 091-7200126　FAX 011-2414307
sunilsd@sltnet.lk

お薦めの飲食店

ママズ・ビーチレストラン
Mamas Beach Restaurant

シーフード料理でお薦めのレストラン。蟹やロブスターのほか、鮫料理が楽しめる。ビーチに面したロケーションであることに加え、一緒に運営されている宿泊施設もオプショナルツアーが充実していて便利。宿泊参考予算は$30〜。　地図1

【営業時間】11:00〜23:00
338, Galle Road, Hikkaduwa
☎ 091-2275488
mamascoralbeach
mamascoralbeach@gmail.com

クールスポット
Cool Spot

40年以上続いている老舗レストラン。シーフード料理が自慢。値は張らずRs.1,000もあれば十分に食べられる。味がそこそこ良い。　地図2

327, Galle Road, Hikkaduwa

ロティレストラン
Roti Restaurant

スリランカを代表するローカルフードのロティを、通常ならカレーを浸して食べるところ、チーズ、アボカド、サラミ、バナナ、蜂蜜など60種類もの味付けで提供するアイディアスナックショップ。参考予算はRs.400〜。　地図2

373, Galle Road, Hikkaduwa
☎ 091-2277354

シービュー・ピザハウス
Sea View Pizaa House

ピザ料理とシーフードを提供する。参考予算はRs.500程度。　地図2

297, Galle Road, Hikkaduwa
☎ 091-2277014

Galle ゴール

南西海岸～カタラガマ

概要

　ゴールの旧市街フォートエリアは城壁と砦が支配期当時のまま残され、ほかの地域と比べても異彩を放つ。**1988年にはユネスコ世界遺産として登録され**、南部の中で最もコロニアルなムードを漂わせる歴史・文化的に重要な場所。実際にフォートの城壁の上に佇めば、時の流れを感じさせず、この地が何百年もこのまま残されていることに感嘆させられる。

　地名の由来はいろいろと議論されるが、有力な説は、現地名ガーッラ（サンスクリット語で平和）の単純な訛りか、シンハラ語のガル（岩）の意味からとされる。

　ゴールの地名が歴史に浮上するのはポルトガル統治時代以前の1344年、モロッコのイブン・バトゥータの来島まで遡る。後の1505年、ポルトガルのロレンツォ・アルメイダがアクシデントによりゴールに偶然の漂着。本国にスリランカ島の情報が伝えられ、その82年後にはポルトガルによるスリランカ統治が始まり、1640年のオランダ支配まで主従関係が続いた。オランダの支配が始まるとゴールの砦はさらに強固さを増し、アジアを取り巻くオランダ東インド会社の一拠点となる。そして1796年のイギリス支配開始後は、ほぼ現在の形に整備される。

　独立後はフォートを取り壊す案も浮上したが、耐久力のある造りこみの良さを評価し、あえて残すことに決定。この決定が後の津波災害で功を奏すとは誰も予想だにしなかった。津波襲来時、この地域も水位が上がり絶望視されたところ、支配期に造られた排水溝がフォートに押し寄せた波水を吐き出し、町を浸水から救ったのである。

　西洋列強の支配だけがゴール交易の歴史ではなく、15世紀には中国人の往来があり、今でもその名残が新市街の"China Gardens"として見られる。例えば通りにある適当な商店やレストランに入ってみると分かるが、店主が中国人との混血児だったりする。

　宿泊施設はフォート内の旧市街に集中し、どれもリーズナブルな割には管理が行き届いている。ビーチリゾートの類は国策のため町の中心部には存在しない。

交通手段

【バス】 コロンボからゴール行きに乗車すれば一番楽。所要約2時間半〜3時間。インターシティーバスはRs.295、ノーマルがRs.147。マータラからは1時間で、ノーマルバスRs.67。コロンボ郊外のマハラガマからは高速バスに乗車できる。6:00、8:00、10:00、12:30、14:30、16:45の発車で所要1時間半、Rs.400。**【鉄道】** 本数が多くこちらも便利。コロンボからの始発列車の多くがフォート駅ではなくマラダーナ駅となるので注意。所要2時間半〜3時間、2等Rs.180、3等Rs.100。マータラからは3等Rs.40で所要約40分〜1時間。

南西海岸〜カタラガマ

観光スポット＆アクティビティー

ヒストリカルマンションミュージアム
Historical Mansion Museum

各植民地時代の宝石や沈没船から引き揚げられた装飾品を数多く展示。宝石研磨の実演や販売も行っている。 地図2

【開館時間】9:00 ～ 17:30　※金曜日 12:00 ～ 14:00 は回教礼拝のため一時休館
31-39, Leyn Bann Street, Fort, Galle
☎ 091-2234114　📠 091-4380127
✉ historicalmansion@yahoo.com

国立海洋博物館
National Maritime Museum

植民地時代の海上貿易に関する資料や遺産を展示。建物そのものを観て当時に思いを馳せる楽しみ方も良い。 地図2

【開館時間】9:00 ～ 17:00
　　　　　※休館：日・月・祝祭日
【入場料】Rs.300
The Old Dutch Gate, Queen Street, Fort, Galle
☎ 091-2242261

オランダ教会
Dutch Reformed Church

1640 年の建造。現在の建物は 1755 年、フロアにオランダ人墓地の墓石を敷き詰めて改築。置かれているオルガンは 1760 年のもの。 地図2

【開館時間】9:00 ～ 17:00
Church Street, Fort, Galle

国立文化博物館
National Museum

フォートで最も古いオランダ統治時代の建物で 1656 年に造られている。植民地時代の陶器、調度品、中国交流期のものと思われるものなど、スリランカ南方の文化遺産を多数展示。 地図2

【開館時間】9:00 ～ 17:00
　　　　　※休館：日・月・祝祭日
【入場料】Rs.300
Church Street, Fort, Galle
☎ 091-2232051

スリランカ Q&A

Q
ゴールの砦の上を歩いていると売り子が現れ「あれを買え、これを買え」とせがみます。どうしたらいいのでしょうか？

A
あなたにとって魅力のあるものであれば交渉となりますが、不要なものは躊躇せずに "No"、シンハラ語で「エパー」と言って断わりましょう。彼らは断られることに慣れています。

宿泊施設(高級・リゾート)

ザ・ダッチハウス & ザ・サンハウス
The Dutch House & The Sun House

【写真左列:ザ・ダッチハウス】建築は1712年のまさしくオランダ統治時代のもの。4種のスイートのみの設定でコロニアルな世界を堪能するためのリゾート。国内ランキングトップ10入りの実力派。【写真右列:ザ・サンハウス】1860年代に建造されたものをベースとしていて、こちらもムードは良い。ザ・ダッチハウスより料金はやや低め。このエリアは新市街の中心部から徒歩で移動できる距離でありながらも喧騒がないため、ほかにも数軒のホテルが集まる。　　地図1

【ザ・ダッチハウス】全4室
　【スイート】$320〜$400(クリスマスシーズン)10% SC　TAX, TOTAL 26%
🌐 www.thedutchhouse.com
【ザ・サンハウス】全7室
　【スタンダード】$175〜220【デラックス】$200〜250
　【スイート】$260〜325(クリスマスシーズンは最高値)
　10% SC　TAX, TOTAL 26%
🌐 www.thesunhouse.com
18, Upper Dickson Road, Galle　☎ 091-4380275　📠 091-2222624
【両ホテル予約先】✉ info@thesunhouse.com

アマンガッラ
Amangalla

旧名ニューオリエンタルホテル。1863年に建てられ、植民地時代の風情と最高級サービスを完全再現。かなり値段は張るが、徹底的なこだわりから相応の満足を得られるだろう。旧市街、砦の中のロケーションという点でも興味深い。　地図2

全28室
【ベッドルーム】$550〜725
【スイート】$750〜950
【アマンガッラスイート】$1,100〜1,400
10% SC　TAX, TOTAL 26.2%
10, Church Street, Fort, Galle
☎ 091-2233388　📠 091-2233355
🌐 amanresorts.com/amangalla/
✉ amangalla@amanresorts.com
【予約先】☎ 011-2035700　📠 011-2555922
✉ reservations@amanresorts.com

クローズンバーグホテル
Closenberg Hotel

テラスから旧市街とゴール湾を眺められるロケーションのホテル。1860年に建造され、長い廊下、家具類、ドア、柱など、オランダ統治時代の雰囲気を大切にしつつ、エアコン(16室)やホットシャワーなどのアイテムを巧みに融合させ現代風にアレンジ。意外にもこのホテルは1889年の段階でエージェントのフランシス・ベイリーから親友のスリランカ人の手に渡っている。　地図1

全20室
Ⓢ$125〜　Ⓓ$150〜　Ⓣ$175〜
11, Closenburg Road, Magalle, Galle
☎ 091-2224313　📠 091-2232241
🌐 www.closenberghotel.com
✉ closenberghtl@sltnet.lk

南西海岸〜カタラガマ

128

ジェットウィング・ライトハウス

Jetwing Light House

　町の中心部からヒッカドゥワ方向へ2km半ほど進んだ地点にあるジェフリー・バワデザインのリゾートホテル。崖の上に位置するため、室内・レストランからの見晴らしがとても良く、ビーチにも出られる。アーユルヴェーダ式スパも優雅なひとときを与えてくれる。　地図1

全85室
[デラックス] $175〜　**[スーパーデラックス]** $215〜　**[スイート]** $334〜
Dadella, Galle
☎ 091-2223744, 2224017　📠 091-2224021
🏠 www.jetwinghotels.com/jetwinglighthouse/　✉ lighthouse@jetwinghotels.com

レディーヒル

Lady Hill

　ザ・ダッチハウスと同じエリア、丘の上に位置するリゾートホテル。100年以上前に教会として建てられたものを修復して使用。館内の細かい部分にデザイナーのこだわりを感じさせる。室内の造りこみもユニークで清潔感にあふれ、それでいて落ち着きも持たせてある。どちらかといえば個性的で一味違う宿を求める方にお薦め。　地図1

全15室　★
⑤$111〜　**⑩**$120〜　**⑪**$129〜
29, Upper Dickson Road, Galle
☎ 091-2244322, 5450950　📠 091-2234855
🏠 www.ladyhillsl.com　✉ ladyhill@sltnet.lk ; info@ladyhillsl.com

宿泊施設（ミドルクラス・エコノミー）

ランパートビュー・ゲストハウス
Rampart View Guest House

客室通路と屋上からインド洋が砦越しに一望できる。レストランもメニューが充実。オーナーのラウフ氏は９ヶ国語を話せる。　地図2

全5室
Rs.3,000〜10,000
37, Rampart Street, Fort, Galle
☎ 091-4928781, 4380566
🌐 www.gallefortrampartview.com
✉ rampartviewguesthouse@gmail.com

ニュー・オールド・ダッチハウス
New Old Dutch House

オランダ時代の建物を使ったゲストハウス。砦内に位置し、安価でコロニアルムードを楽しめるためヨーロピアンに人気。館内レストランあり。　地図2

エアコン付き3室　ファン3室
【ファン】$20〜　【エアコン】$30〜
21, Middle Street, Fort, Galle
☎ 091-2232987　📠 4384920
🌐 www.newolddutchhouse.lk
✉ newolddutch@sltnet.lk

お薦めの飲食店

インディアンハット
Indian Hut

フォート南端に位置する北インド、中華、スリランカ料理の店。佇まいは古くHALALに準拠するためアルコール類や豚肉は扱わないが、料理の味は好評。上階に客席を設けており、砦越しに海が見えるロケーションにしてある。参考予算はRs.300〜。　地図2

55, Rampart Street, Galle Fort, Galle
☎ 091-2227442

アローラ
Allora

料理はパスタやピザなどのイタリアンがメイン。参考予算はRs.1,000〜。フレッシュジュースもおいしい。　地図2

【営業時間】11:00〜22:00
47, Lighthouse Street, Fort, Galle
☎ 077-2527060

アヌーラズレストラン＆カフェ
Anura's Restaurant & Cafe

スリランカ料理と西洋料理を食べられる。ピザ類がおいしい。参考予算はRs.500前後。　地図2

【営業時間】9:00〜21:00
0, Lighthouse Street, Fort, Galle
☎ 091-2224354

お薦めのショップ

オーキッドハウス
Orchid House

紅茶、スパイス、アーユルヴェーダハーバルグッズ、宝石、象の足を模したマグカップなどを販売。スリランカの土産物、贈答用などに。　地図2

28A, Hospital Street, Fort, Galle
☎ 091-7429090　📠 091-7429091
🌐 www.orchid-house.net
✉ yameen@orchid-house.net

Unawatuna ウナワトゥナ

概要

この界隈から南東方面は小さな湾が多くなり、海水はベストシーズンを迎えるとエメラルドグリーンに輝く。メインロードを走行する長距離バスや列車の車窓からもきらびやかな海水に見とれてしまう。特にウナワトゥナは守られた珊瑚礁と静かで良質のビーチを堪能できるため、隠れ家的な位置づけとしてヨーロピアン観光客に人気が高い。南東約3kmのタルペは南向きのビーチのある静かな村。太陽光が強く、マリンアクティビティーを存分に楽しめる。元来は猟師村で、ストルトフィッシャーマンと呼ばれる海面に挿した棒に跨って釣竿をかざす古式漁法が多く見れるのもこの地域の特色。主に早朝の6時～8時ごろ、夕刻16時～18時までが盛ん。

交通手段
ゴールからマータラ方面行きローカルバスに乗車して途中下車するのがRs.20と安くて便利。コロンボ始発マータラ行きのバスで途中下車する手段も可能。鉄道も本数がそこそこあるので出発時間の折り合いが付けば利用可能。駅からビーチまで1～2km。

● ダイビングスクール

ウナワトゥナの海岸もダイビングやサーフィンに適しており、PADIライセンスの取得が可能なスクールが存在する。コースは€300。装備品のレンタルあり。

★ **ウナワトゥナダイビングセンター** Unawatuna Diving Centre
Peellagoda, Unawautuna
☎ 091-2242015
🌐 www.unawatunadive.com
✉ info@unawatunadive.com

★ **サブマリンダイビングスクール** Submarine Diving School
Walla Dewala Road, Unawatuna
☎ 077-7196753

宿泊施設

ウナワトゥナ・ビーチリゾート
Unawatuna Beach Resort

湾内のビーチリゾートで優雅に楽しむ人向け。開業は1982年と実績は長く、国内外において知名度は高い。室内は全体として明るくカラフルなデザイン。ジムやヨガクラスなどの館内サービス、マリンアクティビティーやサファリなどのツアー、シーフードレストランなどでも滞在を盛り上げてくれる。

全90室
[スーペリア] Ⓢ$90〜 Ⓓ$105〜 **[デラックス]** Ⓢ$109〜 Ⓓ$122〜 Ⓣ$154〜
Parangiyawaththa, Unawatuna
☎ 091-4384545〜8 FAX 091-2232247
www.unawatunabeachresort.com ✉ sec@ubr.com.lk

アーユルヴェーダ・パラゴン
Ayurveda Paragon

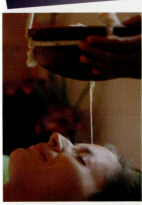

タルペサイドになるが、体質改善を目的とする本格的アーユルヴェーダのビーチリゾート。施術は国内でトップレベルとされ、スリランカ厚生省より表彰を受けている。そのアーユルヴェーダのこだわりは全室エアコンを設けず、レストランの料理もアーユルヴェーダに則ったものを提供するほど。真南にあるタルペの光を浴びて健康的に過ごすためのお薦めの宿。Web割引あり。

全84室
[14日コース] Ⓢ€1,750〜 Ⓓ€1,582〜 **[21日コース]** Ⓢ€2,520〜 Ⓓ€2,268〜
1002, Matara Road, Talpe
☎ 091-4384886 FAX 091-4384889
www.paragonsrilanka.com ✉ info@paragonsrilanka.com

南西海岸〜カタラガマ

Weligama 〜 Mirissa ウェリガマ〜ミリッサ

概要

　ウェリガマとは現地語で"砂浜の村"。実際に砂浜がきれいな漁村で、早朝はストルトフィッシャーマンの姿を多く見掛ける。ゴールから東約30kmに位置し、ここまで来るとローカル色が濃くなり、感じられる時流も緩やかになる。
　バイパスを歩くと小島タプロバネに建てられた宿泊施設が見えてくる。この島と宿泊施設自体がウェリガマの風景となっている。
　ミリッサも居心地の良い宿が点在し、隠れ家的なビーチを堪能できる。マリンアクティビティー愛好家もこのエリアを好む傾向にある。近年ではミリッサのホェールウォッチングが盛ん。

交通手段　【バス】コロンボからマータラ行きバスで約3時間弱。ゴール、マータラ双方からもバスが頻繁に走る。ゴールから Rs.59。【鉄道】コロンボ始発マータラ行きのほか、ゴール〜マータラ運行が日に数本ある。時間さえ合わせられれば便利。ゴールから3等 Rs.30。

宿泊施設（高級・リゾート）

バーベリンビーチ・アーユルヴェーダリゾート
Barberyn Beach Ayurveda Resort

　ベールワラのバーベリンリーフと同系列の本格式アーユルヴェーダリゾート。25年の実績を持つアーユルヴェーダトリートメントサービスもバーベリンリーフ同等に提供される。地域全体として落ち着いた雰囲気でより静かなビーチロケーションを求めるならばこちらがお薦め。

全60室
[クラシック] Ⓢ$156 〜 Ⓓ$221 〜 **[デラックス]** Ⓢ$176 〜 Ⓓ$241 〜
[デラックス・ステューディオ] Ⓢ$189 〜 Ⓓ$254 〜
アーユルヴェーダ治療：別途€490/週
Weligama
☎ 041-2252994 〜 5　📠 041-2252993
🏠 www.barberynresorts.com　✉ beachresort@barberyn.lk
【予約先】 Barberyn Reef Ayurveda Resort　Moragalla, Beruwala
☎ 034-2276036　📠 034-2276037　✉ barbrese@slt.lk

タプロバネアイランド
Taprobane Island

　小島に建てられた家を一般観光客に宿泊施設として開放している。1920年にフランス人亡命者によって建てられ、後にアメリカ人作家ポール・バウルズが所有主となり、世界中の著名人が滞在するようになる。小島との往来は干潮時は徒歩、満潮時はボートか象の背に乗って渡る。

全5室
$1000 〜　TAX 16%
【予約先】 The Sun House, 18, Upper Dikson Road, Galle
☎ 091-4380275　📠 091-2222624
🏠 www.taprobaneisland.com　✉ info@thesunhouse.com

ハイランドヴィラ
Highland Villa

高台に位置する宿で、湾を上から見下ろすことができる。館内は上品にまとめられ居心地は上々。

全11室
[バンガロー] $300〜 **[ヒルトップヴィラ]** $750〜 **[キトゥルヴィラ]** $600〜
Abimanagama road, Weligama
☎ 041-2254314
🌐 highland-villa.info/
✉ lanka.highland@gmail.com

マンダラリゾート
Mandara Resort

この地域では比較的スタンダードな高級ビーチリゾートに徹しているタイプ。あらゆる設備が真新しい。

全20室
Ⓢ$175〜 Ⓓ$200〜 Ⓣ$225〜
Mirissa, Weligama
☎ 041-2253993〜4
📠 041-2253706
🌐 mandararesort.com
✉ mandararesort@sltnet.lk

宿泊施設（ミドルクラス・エコノミー）

サマル・ビーチハウス
Samaru Beach House

小ぎれいなゲストハウス。ビーチに直結しているので便利。小ぶりなプールとレストラン設備もある。

全8室
[エアコン付き] Ⓢ$38〜 Ⓓ$49〜
[ファン] Ⓢ$30〜 Ⓓ$42〜 10% SC
544, New Bypass Road, Weligama
☎ 041-2251417
🌐 www.guesthouse-weligamasamaru.com
✉ weligama79@yahoo.com

ベイ・ビーチホテル
Bay Beach Hotel

ビーチリゾート機能のほか、ボートセイリングやダイビングなどのマリンアクティビティーサービスを充実させている。館内は全体的に静かな印象。

全60室
Ⓢ/Ⓓ$50〜 Ⓣ$55〜
Kapparatota, Weligama
☎/📠 041-2250201
🌐 www.baybeachhotel.com
✉ baybeachhotel@sltnet.lk

アマラシンハ・ゲストハウス
Amarasinghe Guest House

ミリッサのアットホームな宿。設備は改善が施されている。アーユルヴェーダセンターや旅行者向けスリランカ料理教室を取り入れた。

全10室
$40〜55
Udupila, Mirissa, Matara
☎ 041-2251204
🌐 www.amarasingheguesthouse.com
✉ info@amarasingheguesthouse.com

7thスカイアイディル
7th Sky Idyll

サーフィンに適した波を堪能できる、ビーチゲストハウス。ビーチには海亀が産卵に来ることもある。ウェリガマからウナワトゥナ方向に約10kmの位置にある。

全10室
[ファン] Rs.6,000 **[エアコン付き]** Rs.7,000
Welhengoda, Ahangama
☎ 091-2282268
🌐 www.andreahaeussermann.de/index2.html
✉ 7thskyidyll@gmail.com

スリランカ Q&A

Q
ストルトフィッシャーマンの写真を撮ったら現金を要求され当惑しました。この場合はどう対処したら良いのでしょうか？

A
ストルトフィッシャーマンに限ったことではありませんが、生活の苦しい人、沿岸部では2004年のスマトラ島沖地震で発生した津波で家や家族を失った方も珍しくありません。「撮影させてもらっているのだから」という気持ちで謝礼を払えばお互いに気分を害さずに済むでしょう。ただ、観光客相手のボッタクリみたいな輩も存在するので注意が必要。撮影前に値段交渉しておくことをお薦めします。

南西海岸〜カタラガマ

Matara マータラ

概要

　現時点での鉄道（コーストライン）の終着駅のある町。ここから先はハンバントタ・カタラガマまで鉄道路線の延長が予定されている。

　マータラ最大の特徴は、1763 年、オランダ統治時代にオランダ東インド会社を保護する目的で築かれた要塞の存在。実際に要塞の近辺を歩いてみるとゴールに似たコロニアルなムードを強く感じさせるが、町全体としてはスリランカの地方都市といったムードで、交通量は多いものの雰囲気としてはとてものどか。近年では洒落たバティックショップや飲食店が増加傾向にある。町の中心部から南西 2km のポルヘナ地区には上質なビーチがあり、簡単な珊瑚礁観賞やシュノーケルが楽しめる。また、サーファーにも満足の行くウェーブポイントもある。手ごろな宿が点在しているため、バックパッカー系にも好評。このエリアはカタラガマやバドゥッラなど、ほかの都市へ向かう際の中継地として活用しやすく、キャンディ、ヌワラエリヤ、ラトゥナプラにもアクセスしやすい。

　内陸側に入るとバードウォッチングポイントがあり、ホェール・ドルフィンウォッチングとともに、このエリアを拠点にして楽しむことができる。

交通手段　【バス】各方面からのアクセスが可能。コロンボから所要 3 時間半～4 時間、インターシティーで Rs.395。ハイウェイバスは 1.5 時間で Rs.1,000。ゴールから約 1 時間でノーマル Rs.64、ラトゥナプラから 4 時間弱 Rs.215、バドゥッラから約 5 時間半 Rs.279、ヌワラエリヤから 8 時間、インターシティーで Rs.492、ノーマル Rs.328、マータレーから 7 時間 Rs.368、タンガッラから約 2 時間 Rs.59。【鉄道】コロンボから約 3 時間半で 2 等 Rs.230、3 等 Rs.130。ゴールからは 1 時間ほど。2 等 Rs.80、3 等 Rs.40。ゴールとの区間運転を含めると本数は多め。

観光スポット＆アクティビティー

スター要塞　Star Fort
上空から見ると六芒星のような形をしている。砦を補う目的で1765年に建造。規模は小さく、一部役人の護衛用としてのみ機能していた。見学は10〜17時。

オランダ砦　Dutch Rampart
18世紀にオランダ東インド会社管理事務所を侵略者から保護するために建造。時計塔は英国当地時代の1883年に建てられた。

パレイ島　Parey Duwa
バス乗り場前に見える小島に架けられた橋を渡ると仏教寺院がある。たどり着くと僧侶が現れ、寺の内部を親切に案内してくれる。橋のたもとで販売されているお供え物を寺に授け、案内してくれる僧侶にはお布施を渡すと良い。カルタラボディヤ同様、旅の安全祈願が主な目的で、交通の要所らしい計らいがある。

近年新しいアーチが完成したパレイ島。

宿泊施設

ポルヘナリーフガーデン　Polhena Reef Garden
フレンドリーなミドルクラス宿泊施設。サービスが行き届き、料金は比較的良心的。全体的に清潔感がある点も高評価。

全18室
[スタンダード] $50〜
[デラックス] $60〜
30, Beach Road, Polhena, Matara
☎ 041-2222478　 041-2226791
✉ prghotel@gmail.com

ブラウンズビーチレスト　Brown's Beach Rest
全室ビーチ向きでほかのものが視界に入らない広々とした構造。スポーツ施設も充実。町の中心部に近く便利。

全15室
Ⓢ $25〜 Ⓓ $30〜
39/B, Beach Road, Matara
☎ 041-2226298

パールクリフホテル　Pearl Cliff Hotel
高台に位置し、タンガッラロードの喧騒から離れている。バスターミナルから1kmほどの距離なので徒歩でも移動可能。館内の装飾品は十分で上品さがある。レストランはシーフードを中心にスリランカ・西洋風を選べる。

全10室
ⓈRs.5,000〜 ⒹRs.5,500〜 ⓉRs.6,000〜
10% SC
25/C, Browns Hill, Matara
☎ 041-2220222　 041-2227066
 www.pearlcliff.com
✉ info@pearlcliff.com

ホテルT.K.グリーンガーデン　Hotel T.K. Green Garden
値の張らない宿泊施設。敷地は広く開放感があり、室内は清潔。バード・ホェールウォッチング、リバーサファリ、ハーバルガーデンの見学なども承る。

全11室
[エアコン付き] $25〜 [ファン] $14〜
116/1 Polhena Beach Rd, Matara
☎ 041-2222603, 2225536

● ツーリストインフォメーションセンター
Tourist Information Centre Matara
観光見所、宿泊施設探し、現地の生活に関することや病院の紹介など、情報収集に役立つ。
11：00〜17：00
5A, C.A Ariyathilaka Mawatha, Matara
☎ 041-2229883
 www.infomatara.com

Useful Information
海外旅行保険の話だが、一般的には疾病と傷害の特約が付帯される。もしも現地で高額の医療費がかかる場合、帰国後請求のために必ず医師の診断書と医療費・処方薬の領収書は持ち帰るよう心掛けたい。また疾病・傷害ともに保険適用期間内に起これば、帰国後も継続する症状の医療費が期間限定で請求対象となる保険がほとんどなので、面倒ではあるが、かかる費用の領収書は捨てずにおくこと。なお疾病は帰国後に発病した場合、一般的に72時間以内に初診を受けないと請求ができなくなる場合があるので注意。
マータラは医療機関が充実しており、南部で外国人が重病を患った場合の大半はいったんマータラまで搬送されるので覚えておくと良い。

Tangalla タンガッラ

概要

このエリアも優雅にビーチライフを楽しめるお薦めスポット。町はオランダ占領期に整備が進みシンプルでわかりやすくまとまっているが、砦や城壁のようなものはなく、オランダ支配時の役人宿舎であった現レストハウスが当時の形を留める程度である。タンガッラは別名"Tangalle（タンゴール）"とも呼ばれる。

この界隈を境に、東方面はドライ

ゾーンへと変化し、草木は低くなり、ところどころでサボテンが見られるようになる。

タンガッラに限らず南部は水牛が多く生息することから、"カード"と呼ばれる発酵乳の生産・販売が盛ん。通り沿いや街中など、多くの場所で素焼きに入れられたカードが見られる。整腸作用がありヨーグルトより濃厚な味わい。是非とも現地の人と同じようにキトゥル（孔雀椰子の蜜）をかけて食べてみていただきたい。

交通手段

コロンボからカタラガマ行きかタンガッラ行きバスで約5時間、インターシティーRs.366。ゴールから約2時間でRs.103。マータラから約1時間でRs.57。ハンバントタから約1時間Rs.74。ティッサマハーラーマから約1時間半Rs.97。

宿泊施設

タンガッラ・ベイホテル
Tangalla Bay Hotel

岬に立地するリゾートホテル。岸壁に停泊する客船をモチーフにしたユニークな造形。全室インド洋に面したバルコニー付きで、特異な高級感を味わえる。

全34室 ★★
$60～
Pallikaduwa, Tangalla
☎/📠 047-2240346
✉ infotbh@eureka.lk

パームパラダイスカバナス
Palm Paradise Cabanas

森の中に木造のヴィラとカバナを用意。ビーチと森林を同時に楽しめるロケーション。レストランやWi-Fiインターネット装備もあり。

全22室
[カバナ] Ⓢ$62～ Ⓓ$68～
[ヴィラ] Ⓢ$82～ Ⓓ$102～
Goyambokka, Tangalle
☎/📠 047-2240338
🌐 www.beach.lk
✉ reservepalmparadise@gmail.com

エヴァランカホテル
Eva Lanka Hotel

森林とインド洋を一手に楽しめるロケーション。森林には野鳥が多く潜み、簡単なバードウォッチングが可能。イタリアンとアーユルヴェーダ式レストランを設置。部屋はコテージタイプ。

全23室
Ⓢ$63～ Ⓓ$72～ Ⓣ$80～
Unakuruwa, Tangalle
☎ 047-2240904 📠 047-2240941
🌐 www.eva.lk ✉ info@eva.lk

ココ・タンガッラ
Coco Tangalla

白と黒を基調にしたスタイリッシュな新しい宿。プールから優雅な気分で海を眺め、シーフード料理をぜいたくに楽しめる。

全6室
$120～ [全室貸切] $670～
335, Mahawella Road, Tangalle
☎ 081-7201115
🌐 www.cocotangalla.com
✉ info@cocotangalla.com

ザ・ビーチハウス
The Beach House

ザ・サンハウス系列の運営する高級ビーチリゾート。Edmund Banfieldが最初に建築したものをアレンジし、全5部屋（ダブル4室、ツイン1室）のスイートとしている。タンガッラでビーチを楽しみながらぜいたくかつ個性を演出したい人向けで、海が静かなことから新婚旅行目的で好評。石窟寺院、海亀の孵化見学、バードウォッチングなど周辺のツアーも充実させている。

全5室
[スイート] $850～1,750（クリスマスシーズンは最高値）
【予約先】The Sun House, 18, Upper Dickson Road, Galle
☎ 091-4380275 📠 091-2222624
🌐 www.thesunhouse.com
✉ info@thesunhouse.com

Hambantota ハンバントタ

概要

　マヒンダ・ラージャパクサ前大統領の出身地であり、この地に建設された第2の国際空港"マッタラ・ラージャパクサ国際空港"の名はまさに彼の名にちなんでいる。今後は沿岸部の整備、鉄道の開通やリゾート開発など、発展が期待される地域である。
　本来あるハンバントタの姿は、マレー系ムスリムが多く住む静かな漁師町。この地域に住むムスリムの多くはマレー語を理解するのが特徴。礼拝の時間になると町中にコーランが鳴り響き、早朝のマーケットは活気づき、日中から夜にかけて湾にたくさんの漁船が停泊する。ハンバントタの別の特色としては塩田が挙げられ、強烈な太陽がミネラル分を多く含む、薄らと甘味のある塩を生み出す。
　世界的有名作家 Virginia Woolf が 1908 ～ 1911 年に生活を送った地でもあり、『Village in the Jungle』で彼のハンバントタでの経験が記述されていることは有名。
　ブンダラ国立公園が近い位置にあり、ハンバントタを拠点にすると便利。

交通手段　コロンボからカタラガマ行きバスで約7時間、インターシティーで Rs.570、ノーマル Rs.285。マータラから約2時間 Rs.115、ティッサマハーラーマから約0.5時間 Rs.51。空路はバンダーラナーヤカ～マッタラ・ラージャパクサ間が日に3便あり、所要40分程度。この界隈が観光目的であればバンダーラナーヤカ空港で乗り継ぐと便利。

観光スポット＆アクティビティー

ブンダーラ国立公園
Bundala National Park

　62㎢の区画内に150種以上の鳥類が生息。シベリアやインド北部で寒くなる8〜4月、越冬するためにこの地に渡ってくる種が見られる。フラミンゴは最大で2000羽にも達する。数は少ないが象や豹もこのエリアで生息する。

【入場料】[大人] $10 [子供] $5
[ジープ] Rs.250 [バス] Rs.400
TAX, TOTAL 12%

 ## 宿泊施設

ジ・オアシス・アーユルヴェーダリゾート
The Oasis Ayurveda Resort

　ドイツ人向け本格治療目的のリゾートを各国旅行者向けにサービスを拡大。施術は日帰りから長期滞在フルコースまで旅行者のスケジュールに応じて設定。ビーチとの距離を置き波音が聞こえないよう配慮。レストランメニューもアーユルヴェーダ式。

全38室　★★★
【アーユルヴェーダプラン】Ⓢ €273〜 Ⓓ €179〜　一泊追加€75〜
Sisilasagama, Hambantota　☎ 047-2220650〜1　📠 047-2220652
🌐 www.oasis-ayurveda.com　✉ info@oasis-ayurveda.som

ピーコック・ビーチホテル
Peacock Beach Hotel

　この界隈で最も規模の大きいビーチリゾートホテル。ジ・オアシスと人気を二分する。基本的な高級ホテルのツボは押さえている。

全94室
【デラックス】Ⓢ $74〜 Ⓓ $78〜　【スイート】Ⓢ $133〜 Ⓓ $137〜
Tissa Road, Hambantota　☎ 047-5671000　📠 047-2220691
🌐 www.peacockbeachonline.com　✉ sales@peacockbeachonline.com

南西海岸〜カタラガマ

Tissamaharama ティッサマハーラーマ

南西海岸〜カタラガマ

概要

　この地域一帯は通称名"ティッサ"で親しまれている。稲作耕地であることのほかにヤーラ国立公園とカタラガマの玄関口とされ、あらゆる場面でツアー斡旋業者がサファリツアーの勧誘に精を出す。

　もう一つの顔は古都。紀元前3世紀（Kavantissa期）、南インド・ドラビタ族の侵略から逃れるためMahanaga王子の命によりこの地に都が一時的に置かれ、ルフナ王国の首都として栄えたことがあった。仏陀の歯と遺骨が一時的に納められたとされるダゴバ群、当時建造された貯水池がその歴史を示す。スリランカの歴史を知る上では欠かせない地である。

　町は慌しさがなく平穏。物価が安く、宿泊するにも困ることはない。近年ではこの平穏さが人気を呼び高級宿泊施設も出現している。

交通手段　コロンボからカタラガマ行きバスで約7〜8時間、インターシティーでRs.500。移動が長くなるので高速バスの部分利用、マータラやゴールで一泊、カタラガマ参拝と合わせるなどの工夫が望ましい。マータラからは約2〜3時間 Rs.158。キャンディ方面からは日に数本あるハンバントタ行きに乗車して、ハンバントタでローカルバスに乗り換える。

観光スポット & アクティビティー

ヤーラ国立公園
Yala National Park

通称ルフヌとも呼ばれる、ウィルパットゥに続くスリランカで2番目に大きい国立公園。979 km²の広大な敷地は5つのブロックから成る。世界で最も豹の密集率が高いエリアになるため、迫力がほかとは違うことが分かるだろう。水位が下がる2月〜7月がピークで、象、鹿、熊、猪、バッファロー、マングース、ジャッカル、鰐などが活発になる。バードウォッチングにも最適なエリアで、スリランカにしか生息しない種もここでは多め。

【入場時間】6:00〜18:30 【入場料】[大人] $28 [子供] $14 ※ジープ・税は別料金

ヤータラダゴバ
Yatala Dagoba

紀元前3世紀のルフヌ王国発足時、Mahanaga王がYatalatissa王子の出生時に避難用として建設。側に小さな博物館が設置され、入場は無料。火曜日休館。

ティッサ貯水池
Tissa Wewa

Yatalatissa王か、その伯父にあたるDevanampiyatissa王時代に建造された説がある。巨大かつ正確な構造が当時の稲作繁栄に寄与した。19世紀に現在の形に復元される。

サンダギリダゴバ
Sandagiri Dagoba

Kavantissa王の命により建設。近年の先端技術で原型を留めつつ復元されている。ダゴバの近くには僧院がある。

ティッサダゴバ
Tissa Dagoba

こちらもKavantissa王による建設。混乱期に仏陀の歯と額の骨の一部をここに安置したとされている。

Useful Information

バスがティッサマハーラーマに到着すると、プライベートのサファリツアー斡旋者が積極的にあなたを勧誘します。中にはバスの車内に乗り込んできて名刺を渡すつわものも現れます。時間があれば彼らの誘いに応じても構わないのですが、ギリギリのスケジュール、例えばマータラからカタラガマのプージャーを日帰りで観に行く途中などにはスケジュールを良く考えないといけません。「プージャーには間に合わせる」という台詞を信じ、実際にサファリに行って天候が急変し、最悪の場合はプージャーを見損ねてしまうなどのトラブルになりかねません。ただ、ヤーラ国立公園のサファリは大変魅力的なアトラクションです。この方面にお出かけの際はよく戦略を練って、あなたにとって一番思い出深い旅となるよう心掛けましょう。

宿泊施設

プリヤンカラホテル
Priyankara Hotel

清潔感漂う落ち着いた雰囲気の高級ホテル。バルコニーから見える稲田の景色がティッサマハーラーマらしくて良い。ヤーラのジャングルツアーも請け負う。

全40室 ★★
[デラックス] ⓢ$50〜 ⓓ$60〜 ⓣ$80〜
[スーペリア] ⓢ$60〜 ⓓ$80〜 ⓣ$110〜
Tissamaharama Road, Tissamaharama
☎ 047-2237206 📠 047-2237326
🌐 www.priyankarahotel.com
✉ info@priyankarahotel.com

ホテル・チャンドリカ
Hotel Chandrika

プールに入ったまま楽しめるバーが特徴。アーユルヴェーダスパ、サファリ、バードウォッチング、ハイキングサービスなどを提供。

全40室
[デラックス] ⓢ$88〜 ⓓ$98〜 ⓣ$115〜
[スーペリア] ⓢ$108〜 ⓓ$118〜 ⓣ$135〜
Tissamaharama Road, Tissamaharama
☎ 047-2237143, 2239365 📠 047-4378750
🌐 chandrikahotel.com
✉ chandrikahotel@sltnet.lk

エレファントリーチ・ヤーラ
Elephant Reach Yala

大自然の中に佇むリゾートホテル。建物自体を近代的に見せず環境に溶け込むような工夫がなされている。専用小屋と一般室が用意され、お薦めは専用小屋。ヤーラ国立公園のサファリ観光に大変便利。ジープによるサファリツアーのほか、ボートライド、ダイビング、ドルフィンウォッチング、バードウォッチングなど、オプションが充実。

小屋21室　スーペリア14室
ⓢ$112〜 ⓓ$117〜 ⓣ$140〜
Yala junction, Kirinda, Tissamaharama
☎ 047-5677544　📠 047-4378191　🌐 www.elephantreach.com
【予約先】Lanka Hotels & Travels (Pvt) Ltd 38, Station Road, Wattala
☎ 011-7388969〜70　📠 011-2945890　✉ reservations@elephantreach.com

南西海岸〜カタラガマ

Kataragama カタラガマ

概要

　スリーパーダと並ぶスリランカの宗教重要拠点で、仏教徒、ヒンドゥー教徒、回教徒各宗派の聖地として崇められている。カタラガマそのものを各宗派の聖地とすることで民族の共栄共存を図るスケールの大きいコンセプトを持たせ、現代スリランカ社会を象徴する。週末やポヤデイは各宗派の人々が集まり、町全体がにぎわいを見せる。
　カタラガマにはさまざまな言い伝えがある。Dutugemunu 王が紀元前 2 世紀にヒンドゥーの神 Kataragama Deviyo が宿る寺院を建造。後の世紀には仏教徒向けの Kiri Vihara Dagoba を建造されたことが通説だが、それ以前からこの一角は存在していたとされる説もある。先住民族ウェッダーと信仰の関連や当時のコミュニティーなど、解明するための調査・研究が行われている。
　ほかの伝説では、この地に宿るカタラガマ神は南インドからガネーシャとともにスリランカにやってきたスカンダ（ムルガン）がこの地の女性と結ばれたとされる。この伝説の縁起の良さも手伝い、カタラガマ神の人気は高い。そしてカタラガマ神が強力でどんな願いも叶えてくれると信じられ、スリランカ内外から、幸せな結婚、生活の改善、ビジネスの成功など、あらゆる祈願のために巡礼する。
　有名な催しは、7 〜 8 月の 2 週間にかけて開催されるヒンドゥーカタラガマフェスティバル、別名カタラガマペラヘラ。この日は象のパレード、ドラムとラッパがけたたましく鳴り響き、背中に釘を刺されて宙吊りになる行者の姿が見られ、熱狂のるつぼと化す。一方、カタラガマフェスティバル開催の 45 日前から数千もの巡礼者が精神浄化のためジャフナを起点にトリンコマリー、バッティカロー、ヤーラを経由してカタラガマを目指すロングウォーキングを開始する。この行進は Kataragama Deviyo の軌跡を辿ると信じられている。この時期はカタラガマの宿は満室となるので、ティッサマハーラーマ、ハンバントタ、タンガッラなどを拠点とすることをお薦めする。
　安宿から高級ホテルまで、カタラガマ界隈の宿は旅行者のニーズに合わせやすい料金体系となっている。

交通手段　各エリアから直行バスがある。コロンボから約 8 時間、インターシティー Rs.652、ノーマル Rs.326。ゴールから約 2 時間半 Rs.221、マータラから約 2 時間 Rs.173、エッラから 3 時間 Rs.125、キャンディから 6 〜 7 時間インターシティー Rs.670、ノーマル Rs.335、クルネーガラからインターシティーで 10 時間 Rs.870、ノーマル Rs.435。

観光スポット＆アクティビティー

マハーデーワーラ

Maha Devala

Kataragama Deviyo が宿るとされるカタラガマの主役的施設のムルガン派ヒンドゥー寺院。4:30（土曜日を除く）、10:30、18:30 にプージャーが催され、ドラムとラッパの音がけたたましく鳴り響き、聖者が憑依され練り歩いたり、地面に横たわり転がり続けたり、ファイヤーウォーキングを始めたり、あらゆる姿が見られる。火を燈した椰子を叩き割ると願いが叶う儀式に異教徒も多く参加する。お薦めは 18:30 のプージャー。

考古学博物館

Archaeological Museum

ヒンドゥー教と仏教の宗教的重要品を集めて展示。全て見るには時間を要するが、カタラガマにおけるヒンドゥー教と仏教の経緯の学習には興味深い。

【開館】10:30 〜 12:30、18:30 〜 21:00

Useful Information

プージャーに参加する場合、参道のお供え物売りで一式を購入するよう促される。1セット Rs.300。

↑ プージャーでお供え物を用意し聖職者に提供する。終われば残り物を食べても良い。

キリヴィハーラ

Kiri Vihara

Maha Devala を抜けた先にある仏教寺院。"キリ"とはシンハラ語で牛乳を意味し、牛乳のように白く輝くダゴバを指す。建設は紀元前とされ、敬虔な仏教徒がこのダゴバの周囲で熱心に祈りをささげる。入口手前右には仏教の博物館、左にはインターネットカフェがある。

一心不乱に合掌する敬虔な仏教徒に圧倒させられる。

宿泊施設

マンダラ・ローゼン
Mandara Rosen

　カタラガマ中心部まで2kmほどの距離にある。この地域唯一の四つ星で、カタラガマ参拝やヤーラのジャングルツアーをゴージャスに楽しむ人向き。プールに備えてある"underwater music"と呼ばれるシステムが自慢。

全58室 ★★★★
S$94〜 **D**$113〜 **T**$129〜　10% SC　TAX, TOTAL 22%
57, Detagamuwa, Kataragama　☎ 047-2236030〜3
🌐 www.mandararosen.com　✉ rosenr@sltnet.lk

ロビンソンホテル
Robinson Hotel

　清潔でそこそこ装備が良い割にリーズナブルな価格がうれしい。子供向け遊戯施設もある。

全20室
S$44〜 **D**$48〜
Tissamaharama Road, Detagamuwa, Kataragama
☎ 047-2235175　📠 047-2235299
🌐 www.robinson-hotel.com
✉ info@robinson-hotel.com

SLTDA レストハウス
SLTDA Resthouse

　清潔かつ安値。神殿とバスターミナルに近く便利。ベジタリアンレストランがある。聖地だけあって治安面は安心。

44室、ドミトリー30ベッド
[ドミトリー] Rs185〜 **D**Rs2,587〜
Kataragama
☎ 047-2235227

ピティサラ
Pitisara

　コテージタイプの小ぎれいな宿。全3棟で料金は低めに設定。カタラガマ中心部から約3km。

[コテージ No.1] Rs3,500
[コテージ No.2・3] Rs6,000
77, 2nd step, Detagamuwa, Kataragama
☎ 047-2235227
🌐 www.pitisara.com
✉ info@pitisara.com

セイバンク・レスト
Ceybank Rest

　セイロンバンク運営の廉価宿。値段の割りに居心地が良いので空き室がすぐに埋まる。

全23室
[ドミトリー] Rs750 [個室4人まで] Rs.1,125
[個室バスルーム付き2人まで] Rs.937.50
Tissamaharama Road, Kataragama
☎ 047-2235229
🌐 www.ceybankholidayhomes.com
✉ ceybankhh@gmail.com

ホテル・スニルズ
Hotel Sunil's

　ホットシャワー、エアコン、TV付きで$32〜。こちらも割得感の強い宿。

全10室
D$32〜 **T**$48〜
60, New Town, Kataragama
☎ 047-2235300/5677172　📠 047-2235300
🌐 www.hotelsunilskataragama.com
✉ hotelsunils@gmail.com

Chillaw/Puttalam チロー/プッタラム

概要

　スリランカ島の西側、ニゴンボより北のエリアはほかの沿岸都市と同様に交易の歴史を重ねており、イスラム教とキリスト教の施設がほかのエリアよりも多い。興味深い話に、スリランカの音楽"バイラ"、"カピリニャ"はポルトガル植民地時代に奴隷として連れられた黒人がこの地域にもたらし、インド音楽とスリランカ文化の融合で現代スリランカ音楽を形成したという説がある。実際に黒人の末裔がこのエリアの一部に集中していることはあまり知られていない。

　海岸はリゾート開発としてはほぼ手付かずの状態であったが、近年では内戦問題が解決し、カルピティヤを中心とするリゾートホテル建設ラッシュが始まっている。また沿岸部で油田が確認されており、資源探索面でも他国と共同で開発が進められている。今後は目が離せないエリアとなることだろう。

　チローは漁業の盛んなエリアで、大きなラグーンがこの町の象徴。町の中心部から内陸側へ5kmほどの位置にあるMunneswaram Kovilはヒンドゥー教徒にとっては重要なシヴァ派寺院で1000年以上前から存在していたとされる。8～9月の27日間開催される大祭が有名。ココナッツ（ポル）が多く収穫される地域としても有名。

　プッタラムは塩田が多く、静かな入江ではエビの養殖が盛ん。チロー同様にココナッツ（ポル）が多く収穫できるエリア。道路交通の要所で、ウィルパットゥ国立公園やアヌラーダプラの玄関口として活用できる。

カルピティヤ

　17世紀に最初のポルトガル人がこの地に到達。オランダ占領期は半島の北端が戦略重要基地として軍の守備隊を置かれ、今でもオランダ時代の教会が残る。それ以降はスリランカ海軍基地として活用されるに留まり、ほとんど手付かずだった半島だが、現在リゾート開発が進められている。沖合では石油埋蔵が確認されており、探索が続いている。

交通手段 バス・列車ともニゴンボから北上、約1～2時間。コロンボからの直通も本数多め。カルピティヤはプッタラムからバスで30分ほど。

宿泊施設

パラガマビーチ
Palagama Beach

　カルピティヤ半島のビーチに面した最新の宿。デザイナーはロンドン五輪を担当したJohn Balmon氏。ヴィラとカバナ3種類を用意。インド洋を見渡せるプールとスパサービスが自慢。

全16室
【カバナ】$140～ 【ヴィラ】$234～
12, Palmyra Avenue, Ettalai, Alankuda, Kalpitiya
☎ 077-7818970
🌐 www.palagamabeach.com
✉ info@palagamabeach.com

～東洋の神秘～ アーユルヴェーダ

"アーユルヴェーダ"はスリランカやインド伝統医学の名称で、サンスクリット語で「生命（アーユル）」「科学、智慧（ヴェーダ）」という意味です。アーユルヴェーダの歴史は深く、3000年とも5000年ともいわれています。つまり、西洋医学が始まる前から体と心のバランスを保ち、免疫力をアップし、自然治癒力をつけていくことで病気になりにくい健康な体を維持することのできる医学として、人々の健康を守ってきました。アーユルヴェーダのドクターの中には、人間の肉体は120歳まで生きると信じてアーユルヴェーダ施術をされる方もいます。

日本にも鍼や灸という伝統医学があります。世界の国々には環境や生活習慣、食べ物の違いによるさまざまな考え方や医学があります。アーユルヴェーダもそのうちのひとつの伝統医学です。もしもアーユルヴェーダがスリランカ、インド以外の国々へ広まる時には、各国の風習や文化に基づくコラボレーションが生まれ、新しい見方ができるようになるかもしれません。

では、アーユルヴェーダはどのように病気や症状にアプローチしていくのでしょう。西洋医学とは少し違い、アーユルヴェーダのドクターはまず問診します。病気や症状についてだけではなく、その人の食生活についても質問し、また家族や遺伝的な病気についてまで話が広がることもあります。

次に、その人の外見を診ます。体の形や顔色、目の動きはどうか、それらの変化や、脈診から状態を調べます。その人の体質や、遺伝的要素、魂や気持ちの持ち方も病気に関係すると考えます。

こうして、患者さんの生活習慣などを厳しく見て、ドクターの指示どおりにアーユルヴェーダトリートメントをしていきます。内面ではハーブ（薬草）を飲んだり、外面ではオイルを塗ったり、患者に応じた治療を施します。西洋医学とは違い時間はかかるかもしれませんが、ハーブ（薬草）は天然ですので、副作用がなく安心して心と病気を治していきます。スリランカのアーユルヴェーダのドクターはドクターのみならず「薬剤師」として、「薬の製造元」として、一人三役をこなしている方が、小数ですがおられるそうです。

さらに、スリランカの食文化はインドにつながるので、香辛料も食生活に多く取り入れられています。魚や肉、野菜の毒を消す役割を担います。

アーユルヴェーダは「家庭でできる予防医学」とされ、継続的に行う必要があります。食事をすることで食べ物（魚、肉、野菜）の毒を出し、病気を予防することにつなげます。基本的には各家庭の母親がやっていることです。家族の体調が悪くなった時、アーユルヴェーダのドクターの所に出向き指示を受けて、鼻にオイルを入れる"ナスヤヤ"、胃腸にたまったアーマ（毒素、老廃物）を出す"ビイレーチャナ"、薬草で体にエネルギーを与える"ラクタモーシヤ"、外面ではオイルを体や頭に塗ること等で病気を予防していきます。こうすることで三大生活習慣病といわれるガン、糖尿病、白血病にかかる人が少ないのだそうです。

ただし、2000年以降のスリランカでは、ガン、糖尿病、白血病にかかる人が急速に増えています。それは、多くの方がアーユルヴェーダに基づく生活をしていて病気を予防できている田舎の人たちとは対照的に、西洋

南西海岸～カタラガマ

文化の広がる都会では加工食品が出回り、食生活も大幅に変化し、ガン、糖尿病、白血病が急速に増えているらしいのです。まだ数的には日本よりだいぶ少ないらしいのですが、今後の推移が懸念されます。

特に若者はアーユルヴェーダの良さがわからず、肥満になり、すぐに薬を飲む……即効性から西洋医学に頼る人が多くなっていると聞きます。本当のアーユルヴェーダは病気を予防し、病気を治療できるということが十分理解されていないのが現状のようです。

しかしながら近年、スリランカの中でもアーユルヴェーダについて少しずつ変化が見られるようになってきたそうです。健康を維持していくことができなくなった時、食生活の中に香辛料を取り入れ、アーユルヴェーダのドクターにハーブ（薬草）の指示を受け、それでも治らない場合は西洋医学に頼るという人もいるらしいです。ただ、薬には使い方によって副作用も出る場合もあります。薬の副作用も体外へ排出できるハーブ（薬草）を飲むことにより、良い結果が得られるのではないでしょうか。将来的にもアーユルヴェーダと西洋医学のコラボレーションにより、薬の副作用を防ぎ、病気の治療につながる最良の形へと進化していくことが理想ではないかと考えます。

現在、アーユルヴェーダのドクターの中には問診の時のデータとして血液検査を参考にし、病気について研究しているドクターもいらっしゃいます。そうすることで病気についての見方も深まり、患者さんにとって何が必要なのかを知ることもできるのだそうです。

アーユルヴェーダは国によって変化して良いものではないかと思います。スリランカは一年中暑い国なので気候、風土、体質に合ったスリランカ式のアーユルヴェーダで良いのですが、例えば日本には日本の気候、風土、体質、肌質その国の人種、病気に合ったアーユルヴェーダがあっても良いものと考えますが、いかがでしょうか。

実際、私も10年前は太っていて、病気を抱えていました。ですが日本人に合わせたスニルアーユルヴェーダに出会い、ハーブ（薬草）、オイルを使うことにより半年で10キロ減量、1年後に脂肪肝は無くなり、2年後には胃のポリープができなくなりました。花粉症の症状も出なくなり健康に過ごせているのがうそのようです。現在は太って体調が悪かった時に比べ15キロ減量し、リバウンドはしていません。これが "アーユルヴェーダの魔法" なのでしょうね。

堀口 清子

　埼玉県川越市にある『スニル・アーユルケア院』に通うようになって、院で出していただいた日本人の体質に合わせたハーブオイルを塗り、ハーブティーを飲むようになってから、私の身体が著しく変わっていきました。

　スニル先生は母国でアーユルヴェーダを学び、留学生として日本に来日してから整体を学んだそうですが、先生ご本人は来日して2回ほど日本の食生活で病気になったそうです。その経験を生かし、日本人の体質改善に役立てたい……という思いで、アーユルヴェーダのトリートメントを行っていらっしゃいます。川越で18年間トリートメントケアを続けてこられて、全国からたくさんの病状を抱えた方が先生の院を訪れ、体質改善により健康になったとの生の声も寄せられます。

　日本人の身体の外見を診て、判断して日本人向けのアーユルヴェーダを続け、そして良い結果が出ているという事実。人の身体はアーユルヴェーダによってこんなにも変わるものだということを間近で体験し、びっくりしています。

　先生は約1万人の方のトリートメントを行ってきたのだという話も伺っていますので、その豊富な経験と実績が結果として表れているのだと思います。

　私自身が健康になっただけでなく、私の両親もほかの家族も健康になり、本当に感謝の気持ちでいっぱいです。スニル先生のように治すことのできる人がたくさんいれば、日本人皆が本当の健康を手に入れることができるのに……と思います。

　スリランカにお越しの方は是非現地で、日本の首都圏にお住まいの方は川越までご足労いただければ実感されることでしょう。

栗原　雅子

南西海岸〜カタラガマ

丘陵地帯地図
Map of Hilly Region

丘陵地帯の歴史・概要

赤道まで南方約1000kmに位置する島でありながらも、標高2000m級の山々では冷涼な空気が漂い、一年中日本の春先のような気候を味わうことができる。この高原気候もスリランカの一面であり、魅力にあふれている。

このエリアにも特有の歴史、観光スポット、産物がある。歴代王朝の中には冷涼なエリアを好む者が存在し、最後の王朝は気候が穏やかな標高500mのキャンディに都を置いた。冷涼な空気をもたらす丘陵地帯は支配国から見過ごされるはずもなく、避暑地として、そしてコーヒー栽培として（後に紅茶に取って代わる）活用されてきた。現代では紅茶農園、ハーバルガーデン、宝石採掘所、ゴルフ場、自然公園、聖地巡礼など、沿岸部とは異なる楽しみ方ができる。

国立公園は専門家に人気が高く、地球上でこのエリアにしか生息しない種も多いとのこと。アーユルヴェーダ施術に用いられる薬草類も、マータレーを中心にこの地域で産出される割合が高い。地形そのものにも魅力があり、ドゥンヒンダ、エッラなどの大規模な滝が多いのもこの地域の特色といえる。

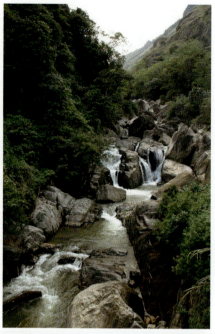

南部の聖地カタラガマと同様、山岳地帯の聖地スリーパーダの存在はこのエリアの魅力を増してくれている。たとえあなたに信仰心がなかろうとも、敬虔な各宗派の信者とともに聖地に足を運ぶことで、スリランカの社会の根底に入り込むこととなり、ビーチリゾートとは違った観光を楽しむことができるだろう。

丘陵地帯はキャンディ〜ヌワラエリヤ(ナーヌオヤ)〜ハプタレー〜バンダーラウェラ〜エッラ〜バドゥッラの区間をスリランカ鉄道のメインラインが敷かれている。この区間は列車が急カーブを低速で蛇行しながら紅茶畑を走行し、南西海岸とは異なる車窓が楽しめることから外国人観光客に人気が高い。寝台列車運行もあるので、昨今日本で消滅しつつある旅路を楽しむこともできる。

Kandy キャンディ

概要

スリランカの歴史は度重なる侵略や王国分離に悩まされ、1474年、キャンディに遷都され、キャンディ王国が誕生する。

1505年にポルトガルの沿岸支配が始まると、キャンディを島内唯一の王朝としてポルトガルに認めさせることを条件に、キャンディから分離したコーッテ王国を滅ぼすに至るが、最終的にはキャンディ王朝と香辛料貿易の利権で争いが勃発。やがてポルトガルの植民主権を奪おうとするオランダが台頭し始め、キャンディ王朝はオランダと共闘してポルトガルの追放に成功する。しかしながらポルトガルの対立時と同様、オランダとも香辛料貿易の利権をめぐり対立となる。最終的にはイギリスに島全土を侵略され、1815年にシンハラ王朝最後の都キャンディは陥落する。キャンディとコロンボを結ぶ陸路は後の1831年に開通。イギリス人の避暑地として栄えることとなる。

独立後は古都として落ち着きを取り戻し、キャンディ市内全体が**世界遺産に認定**され、観光客が絶え間なく訪れるようになった。

人口は約11万。現地名"マハーヌワラ(偉大な都市)"、あるいは"ヌワラ"の愛称で親しまれる。キャンディは古都特有のムードと沿岸部とは異なる標高500mの丘陵地帯がもたらす気候条件から、ほかのエリアとは異なる南の島とは思わせない雰囲気を放つ。町中には新しい建造物も見られるが、国策として古くから残るものが多く、宿泊施設の中にも植民地時代の建造物を活用するものが多くある。商店で最も際立つのはアンティークショップ群で、前世紀の懐中時計やトランジスターラジオなど、一軒一軒回れば掘り出し物が見付かるかもしれない。

キャンディ最大の売りはペラヘラ祭。スリランカ最大規模のペラヘラ祭、**エサラペラヘラ**は旧暦のエサラ月(7～8月)に10日間開催され、ほかとの最大の違いは、普段は仏歯寺に安置されている仏陀の糸切り歯を入れた小ぶりのダゴバを象の背に載せ、行列に参加させること。このため国内の仏教徒のほか、世界各地から巡礼の意味を含め、多くの観光客が訪れる。

宿泊施設は数多く、高級ホテルからエコノミー宿まで、旅行者のニーズに合わせられる。飲食店、銀行、病院など、旅行者の必要とする施設は不自由のないレベルにそろっている。

丘陵地帯

交通手段 【バス】本数も全体的に多く各都市とのアクセスは良好。コロンボからノーマルで3～4時間、Rs.155、インターシティーバスで2～3時間、Rs.310。ニゴンボから2時間半 Rs.153、インターシティーは本数が少なめで Rs.306。アヌラーダプラからは所要4時間 Rs.190。ラトゥナプラからは2時間半 Rs.173、トリンコマリーからは6～7時間 Rs.226、クルネーガラから1時間 Rs.69。【鉄道】コロンボからインターシティーエクスプレスが日に2本、所要2時間半。急行列車が7本、所要2時間半～3時間。1等 Rs.340、2等 Rs.190、3等 Rs.105。ペーラーデニヤからは日に10本以上、3等 Rs.10。

観光スポット＆アクティビティー

仏歯寺
Sri Dalada Maligawa (Temple of Tooth)

仏陀の歯を安置していることで有名な寺院。仏陀が紀元前543年にインドで火葬され、その時に何者かが仏陀の糸切り歯を手に入れ、4世紀にインドの王が髪の毛に忍ばせスリランカに持ち込んだとされる。この仏歯は最初アヌラーダプラに持ち込まれ、度重なる侵略から逃れるための遷都に影響され、1590年、Wimala Dharma Suriya 王期に2階建ての寺院を建て仏歯を安置。現在は小さな7重にされたダゴバの中に安置され、特別な催し時にのみ公開される。

八角の御堂の建設は1687年に始まり、1707年に完成。1747～1782年は寺院の建物がキャンディ王朝の王宮として使用された。

仏歯は過去に何度か破壊の憂き目に遭っている。1283年、インドの侵略で仏歯は一度持ち去られたことがあったが、Parakramabahu Ⅲ世の手で奪還に成功。16世紀にはポルトガルに仏歯が奪われ焼かれる事件があったが、これはレプリカを準備して欺いている。1998年にはLTTEのテロ爆弾によりダメージを受け、緊張が一気に高まってしまった経緯が記憶に新しい。

地図 B-2

【見学時間】5:30～20:00 ※入場は17時まで【プージャー】5:30、9:30、18:30
【入場料】$10
☎ 081-2205839　📠 081-2205901　🌐 www.sridaladamaligawa.lk

世界仏教博物館
World Buddhism Museum

仏歯寺の北側に位置する近年設けられた博物館。写真や模型が多数用意され、世界各国の仏教を詳しく解説する。もちろん日本のマハヤナ仏教についての展示物もある。入場料は仏歯寺と別料金。

地図 B-2

【見学時間】9:00～20:00【入場料】Rs.500

仏歯寺博物館
Sri Dalada Museum

仏歯寺内の新館2～3フロアにある。仏歯が運ばれた経緯から植民地支配までの歴史を詳しく解説。1998年に起きたLTTEによる仏歯を狙った爆破テロについても詳述されている。展示物が多く見応えあり。

地図 B-2

【見学時間】7:30～18:00

国立博物館
National Museum

キャンディ王朝時代の調度品、刀剣、生活必需品、衣装など、興味深いものを展示している。係員が細かく説明してくれる。

地図 B-2

【開館】9:00～17:00　※休館：日月祝
【入場料】$12　※カメラ撮影は別料金
☎ 081-2223867

● スリランカ観光局
Sri Lanka Tourism Kandy

同局内に文化三角地帯のチケットを取り扱う Kandy Cultural Triangle Office もある。文化三角地帯を周遊予定の方はこちらで事前購入すると良い。

地図 B-1

【営業時間】9:00～16:45
16, Deva Veediya, Kandy
☎ 081-2222661

● 主なキャンディアンダンス上演場

★ キャンディ芸術協会
Kandyan Art Association

【料金】Rs.500　【開始】18:00
Sangaraja Mawatha, Kandy
☎ 081-2223100

地図 B-2

★ ザ・キャンディレイククラブ
The Kandy Lake Club

【料金】Rs.500　【開始】17:30
7, Sangamitta Mawatha, Kandy
☎ 081-2223505

地図 B-2

★ Y.M.B.A
Mahanuwara YMBA

【料金】Rs.500　【開始】17:30
5, Rajapihilla Mawatha, Kandy
☎ 081-2233444

地図 B-1

キャンディ湖
Kandy Lake

1807年、キャンディ最後の王、Sri Wickrama Rajasinha により考案・創設された。中央に浮かぶ島は当時の王室のハーレムになっていた。湖の南側、マルワトゥ寺院前は僧侶の浴場があったとされる。湖の西側にはモーターボートサービスがありRs.2,500 で乗船可能。

キャンディアンダンス
Kandyan Dance

キャンディ地方に伝わる伝統舞踊で、森林に宿る神を信仰する儀礼的要素があり、悪魔祓い祈願を目的としている。ペラヘラ祭の行列の中に組み込まれているが、断片的になることがほとんどなので、是非とも多種の本場キャンディアンダンスを堪能していただきたい。情熱的な激しい舞や女性を象徴とした安らぎの舞が見る者を魅了するだろう。毎日観覧可能で上演時間は1時間ほど。宿泊先のツアーに参加するか、左記の各上演場で観覧が可能。良い席を確保するため、上演開始の30分くらい前から足を運んでおきたい。

丘陵地帯

① 幕開けの力強く激しいドラム。見る者を高揚させる。

② 仏陀に祈りを捧げるプージャーの舞。女性の柔らかさでいったんトーンダウン。

③ 戦争へと向かう戦士を表すパンゼルナトゥマの舞。アクロバットダンスが加わり過激に。

④ 衣装は黒味を増し、苦難の道を表現するコブラの舞。

アンバランゴダの仮面の舞と同様、悪霊を追い払う舞。

優雅な動きを見せ、戦闘で神が乗る孔雀を表すマユラの舞。

煩悩を消失させることが狙いの舞。日本の皿回しと目的が相似する。

軽やかな民謡とともに繰り広げられ小休止的な役割を持たせるラバンの舞。

伝統的な衣装を身にまとい煌びやかに踊るヴェの舞。

南部の風習へと変わり、カタラガマなどでも見られる神々からの恵みを乞う火渡りの儀式。

エサラペラヘラ祭

Esala Perahera

世界的にも有名なスリランカ最大規模のペラヘラ祭で、7～8月（旧暦のエサラ月）の約2週間続く。この時期は神を迎え、宿った神木を司祭が担いで象に乗り、町中を行進し市民の祈願をこめる、仏教一色ではなくヒンドゥー教思想も加わったスリランカならではの行事。

キャンディペラヘラの特徴は仏歯を格納したダゴバを象の背に乗せ練り歩くこと。これの見学を目当てに世界中から観光客、敬虔な仏教徒が訪れる。数百人のドラム奏者、100頭以上の象が入り混じる盛大な仮装行列で、1500年以上前に始まったとされる。スリランカ観光を代表する行事なので、機会があれば是非キャンディで観覧していただきたい。指定席確保はホテルやツアー会社で可能。相場は$50～。早めに場所を確保しておけば路上でも観覧することができる。

Useful Information

キャンディは有名な観光地だけあって、つまらないトラブルには気を付けてほしい。

例えば街角で「あなたは●●さんですよね。私はあなたの宿泊している■■ホテルの従業員です。料金の安いアーユルヴェーダオイルを販売している店を紹介します」などと言って（この時点であなたの宿泊先や名前情報をどこかで仕入れている）悪い仲間と結託し、高い値段で売り付けたり、「今日の●●でのキャンディアンダンスは休みだから私が開催場所を案内します」などと言って支払い済みの会場に連れて行かず別の場所に誘ってお金を請求したり、最終的にトラブルになるケースを多く聞きます。

キャンディペラヘラにまつわるトラブルにも気をつけていただきたい。観覧席を優先的に販売すると称して前金を預かりそのまま持ち逃げする悪人の情報も寄せられています。

疑わしい者には毅然とした態度を取り、もしトラブルに発展したら躊躇せず周囲の警官かツーリストポリス **071-8390664** へ連絡を。

【左上】象の行進のほかに、当時の王を模した男も行列に参加する。象は電飾を身にまとい煌びやかな姿となる。【左】開始後5日が経過するころ、中間期のクンブルペラヘラに突入。街中のテンションが高まり皆が熱狂する。【上】仏歯が格納された小さなダゴバを象の背に乗せ練り歩く。これこそがキャンディのペラヘラ最大の魅力で、世界中の仏教徒がこれを見に訪れるのは頷ける。

宿泊施設（高級・リゾート）

アマヤ・ヒルズ

Amaya Hill's

丘陵地帯

AMAYA RESORTS & SPAS が手掛けるリゾートホテル。丘の上に立地し、キャンディ湖畔を一望できる。フェイシャルトリートメント、全身マッサージ、ボディトリートメント、スチームバスなどの本格アーユルヴェーダ施術はヒッカドゥワのアマヤ・リーフ同様のサービスを受けられる。

地図 A-1

デラックス 91 室　ジュニアスイート 5 室　スイート 4 室　★★★★
[デラックス] Ⓢ$131〜 Ⓓ$140〜　**[ジュニアスイート]** Ⓢ$189〜 Ⓓ$198〜
[スイート] Ⓢ$297〜 Ⓓ$307〜
Herrassagala, Kandy
☎ 081-4474022　📠 081-4474032
🌐 www.amayahills.com　✉ amayahills@amayaresorts.com
【予約先】☎ 011-4767842/888　✉ reservations@amayaresorts.com

マハウェリリーチ

Mahaweli Reach

　キャンディの最高級ホテルの一つ。インターネット回線の整ったビジネスセンター、ボートトリップ、ジム、ビリヤードルーム、アーユルヴェーダ施術サービスなど、五つ星ならではのパーフェクトなサービスを満喫できる。夕刻になるとプールサイドが幻想的なムードへと変化する。室内の調度品などに安っぽさが無く落ち着いている点も評価が高い。　地図 B-1

全112室　★★★★★
Ⓢ$125～　Ⓓ$140～　Ⓣ$140～
[エグゼクティブスイート] $300　[プレジデンシャルスイート] $500
35, P.B.A.Weerakoon Mawatha, Kandy
☎ 081-2472727, 4471883/5　📠 081-2232068
🌐 www.mahaweli.com　✉ reserve@mahaweli.com

アールズ・リージェンシー

Earl's Regency

　マハウェリ・リーチとともに人気の高い五つ星認定ホテル。館内はレストランなどに岩肌がそのまま露出している個所があり、自然を破壊せず崖の立地を生かしてこのホテルを建造した証としている。敷地が広く新館・休館と別れ、場所により風景が異なることを上手に活用してスタンダード～ファミリーの5、スイート3、全8種類の部屋を用意。全体的にクラシカルなムードが漂う。　地図 B-2

全134室　★★★★★
[スタンダード] Ⓢ$90～ Ⓓ$103～　[デラックス] Ⓢ$126～ Ⓓ$146～
[プレミアム] Ⓢ$163～ $185～　[ラグジュアリー] Ⓢ$182～ Ⓓ$204～　TAX別
Kundasale, Kandy
☎ 081-2422122　📠 081-2422133
🌐 www.aitkenspencehotels.com/earlsregency　✉ res@earlsregency.lk

丘陵地帯

ホテル・ヒルトップ

Hotel Hill Top

　キャンディ中心部南側の丘の上に立地。キャンディ鉄道駅周辺を見渡せる閑静な場所、仏歯寺、キャンディ湖、ホワイトブッダなどに徒歩で行ける距離にあることが長所。ペラヘラ開催時期などの繁忙期以外は割安感がある。　　地図 **B-2**

全73室　★★★
【スタンダード】 ⓢ$44〜 ⓓ$48〜 ⓣ$64〜　TAX別
200/21, Bahirawakande, Peradeniya Road, Kandy
☎ 081-22241162　📠 081-2232459
🖥 www.aitkenspencehotels.com/hotelhilltop　✉ res@hilltop.lk

ホテル・トパーズ & ホテル・トゥルマリン

Hotel Topaz & Hotel Tourmaline

【写真左：ホテル・トパーズ】ヒルトップと立地はほぼ同じで閑静な丘の上にある。レストランからの眺めがとても良い。アーユルヴェーダスパ、テニスコート、ジムなどを備える。【写真右：ホテル・トゥルマリン】トパーズより北側に建物がある同系列のホテル。トパーズとつながっているのでほぼ同じサービスを受けられる。　地図 **B-2**

ホテル・トパーズ　全73室　★★　ホテル・トゥルマリン　全24室
【ホテル・トパーズ】【デラックス】$100〜【スイート】$300〜
☎ 081-7389000〜6　📠 081-2232073　✉ topaz@mclarenshotels.lk
【ホテル・トゥルマリン】【デラックス】$100〜【ミニスイート】$300〜
　　　　　　　　　　【インターコネクティング】$450〜
☎ 034-2237982〜3　📠 034-2237794　✉ rservations@tangerine.lk
Aniwatta, Kandy
【予約先】Mclarens Hotels Ltd　284, Vauxhall Street, Colombo-2
☎ 011-4710063, 4714630　📠 011-2332361　✉ reservations@mclarenshotels.lk

ホテル・スイス

Hotel Suisse

　17世紀にスリランカ役人宅として建てられ、1818年英国に接収。後にスイス人女性に売却された。日本を含む各国王室関係者が好むことでも有名。　地図 **A-2**

全90室
【スタンダード】$84〜【スイート】$112〜
30, Sangaraja Mawatha, Kandy
☎ 081-2233024　📠 081-2232083
🖥 www.hotelsuisse.lk
✉ reservations.suisse@kandyhotels.lk

丘陵地帯

ヒューナスフォールズ・バイ・アマヤ
Hunas Falls by Amaya

　キャンディ中心部から北部へ約14km、大自然の中に佇むリゾートホテル。6ホールパー3のミニゴルフ場、Katsura Suiteと呼ばれる和室スイートを設けているのが特徴。ヒューナス滝やバードウォッチングも楽しめる。

全31室　★★★
S/D$120〜　**T**$150〜　SC 10%　TAX, TOTAL 24%
Elkaduwa, Kandy
☎ 081-4940320, 2476702〜3　📠 081-2470045
🌐 www.hunasfallskandy.com　✉ reservations@amayaresorts.com

ザ・バンガロー・バイ・アマヤ
The Bungalow by Amaya

　アマヤ・ヒルズと隣り合わせのスペシャルコテージ。アマヤ・ヒルズと同じ環境でありながらハネムーン目的やムードを盛り上げる他の旅行者と一線を画したい旅、閑静な森林を独占したいならばこちらがお薦め。料金は若干高めだが人気があるので早めの予約を心掛けたい。　地図 A-1

全4室
S/D/T$150　Herrassagala, Kandy　☎ 081-4474022　📠 081-4474032
🌐 bungalowbyamaya.com　✉ reservations@amayaresorts.com

クイーンズホテル
Queen's Hotel

　キャンディの町と仏歯寺中間に位置する好立地。160年以上前にイギリス人の住居として建てられ、後に軍用へと転化。ホテル内には当時から使われている半自動エレベーターなど、たくさんの装備がコロニアルムードを引き立てる。クラシカルなムードが好きな人向き。近年改装工事を実施。　地図 B-1

全78室
S$77〜　**D**$80〜　**T**$96〜　SC 10%　TAX, TOTAL 22%
4, Dalada Veediya, Kandy
☎ 081-2233026, 2222813　📠 081-2232079
🌐 www.queenshotel.lk　✉ queenshotel1938@gmail.com
【予約先】☎ 081-5745745　📠 081-2232079
✉ reservations.queens@kandyhotels.lk

丘陵地帯

ホテル・カサマラ
Hotel Casamara

町の中心部にあり、マーケット、仏歯寺、バスターミナル、どこへ行くにも便利。キャンディの町を見渡せる階上のバーが特徴。改装を終え、館内は清潔感がある。　地図 B-1

全32室 ★★
Ⓢ$85 〜　Ⓓ$95 〜
12, Kotugodella Veediya, Kandy
☎ 081-2224688　FAX 081-2234327
www.casamarahotel.com
fom@casamarahotel.com

デヴォンホテル
Devon Hotel

スイミングプール、アーユルヴェーダスパ、ジムなどのサービスや設備は上々。ヘアサロンが館内にあるのも特徴。仏歯寺に比較的近い位置。　地図 A-2

全27室 ★★
[デラックス] Ⓢ$45 〜　Ⓓ$55 〜
[スイート] Ⓢ$85 〜　Ⓓ$95 〜
51, Ampitiya Road, Kandy
☎ 081-2235164/5
FAX 081-2235167
www.robinson-hotel.com
devon@sltnet.lk

ザ・スイスレジデンス
The Swiss Residence

町から離れた静かな丘の上に立地する、全体的に明るい色調で清潔感を前面に押し出した、キャンディ式とスイス式を織り交ぜた造り。　地図 B-1

全40室
[スタンダード] Ⓢ$85 〜　Ⓓ$95 〜
[スイート] Ⓢ$130 〜　Ⓓ$145 〜
23, Bahirawakanda, Kandy
☎ 081-2204646 〜 7, 4479055 〜 6
FAX 081-2204648
www.swissresidence.lk
info@swissresidence.lk

ホテル・ティランカ
Hotel Thilanka

スリランカ風のムードを演出する落ち着き払った部屋が特徴。アーユルヴェーダ施術やヨガ学習コースあり。宿泊料金は比較的リーズナブル。　地図 B-2

全91室
Ⓢ$69 〜　Ⓓ$75 〜　Ⓣ$81 〜
3, Sangamitta Mawatha, Kandy
☎ 081-4475200, 4475201（予約）
FAX 081-2225497
www.thilankahotels.com
reservations@thilankahotel.com

シナモンシタデル・キャンディ
Cinnamon Citadel Kandy

キャンディ地区初のシナモンホテルグループリゾート。マハウェリ河沿いの立地で町の中心部から1km半ほどの位置にあり閑静。　地図 B-1

全119室 ★★★
Ⓢ$75 〜　Ⓓ$85 〜　TAX, TOTAL 15%
124, Srimath Kada Ratwatte Mawatha Kandy
☎ 081-2234365 〜 6
FAX 081-2232085 〜 6
www.cinnamonhotels.com/CinnamonCitadelKandy.htm
reservations@cinnamonhotels.com

宿泊施設（ミドルクラス・エコノミー）

ブリンクボニー・ツーリスト・イン
Blinkbonnie Tourlis Inn

室内は小ぎれいにまとまっていて、バルコニーからキャンディ湖が見えるのがポイント。インターネット環境も整え、全体的に居心地は良好。ヨーロピアンバックパッカーに人気。　地図 A-2

全9室
[エアコン付] $40　[ファン] $33
69, Rajapihilla Mawatha, Kandy
☎ 081-2222007
blinkbonnieinn@yahoo.com

オールドエンパイアホテル
Olde Empire Hotel

仏歯寺の近隣にあるゲストハウス。100年以上前にコーヒー工場として使われていたものを改装。料金は装備相応。　地図 B-1

全6室
$25 〜
21, Temple Street, Kandy
☎ 081-2224284

お薦めの飲食店

デヴォンレストラン
Devon Restaurant

1階が軽食・カフェ、2階がレストラン。中華・スリランカ料理を中心に、アジア、洋食とメニューが豊富。参考予算 Rs.300〜。庶民向け複合店。　地図 B-1

【営業時間】8:00〜23:00
Sri Dalada Veediya, Kandy
☎ 081-2224537

スリラム
Sriram

南インド・タミル料理を楽しめる。少々店内は薄暗いが、スタッフは気さく。ベジタリアンターリーやドーサーなどのほかに、シンハラ料理もメニューに加わる。参考予算 Rs.200〜。　地図 B-1
【営業時間】9:00〜15:00、17:00〜23:00
87, Colombo Street, Kandy

ホテル・キャンディアンアーツ
Hotel Kandyan Arts

スリランカ、インド、モンゴル、インドネシア、フランス、イタリアの各国料理を提供する。宿泊施設もある。参考予算 Rs.1,000〜。　地図 A-1
839, Peradeniya Road, Kandy
☎ 081-2229825　📠 081-4478076
🌐 www.hotelkandyanarts.com
✉ info@hotelkandyanarts.com

ペーラーデニヤ

キャンディから南西約5.5km、スリランカ国内で最も権威があるとされるペーラーデニヤ大学、数千種の植物が集められたペーラーデニヤ植物園、雄大な流れのマハウェリ河、どれを見てもアカデミックな雰囲気を漂わせるのがペーラーデニヤの特徴である。

アカデミック特有の上品さと海抜500m級のほどよい気候が織り成すペーラーデニヤのムードを好む観光客は多く、また地元の人にも愛され、植物園は大勢の観光客でにぎわう。植物園のムードがそうさせるのか、地元の若いカップ

ルのデートコースの定番でもあり、植物園では目のやり場に困ることもしばしば。
　ペーラーデニヤはキャンディから南西に6kmほどの位置にあり、キャンディ観光やピンナワラの象の孤児院と合わせて訪れると便利。

交通手段　【バス】キャンディから路線バス No.654 に乗る。所要15分 Rs.9。【鉄道】キャンディからは所要約10分。最寄り駅はサラサヴィウヤナかラージャワッタで、ペーラーデニヤ植物園まで両駅とも500mほどの距離だが、コロンボからの運行やバドゥッラ行きの長距離列車は停車せず、ほとんどがペーラーデニヤジャンクション駅での降車となる。ペーラーデニヤジャンクション下車の場合はローカル運行との接続がよくない上に植物園まで遠い位置なのでスリーウィーラーやバスでの移動を考えたい。

丘陵地帯

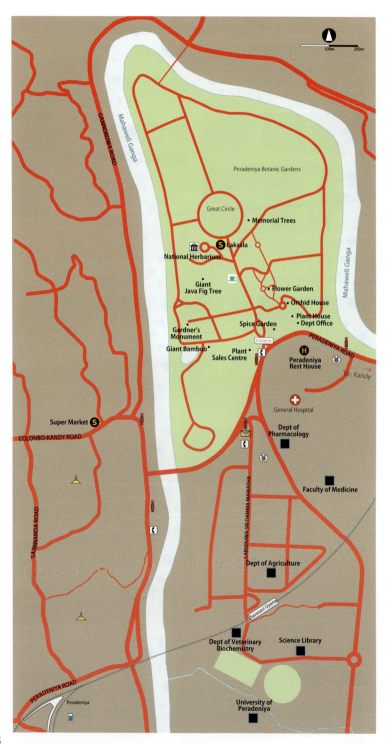

観光スポット＆アクティビティー

ペーラーデニヤ植物園
Peradeniya Botanic Gardens

　庭園として存在が確認されているのが18世紀から。Kirti Sri Rajasinghe 王が開設し、後の Rajadhi Rajasinghe が住むこととなる。イギリスの統治以降、海抜460m のこの地が植物の生息に適していることから、147 エーカー（0.59 ㎢）の広さを生かしたスリランカ最大の植物園となる。現在、園内では 4000 種類以上の植物を見学できる。中でも大ジャワビンローは 2,500 ㎡の大きさを誇り、この植物園の特色となっている。その他にもインド洋の一部にしか育たない"双子椰子"、ミャンマー原産の竹など、見るものが多い。

【開園】8:00 ～ 17:30 ※入園は 17 時まで
【入場料】[大人] Rs.1,100 [学生 / 子供] Rs.550
Department of National Botanic Gardens,
P.O BOX-14, Peradeniya
☎ 081-2388238　🌐 botanicgardens.gov.lk

ペーラーデニヤ大学
University of Peradeniya

　19世紀中期にセイロン大学の分校として建造され、現在ではスリランカで最も権威のある大学として名を馳せ、地元学生と世界中から留学生が集まる。獣医学や植物学が人気。

スリランカ Q&A

Q
仕事のためスリランカで長期滞在を予定しております。スリランカでは英語が通じるから現地語を無理に勉強しなくても良いと言われましたが、実際にはどうなのでしょうか。

A
スリランカに限ったことではなく、どこの国でも母語があるのでできる限りはその土地の言葉を学び、話すべきでしょう。スリランカも同じことで、現地語を話すことで地元の人には必ず喜ばれます。そもそも英語はスリランカで発生した言語ではないので、スリランカ文化と奥深く付き合うほど英語での表現に無理が生じてくるのが分かるはずです。しかしながら社会は若干複雑で、バーガーや統治時代の英国に深く関与してきた人など、一部の人は英語を第一言語として生活しています。銀行や大企業などのビジネスシーンでも英会話が基本とされているので、現地語を使わない場面もあります。スリランカでは相手と状況によって使い分けることが理想的です。

ピンナワラ

　ペーラーデニヤからさらに西へ約 20km の地点にピンナワラという、象の孤児園で有名な町がある。孤児園は政府の動物保護の一環として創設され、動物と共存する精神がこのような施設からも垣間見える。大量の象を見る目的ならばサファリよりピンナワラが確実である。象の行進、マハーオヤ河での水浴び、ミルクを飲む赤ちゃん象、食物繊維を大量に含む象の糞から紙を作る "Elephant Paper" の生産など、象に関するものなら何でも楽しめる。わずかだがホテルや飲食店が孤児園周辺にあるので、ピンナワラでの宿泊も可能。

交通手段　【バス】キャンディ・ペーラーデニヤから No.662 ケーガッラ行きに乗り、カランドゥパナジャンクションで下車し、No.681 ランブッカナ行きに乗り換え、ピンナワラで下車する。所要 1 ～ 1 時間半、トータル Rs.60。ランブッカナからケーガッラ行きに乗車する手段でも良い。所要 20 分程度、Rs.17。バス移動がわずらわしければ、ケーガッラからランブッカナからスリーウィーラーを使う手段も考えたい。帰路にピンナワラで待機中のスリーウィーラーを使うと割高になる傾向がある。

丘陵地帯

ピンナワラ・象の孤児園
Pinnewala Elephant Orphanage

ジャングルで家族の群れから離れたり親を亡くした子象を保護する国家プロジェクトとして1975年に始動。2014年現在は80頭以上が集められている。9:15、13:15、17:00が子象の授乳時間で、元気よく飲む姿を見せてくれる。10:00～12:00と14:00～16:00はマハーオヤ河で水浴びをする。

【開園】8:30～18:00 ※入場17:30まで
【入場料】[大人] Rs.2,000 [子供] Rs.1,000 [ビデオカメラ撮影] Rs.500

Matale マータレー

概要

スリランカのほぼ中心に位置し、海抜300mほどの肥沃な広大なエリアはスパイスや天然ゴムの生産に適した気候を持ち合わせている。スパイスは国内最大の生産量を誇り、胡椒、ヴァニラ、キニーネ、カルダモン、サンタル、チリ、コーヒー等を産出する。スパイスとアーユルヴェーダは密接な関係にあり、町中に目を向ければ薬草やオイル類を扱う商店が多く見られ、町の中心から外れればアーユルヴェーダのリゾートやスパイスガーデンが点在するのも特徴。

町の機能としてはキャンディとダンブラを結ぶ中継地の役割的な要素が強く、道路は車の往来が激しい。人々は至って穏やかで、町中の飲食店で紅茶を飲みながら道行く人々を眺めていると、時流の緩さを感じるだろう。

マータレーはムスリムとタミルの割合が強く、2民族で25%を占めているため、ほかの町とは若干雰囲気が異なる。宗教施設は仏教寺院に比べ、ヒンドゥー寺院やモスクの方が目立つ。

町の中心部には宿泊施設が少なく、外国人観光客には不便な面もあるが、マータレー周辺には有名な観光スポットが多いので、キャンディやダンブラを拠点とするなど工夫をすると良い。公共交通、バスに至ってはキャンディとダンブラ各方面から数分おきに走ってくるので日帰りでマータレーを観光するのも良い。

交通手段

【バス】キャンディ～ダンブラの区間で頻繁に運行されている。キャンディからインターシティーでRs.92、ノーマルでRs.46。ダンブラからインターシティーでRs.138、ノーマルRs.69。マータラからノーマルRs.368。コロンボからインターシティーRs.380、ノーマルRs.190。クルネーガラからノーマルRs.80。【鉄道】キャンディから1日7本(内1本はコロンボフォートより直通)の運行があるが、逆のキャンディ方面へはキャンディ終点が6本のみ。キャンディから3等Rs.25。コロンボから2等Rs.220、3等Rs.125。

観光スポット＆アクティビティー

スリー・ムトゥマリアムマン寺院
Sri Muttumariamman Kovil

約200年前、スリランカと取引をするマータレー在住インド人ヒンドゥーコミュニティーの手で建造された本格派のヒンドゥー寺院。"Raja Koburum"と呼ばれる約33mの高さの建物はスリランカのヒンドゥー寺院の中でも比較的高い部類。2月の大祭は盛大で、千人を超す信徒が訪れスペシャルプージャーに参加する。そして3月の満月 Medin Full Moon Poya Dayの直前には"馬車の祭典"がある。

【入場料】Rs.200
606, Main Street, Matale

アルヴィハーラ
Aluvihara

椰子の葉を原料とする紙に記載される文書 Tipitaka はこの地が発祥とされ、世界仏教史でも重要な存在とされる。先人は Tipitaka を用いて編纂し経典を作り上げたが、Tipitaca の経典を南インド軍の侵入の際に狙われ、これを守ることを目的としてダンブッラ石窟寺院の建造を命じた Vattagamani Abhaya 王がこの地にも岩山の石窟寺院を建造させたことが起源。

内部は明るい装飾が施されて、紀元前92年の建造だが、歴史が古い割には内部の保存状態が良い。そもそも Aluvihara の名は「明るい寺院」の意味とされ、石窟寺院全体に陽の光が当たる設計がなされている点にもこだわりがある。

石窟寺院の中には10m級の黄色い寝仏像がある。狭い石窟の中にあってか、かなり大きな像に見える。その他、さまざまな姿の仏像が安置されている。ほかの窟内

には日本でも見る地獄絵図が壁に描かれ、その先には罪を犯した人間が死後の世界で悪魔に裁かれる刑罰を模した像が並ぶ。

岩山の上は図書館が設けられ、ここでインドの学者 Buddhagosa が仏教経典を Tipitaca に編纂したとされるが、6世紀に Buddhagosa はアヌラーダプラにいたことが有力視され、実際にこの地にいたかは定かでない。1848年、イギリスの侵略によって図書館は一度破壊され、その時に経典もバラバラにされたが、後に職人の手によって元に戻された。図書館内の Work Shop では僧侶があなたの名前を Tipitaca に起こすサービスを受けられる。

行き方はマータレーからダンブッラ方面行きバスに乗車し、アルヴィハーラで下車。Rs.13。マータレーの町からは3kmほどの距離なので徒歩で行くことも可能。もちろんスリーウィーラーを活用する方法もあるが、ほとんどメーター制ではないので要交渉。

【入場料】Rs.250
Trincomalee Road, Matale

丘陵地帯

スパイスガーデン
Spice Garden

　スパイスの産地マータレーでは薬草やスパイスの栽培が盛ん。日本では高価なものが安価で入手できる。街角のスリーウィーラーに頼めば適当なスパイスガーデンに連れて行ってくれる。中でもアルヴィハーラの斜め向かいにあるアルヴィハーラスパイスガーデンは種類が豊富で見るだけでも楽しめる。購入する際は値段交渉をお忘れなく。定価販売でないものは大体値引きに応じてくれる。

左上から順にヴァニラ、カカオ、コーヒー、アロエ、ジンジャー、ペッパー。このほかにも、アーモンド、唐辛子、シナモン、シトロネラ、サンタル、カルダモン、クミンなど、あらゆるものが栽培されている。

安らぎのひととき

大自然を満喫

優雅に

【所要】マータレーから20分、キャンディから35分　予約の際には送迎も受け付けます。
【アクティビティー】茶園、ワールズエンド、センワッタ湖、ナックルハイキングなど各ツアー、スリランカ料理教室もございます。
【シングル】$80　　【ダブル】$125
【スイート】$150　【3室貸切】$625
※朝食付き　SC10%
☎ 066-4920206
🏠 www.ashburnhamestate.com
✉ Ashburnham.Estate@gmail.com

アシュバーンハム エステート
Ashburnham Estate

宿泊施設

レストハウス・マータレー
Rest House Matale

際立った特長のない宿だが、エアコン付きでホットシャワーが使える点はありがたい。マータレーの中心部に宿は少ないので貴重な存在。鉄道駅からの距離も近く便利。併設のレストランはスリランカ、中華、西洋料理など。

全14室
$40〜
Park Road, Matale
☎ 066-2222299

クローバーグレンジホテル
Clover Grange Hotel

部屋はシングル・ダブル・トリプルの3種。レストラン・バーを備えている。宿泊費用は安く、どちらかというとバックパッカー寄り。バス乗り場に近い。

全3室
Rs.1,500〜4,000
95, King Street, Matale
☎ 066-2231144

Useful Information

スパイスガーデンが林立するマータレー地区。旅行客に親切なところもあれば、逆に旅行者を狙う悪質なショップもある。相場を知らない者にハーバルオイルを高く売り付ける輩も存在するので、購入はくれぐれも慎重に。納得行かない買物と思ったならばキッパリと断わること。

↑街道沿いのハーバルガーデン。購入は慎重に。

ナーランダ

マータレーから北へ約25km、ダンブッラから南へ約20kmに位置する小さな町で、ここがスリランカ島ではマータレーよりさらに中心にあたる。

ナーランダ遺跡のほかにはスパイスガーデンを備えたリゾートホテルがこの界隈に集中しているが、基本的には静かな田舎町である。

交通手段 マータレーかダンブッラから路線バスに乗り、途中下車する。下車するポイントが難しいので車掌にナーランダに到着したら教えるよう頼んでおくと良い。シンハラ語で「ナーランダ、アヴィッラ、キヤンナ」。マータレーからRs.41、ダンブッラからRs.44。この区間はスリーウィーラーの方が移動が楽なので検討されたし。

ナーランダ遺跡
Nalanda Ruin

南インドヒンドゥー寺院式建造物がある。ヒンドゥーの神を示す像などはなく、内部には風化から守られている仏像と、性を模した石像が存在する。デコレートされたものを含み、石材のみを用いた8〜11世紀の建造とされ、スリランカで最も古い石造建築の一つ。芸の細かさには感嘆させられる。

【営業】7:00〜17:00 【入場料】Rs.500

左の建物内には風化から逃れた仏像が安置されている。右は旧時代のダゴバ。当時としては精密な設計技術に驚かされる。

丘陵地帯

Sri Pada (Adam's Peak) スリーパーダ

概要

ハットンから山道を33km（直線で約15km）進むとスリランカの聖地、スリーパーダにたどり着く。英表記では"Adam's Peak"と呼ばれる標高2243mの聖なる山。この頂上に残された足跡を各宗派がそれぞれの伝説（仏教徒は仏陀が訪れた際に残したもの、キリスト教徒は使徒セント・トーマスのもの、ヒンドゥー教徒はシヴァ神のもの、イスラム教徒はアダムのもの）を信じ、崇め巡礼する。この巡礼は1000年以上も前から続けられている。近年では巡礼開始を12月のポヤデイに定め、Vesak祭りの5月まで続き、順路には灯りが燈る。

伝説の中で興味深いものに、仏陀が来島の際に休んだとされる洞窟の存在が挙げられる。最初はラトゥナプラにあるといわれていたが、近年ではスリーパーダであったとの見解が強く、現在調査が進められている。史実はともかくとして、このような伝説が生まれるのもスリランカならではであろう。

登頂のピークは比較的季節の良い12〜4月。季節を外すと天候が不安定となり、足場が悪いところを雨で滑りやすくなるので注意が必要。ハットン側からの登頂は比較的緩やかで、麓の町ナッラタンニヤから凡そ7kmの道のり。巡礼者の多くはこのルートを好む。登りで5〜7時間を要するが、下りに時間が掛かるので夜明け前に登頂を開始するくらいが適当。午前2時ごろから登頂を開始すると、頂上に達するころに朝日を見れるタイミングとなる。ラトゥナプラから山頂を目指す場合、麓の町シリパガマから登頂を開始する。おおよそ8.5kmの道のりで10〜12時間を要し、道はナッラタンニヤ側から登頂するより険しい。どの方向からにしても、登頂の際にはトレッキングシューズ、長袖の上着を準備すると良い。山頂は寒いので半袖シャツ姿での登頂はお薦めしない。翌日の筋肉痛に備え、スケジュールを立

丘陵地帯

てて挑みたい。人によっては筋肉疲労緩和用の湿布薬などがあると便利だろう。
　キャンディかヌワラエリヤ、あるいはラトゥナプラの宿泊施設でツアーに参加するのが無難。経済面を重視なら麓の町ナッラタンニヤ（英語名 Del House）で宿を確保する方法もある。ナッラタンニヤには比較的低料金の宿が集中しているが、高級ホテルの類はない。ピーク時は満室になる恐れがあるので事前に予約を入れると良い。

交通手段　【バス】ハットンから麓の町ナッラタンニヤ (Del House) へ向かうのが一番楽で、列車の到着時刻に合わせて発車する。ハットンから約 1 時間で Rs.51。途中のマスケリヤ行きしかない場合は一度乗り換えとなる。ピーク時はキャンディ、ヌワラエリヤ、コロンボからスリーパーダ麓の町ナッラタンニヤ・マスケリヤまでバスが頻繁に走る。コロンボから SLTB バスで Rs.185、所要 5 時間。キャンディからは Rs.117 で所要 4 時間。ヌワラエリヤからは RS.72 で所要 2 時間ほど。インターシティーも走るので体力温存のためそちらをお薦めしたい。ラトゥナプラ側から登頂の場合はシリパガマで下車する。所要約 3 時間で Rs.117。

● **ナッラタンニヤの主な宿泊所**

★ **グリーンハウス**
Green House
スリーパーダ入口手前にある好立地。シャワーは共同。料金が安くレストランもありバックパッカーに人気。別料金でホットシャワーが使える。
Rs.600 〜　☎ 051-2223956

★ **ホワイトエレファントホテル**
White Elephant Hotel
ナッラタンニヤのバス停から 600m ほどの位置にある比較的一般的なホテル。
Rs.3,000 〜　☎ 051-3507377
　hotelwhiteelephant.com/
　hotelwhiteelephant@gmail.com

Ratnapura ラトゥナプラ

概要

　スリーパーダとシンハラージャ森林保護区の中間に位置する、言わずと知れた宝石の産地。ラトゥナプラとはシンハラ語で「宝石の町」を意味する。

　町を歩けば宝石を売る男たちが観光客に近寄ってくるが、執拗に食い下がる者は少ないのでゆっくりと眺めていられる。ちなみにスリランカでは全世界にある宝石の種類のうちの半分は採掘可能といわれている。採掘現場は古典的な手法が導入され、採掘する土地を購入し、適当な河原か掘り進んだ地中から砂利をすくい、人間の手だけで原石を探し当てる。町の中心から少し離れれば、あらゆる場所で採掘場を見ることができる。近年では機械の導入がなされ、もしかするとこれまでに見られなかった種類の宝石も今後は発見されるかもしれない。

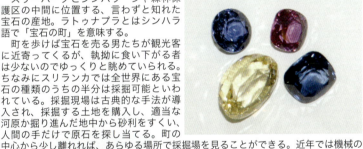

　この地域の気候は雨が多くウェットで、コロンボ界隈の平地に比べて気温が幾分低く、稲作地が広がりゴムの木が生い茂っている。一部では紅茶栽培も行われている。高い山々がモンスーンを遮るため、このような気候になるのだとか。

　スリーパーダのもう一つの玄関口としての側面もあり、ピーク時になると巡礼者の姿を見掛ける。町中には宿泊施設も数件見られる。

交通手段　【バス】コロンボからバスで所要約 3 時間。インターシティー Rs.270、ノーマル Rs.135。キャンディから約 4 時間、ノーマル Rs.173。マータラから約 4 時間、ノーマル Rs.215。鉄道は過去にカラニヴァレイラインがラトゥナプラまで運行されていたが、現在は途中のアヴィッサウェッラから先はレールが撤去されている。エコロジーの観点から、今後の復活を望みたいところ。ちなみにアヴィッサウェッラからはノーマルバスで所要 1 時間、Rs.67。

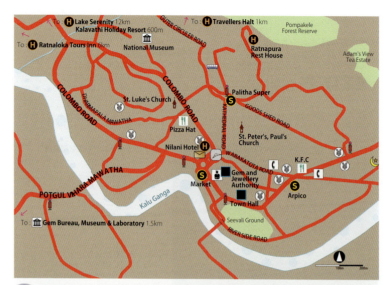

観光スポット＆アクティビティー

宝石採掘場

Gem Mines

古典的に掘った井戸の底で砂利をザルですくい、上に広げて一つ一つ人間の目で原石を確認する手法を好む。重機をむやみに導入しない理由として、この方式こそが原石を破壊しないメリットがあると考えられているからである。近年までこの国での宝石に対する一般的な考え方は、採掘した原石は極力デザインのために切ったり加工することはせず、元からあるものをそのまま生かすことに重点を置いていた。そのため、販売の段階で消費者に受け入れられないこともあってか、現在では他国の方式に倣ってデザイン加工することも多くなった。しかしながら元からある素材を大切にして生かす気持ちは彼らの根底にある。

井戸の中で砂利をすくい、地上へ。

他国では見られない独特な採掘光景から、近年では彼らの姿を撮影する外国人旅行者が増加傾向にある。彼らを撮影する際のエチケットとして、一言断ってから行うこと。大半が現金を要求されるので、撮影前に交渉すること。Rs.500〜1,000が相場。また、お金ではなく撮影された写真の送付を要求する者もいるので、その場合は住所と氏名またはメールアドレスを聞いて、後日、日本からエアメールで送付するかeメールにて添付送信すると良い。

地上班は砂利を受け取り、中から原石を探す。

ちなみに彼らの生活は原石の発掘量に比例するため、日によっては採掘されず、酸欠の苦痛に耐え重労働の甲斐なくいら立っている者もいる。軽率な態度は絶対に慎むこと。その場で原石を購入する場合も要交渉。

原石は町のバイヤーや宝石商へ卸される。

国立博物館
National Museum

宝石の採掘場で発見されたサイや象など動物の化石を展示のほか、自然遺産、宝石、原石も展示。

【開館】9:00～17:00 ※休館：日月祝
【入場料】[大人] Rs.300 [学生／子供] Rs.150 [カメラ撮影] Rs.250～
Colombo Road, Ratnapura
☎ 045-2222451

ラトゥナプラ宝石局、博物館・研究所
Ratnapura Gem Bureau, Museum & Laboratory

鉱物や宝石の展示、採掘と研磨の過程が見られる。比較的低価格で購入できるため、宝石商も多く立ち寄る。

【開館】9:00～16:00
【入場料】無料
Pothgulvihara Mawatha, Getangama, Ratnapura
☎ 045-2222469

宿泊施設

ラトゥナロカ・ツアー・イン
Ratnaloka Tour Inn

プールサイドのバーベキュービュッフェやダンスショーなどが楽しめる。スリーパーダ、宝石採掘現場、ウダワラウェ国立公園など、ラトゥナプラならではのオプショナルツアーも充実。

全53室 ★
[スタンダード] Ⓢ$60～ Ⓓ$70～
[デラックス] Ⓢ$90～ Ⓓ$100～
Kosgala, Kahangama, Ratnapura
☎ 045-2222455/4565　045-2230017
🌐 www.rathnaloka.com
✉ ratnaloka@eureka.lk

レイクセレニティー
Lake Serenity

茶畑に面したロケーションとクラシカルな調度品で室内を引き締めたブティックタイプの宿。館内の池には手漕ぎボートを設けてある。宝石採掘場やスリーパーダ登頂ツアーのほかに茶畑見学ツアーを用意。

全14室 ★★
Ⓢ$103～ Ⓓ$115～ Ⓣ$130～
Gonapitiya, Kuruwita, Ratnapura
☎ 045-4928666　045-2262199
🌐 www.lakeserenity.lk
✉ info@lakeserenity.lk

カラワティ・ホリデイリゾート
Kalavathi Holiday Resort

丘の上の見晴らしの良い位置に国内で有名なアーティスト Purandara Sri Bhadra のデザインで設計された宿泊施設を建造。庭にはハーブガーデンを備え、室内は清潔にまとめられて、バックパッカーに人気の割得感がある宿。町の中心部にも近く便利。

全5室
$33～
Amuna Road, Polhengoda, Ratnapura
☎ 045-2222465

トラベラーズホールトホテル
Travellers Halt

低価格な宿泊施設。清潔なので居心地は良い。所有するマイクロバスでのシンハラージャ森林保護区やウダワラウェのツアーもある。閑静なロケーションでありながら町の中心部に近い。

全6室
[ノーマル] Rs.2,500～3,500
[デラックス] Rs.4,000 ※AC追加 Rs.1,500
30, Outer Circular Road, Ratnapura
☎/📠 045-2223092
🌐 travellershalt.com
✉ info@travellershalt.com

Horton Plains ホートンプレインズ

概要

"森の楽園" ホートンプレインズは標高が2番目に高い Kirigalpotta(2395m) と Totapola(2359m) の影に隠れた雄大な自然公園。まさしく高地のジャングルといえるエリアで、2000m級の高さに草原、森林、岩場、滝があり、平地には生息しない動植物を多く見ることができる。特に鳥類はスリランカにのみ生息する種が多く、学術関係者には一目置かれている。大型動物は過去に象が生息していたが現在は見かけず、豹、鹿、サンバー、イノシシは多く生息。地名は1831～1837年の英国人統治者 Robert.W.Horton にちなむ。
2010年にホートンプレインズ国立公園、ピークウィルダーネス自然保護区、ナックルズ自然保護区がユネスコ世界遺産として登録されている。

交通手段 バス、鉄道とも直接向かうことはできないので、ヌワラエリヤやラトゥナプラからオプショナルツアーでの参加かツーリストカーを手配するのが現実的。途中まで鉄道やバスを利用する場合、パッティポラかオヒヤで下車し、待機するツーリストカーやスリーウィーラーと往復移動の交渉をすることになる。目安としては待機時間を含めて Rs.3,000～は必要。両地区から徒歩で向かうことも可能だが、公園管理事務所まで12kmほど距離がある。園内は暗くなってからでは危険なので早朝から行動を開始したい。

ワールズエンド

World's End

ホートンプレインズ国立公園内にある"地の果て"を味わっていただきたい。最初に数十分ほどでリトルワールズエンドに到達する。そこをさらに進むと展望が一気に開け、足元がすくむような断崖絶壁に出られる。高原に突如現れる垂直に880mも切り立った崖である。公園全体を歩くのに約10km、所要約3時間となる。ワールズエンドからの景色は霧に包まれるため、できる限り1～3月の早朝に訪れ4～9月の雨期を避けること。朝10時台は霧がたち込めるので少し遅らせるくらいにワールズエンド到着が望ましい。公園管理事務所がチケットオフィスとなる。足に自信がなければチケットオフィスで車の手配が可能。公園内での宿泊は88ページの森林局か野生生物保護局へ相談を。

【入場料】[大人] $30 [子供/学生] $15
※ジープ、バス等は別料金

Nuwara Eliya ヌワラエリヤ

概要

　元植民地の中でも比較的当時の雰囲気が残ることで世界的に有名な町で、スリランカにいることを忘れるほどの強いコロニアルムードを感じさせる。そもそもこの地は"Little England"と呼ばれ、イギリス支配期に避暑地として大掛かりな整備が行われた。町の中心にある郵便局の赤い屋根、ビクトリアパーク、ハッガラ植物園、ゴルフコース、競馬コース、紅茶のプランテーションなど、一目でほかと大幅に異なることを感じさせる。現在ではヨーロピアン観光客のほか、地元の人たちの避暑地としても利用される。ヌワラエリヤとはシンハラ語で"明かりの灯る町"の意味。
　スリランカ最高峰 Pidurutalagala（2524m）と森林に囲まれた立地条件からスリランカでも涼しい地域とされ、1～2月の夜は長袖が必要で掛け布団がないと風邪をひくほど。この気候は前述の紅茶栽培のほか、野菜・果物栽培にも生かされている。
　1819年、John Davy がこの地を訪れ、イギリス人の避暑地として開拓を始める。後にイチゴやレタスを持ち込み、栽培に成功。続いてコーヒー栽培に着手し、一時的に成功を収めたものの、細菌に侵されて衰退。細菌に強い紅茶栽培へと切り替えを試み、ヌワラエリヤとキャンディの中間ほどにある Loolecondera Estate にて成功。その後、同じ植民地の南インドからタミル人労働者（スリランカ土着とは異なる）を導引し、セイロンティーの大量生産に踏み切り大成功を収める。現在、ヌワラエリヤのほかにキャンディやルフナなど、国内各地で紅茶が栽培され、それぞれの地域名を銘柄に冠し、それぞれ微妙に異なったテイストが売りとなる。
　ヌワラエリヤへの鉄道移動は町の中心から離れたナーヌオヤに停車するため不便ではあるが、景色の良さとコロニアルな旅情で人気が高い。ちなみに1948年まではナーヌオヤから町の中心部までは紅茶運搬を主とした支線が存在していた。
　栽培技術が発達した現代、コーヒー栽培に再挑戦し、順調に成功を収めつつある。インドネシアやベトナムに続くコーヒーブランド確立となるか、期待が寄せられている。

丘陵地帯

| 交通手段 | 【バス】インターシティーバスがキャンディから30分ごとの発車で所要約4時間Rs.200、ノーマルでRs.100。コロンボからは所要約6時間Rs.480、ノーマルRs.240。マータラ往復は所要8時間ノーマルRs.328。ジャフナからは9～10時間でノーマルRs.528。その他近郊都市、ハプタレーやバンダーラウェラ方面からはノーマルバスでウェリマダへ出てヌワラエリヤ行きに乗り換える。
【鉄道】中心部から9km離れたナーヌオヤ駅で下車し、バスかスリーウィーラーに乗車する必要がある。バスルートは715/5、あるいは749 パッティポラ行き（Rs.24）。コロンボから所要約9時間、1等Rs.600、2等Rs.370、3等Rs.240。キャンディから所要約7時間、1等Rs.260、2等Rs.150、3等Rs.80。

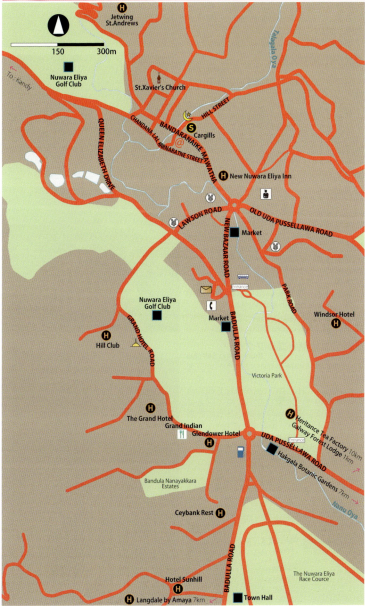

丘陵地帯

観光スポット＆アクティビティー

ハッガラ植物園
Hakgala Botanic Gardens

町の中心部から南東におよそ7kmの地点にある。元来は抗マラリア薬のキニーネに用いられるキナ木の栽培を行い、後に植物の実験場として活用されてきた。27haの広さにバラ、シダ、その他薬草類が豊富に揃えられている。日本庭園があるのも興味深い。バスで移動の場合は311番でヌワラエリヤから20～30分。

【開園】7:30～17:00
【入園料】［大人］Rs.1,100 ［子供］Rs.550

ヴィクトリア公園
Victoria Park

町の中心部南側に位置し植民地時代に造園。27エーカーの広さを持ち、3～5月、8～9月が花の見ごろ。カシミールヒタキ（ハエを食べる植物）やインドヤイロチョウなどの鳥類を見ることができる。小柄だが日本庭園もある。週末・祝祭日になると地元の人たちが子供連れでミニチュアトレインを楽しむ。

【開園】7:00～17:30 【入場料】Rs.300

競馬場
Horse Racing

Sri Lanka Turf Clubのスポンサーによる競馬が12～1月、4～5月のシーズンに開催。2月はIndependence Cup、4月の旧正月はGovernor's Cupが開催され、各国のファンが集う。英国統治時代から150年以上続いている競馬は本場らしさがあるので、競馬ファンには是非見学してもらいたい。詳細は現地スポーツ新聞か以下連絡先へ。

Sri Lanka Turf Club, Nuwara Eliya
☎ 052-2222607/2224800

ヌワラエリヤ・ゴルフクラブ
Nuwara Eliya Golf Club

英国植民地時代の1889年に創設。本格的な18ホール・6070ヤード・パー70の構成。コロンボに比べれば気候の良さがあるので、冷涼な空気の中で存分にプレイを楽しみたいならばこちらがお薦め。宿泊施設があり事前予約が可能。

【グリーンフィー18ホール】
Rs.5,500（平日）Rs.4,400（土日祝）
⊙キャディー：Rs.560
⊙クラブレンタル：Rs.1,000
Nuwara Eliya Golf Club, Nuwara Eliya
☎ 052-2222835　052-2224360

丘陵地帯

宿泊施設（高級・リゾート）

セント・アンドリューズホテル
ST' Andrew's Hotel

　100年以上の歴史を誇るコロニアルなホテルをジェットウィングが運営。調度品や酒蔵を当時のままに残し、ぜいたくでコロニアルな気分に浸れる。紅茶の製造過程見学ツアーや乗馬などのアクティビティーも充実。細かいサービスも行き届き、気品に満ちあふれている。町の中心部に近い距離。

全44室　★★★
[スーペリア] $127〜　[デラックス] $167〜　[スイート] $187〜
10, St. Andrews Drive, Nuwara Eliya
☎ 052-2223031, 011-2345720（予約）　📠 052-2223153
🌐 www.jetwinghotels.com/jetwingstandrews/　✉ resv.standrews@jetwinghotels.com

グランドホテル
Grand Hotel

　1830〜1850年、イギリス総督 Edward Barnes の屋敷として建造された。宿泊施設としては1891年にオープン。内部は広さと重圧感に圧倒させられる。実績の違いと本格コロニアルと呼べる造りに、ヨーロピアンツアー客も満足する。近年では内部を改装され四つ星を獲得し、名実ともにヌワラエリヤを代表するホテルとなった。ゴルフ場に至近のため、ゴルフツアーとしてこのホテルを利用するヨーロピアンも多い。

全145室　★★★★
[デラックス] Rs.18,700〜　[ジュニアスイート] Rs.34,500〜
[プレジデンシャルスイート] $56,000〜
Grand Hotel, Nuwara Eliya
☎ 052-2222881/7　📠 052-2222264〜5
🌐 www.tangerinehotels.com/grand-hotel.html　✉ rm@grandhotel.lk

丘陵地帯

ヘリタンス・ティーファクトリー

Heritance Tea Factory

紅茶工場が高級リゾートホテルをオープン。紅茶が出来上がるまでの一連の行程に参加する茶摘みツアーが好評。周囲は紅茶畑に囲まれ、紅茶ファンには最高のひとときを与えてくれる。敷地内には植民地時代に使用された3等鉄道車両を展示。

全54室 ★★★★
[スーペリア] $146〜 [デラックス] $187〜
Kandapola, Nuwara Eliya ☎/📠 052-5555000
🌐 www.heritancehotels.com/teafactory/ ✉ ebiz.lk@aitkenspence.lk

ラングデール・バイ・アマヤ

Langdale by Amaya

アマヤグループが運営する、新婚や家族の宿泊をターゲットにしたロマンチックを売りとする宿泊施設。気温が低くとも温水のプールで楽しめるのがありがたい。ほかにもテニスコート、ハーバルスパ、紅茶畑見学やトレッキングなどのアクティビティーも充実させ、旅行者の最高の思い出作りを手伝ってくれる。

全13室 ★
[スーペリア] $185〜 [ラグジュアリー] $215〜 [デラックス] $265〜
10% SC TAX, TOTAL 25.7%
Radella, Nanu Oya, Nuwara Eliya
☎ 052-4924959, 011-4767888, 4767800（予約） 📠 052-4924831
🌐 www.langdalebyamaya.com ✉ reservation@amayaresorts.com

ウィンザーホテル
Windsor Hotel

コロニアル風の調度品が良い味を出し、クラシカルムードがほかよりさらに強め。値ごろ感があり人気が高い。町の中心部に立地し便利。

全48室　★★
[スタンダード] $60〜 [ラグジュアリー] $127〜
[スイート] $177〜
2, Kandy Road, Nuwara Eliya
☎ 052-2222554/893　📠 052-2222889
🌐 www.windsorhotellk.com
✉ reservations@windsorhotellk.com

ガルウェイ・フォレストロッジ
Galway Forest Lodge

上品さが漂う高級ホテル。レストランは大人数を収容できる構造のコロニアル風。カラフルでありながら落ち着きも併せ持つ、ヨーロピアンの好むスタイル。

全52室　★★
Ⓢ $90〜 Ⓓ $100〜 Ⓣ $135〜
89, Upper Lake Road, Havelock Drive, Nuwara Eliya
☎ 052-2234717　📠 052-2222978

グレンドゥワーホテル
Glendower Hotel

ヌワラエリヤに相応しい旧英国スタイルをモチーフにして造られたこだわりの宿。スタッフのギターによるウエスタンポップミュージックの演奏が自慢。

全9室　★
[スーペリア] $89〜 [スイート] $104〜
5, Grand Hotel Road, Nuwara Eliya
☎ 052-2222501　📠 052-2222794
🌐 www.hotelglendower.com

宿泊施設（ミドルクラス・エコノミー）

グレンフォール・イン
Gren Fall Inn

日本滞在を経験者が運営するゲストハウス。室内は小ぎれいにまとまっている。日本人贔屓であらゆる相談に応じてくれる点が心強い。町の中心部から近く便利。

全6室
Ⓢ/Ⓓ $36〜70
33/3, Grenfall Road, Nuwara Eliya
☎ 052-2234394　📠 011-2500299
🌐 www.glenfallinn.com
✉ info@glenfallinn.com

ホテル・サンヒル
Hotel Sunhill

レストラン＆バーはムードが良くくつろげる。町の中心部に近く観光にも便利。コロンボ、マウントラヴィニア、カトゥナーヤカにもホテルを展開中。

全20室
Ⓢ/Ⓓ $40〜
18, Unique View Rd, Nuwara Eliya
☎ 052-2222878/300　📠 052-2223770
🌐 www.sunhill.lk　✉ info@sunhill.lk

丘陵地帯

お薦めの飲食店

グランド・インディアン
Grand Indian

比較的安い料金でインド料理を楽しめる。インド北部から南部までレパートリーが豊富。Rs.500〜800が目安。

【営業時間】11:00〜15:00　19:00〜23:00
Grand Hotel Road, Nuwara Eliya
☎ 052-2222881〜7　📠 052-2222264

ミラノレストラン
Milano Restaurant

イタリアン風の店名だが中華、スリランカ料理、軽食がメイン。参考料金はRs.300〜500。

【営業時間】7:30〜22:00
24, New Bazaar Street, Nuwara Eliya
☎ 052-2222763

Haputale ハプタレー

概要

ヌワラエリヤから南東46km弱の位置にある山岳南端の町。ヌワラエリヤほどコロニアルなムードはなく、どちらかといえば昔ながらの田舎町。町の中心部から南側は急な断崖に沿ってコロンボロードが敷かれ、その向こうは普段小雨が降ったり霧が掛かったりして視界が悪いが、晴れた日は他では見られない絶景が広がる。

周辺は英国植民地時代から継続運営される紅茶農園が多く、それにまつわるタミル人労働者も多く生活している。あらゆる場所にヒンドゥー寺院が設けられ、部分的にタミル社会が形成されている。

このエリアの気候は紅茶栽培に適した冷涼な空気に包まれており、朝晩はやや肌寒い。イギリス人を始めとする西洋人に好まれ、所々に西洋人の別荘やゲストハウスが点在する。

交通手段

【バス】ヌワラエリヤからノーマルバスで所要2時間 Rs.69。直通がない場合はウェリマダで一度乗り換える。コロンボやキャンディからはバンダーラウェラ／バドゥッラ行きインターシティーに乗車してハプタレーで途中下車する。コロンボから6時間半 Rs.530、キャンディから5時間 Rs.330。【鉄道】コロンボフォートから日中便で所要8時間、夜行で11時間、1等 Rs.680、2等 Rs.410、3等 Rs.260。キャンディから所要約8時間、1等 Rs.360、2等 Rs.200、3等 Rs.110。ナーヌオヤから1〜2時間、2等 Rs.80、3等 Rs.40。

丘陵地帯

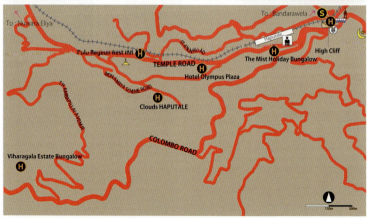

観光スポット＆アクティビティー

紅茶工場
Tea Factories

丘陵地帯では見学可能な紅茶工場・農園が多く、中には直送の茶葉を使って紅茶を提供する工場もある。ハプタレーの冷涼な空気には温かい紅茶が良く合う。コロンボロードに数軒あるので、堪能してみると良い。一杯 Rs.100 程度。

ディヤルマ滝
Diyaluma Falls

スリランカで 2 番目に大きい滝で、高さは 220m と巨大。シンハラ語でディヤルマは「勢い良く落ちる水」の意。バスで行く場合はウェッラワーヤ行きに乗り、コスランダを過ぎて 10 分くらいで到着する。所要 40 〜 50 分、Rs.51。

宿泊施設

ハイクリフ
High Cliff

眼下に広がる雄大な景色をお手頃価格で楽しめるお薦めの宿。町の中心部に立地し、バス停や鉄道駅にも近い。可愛らしい赤い建物が目印。部屋はこの地域らしく暖色系でまとめ、ホットシャワー付きで Wi-Fi 可。バーも居心地良好。

全 6 室
Ⓢ Ⓓ Rs.2,500　Ⓣ Rs.3,500　SC10%
Station Road, Haputale
☎ 057-2268096
🌐 highcliffehaputale.com

ウェッラワーヤ

ハプタレーから南東に 42km ほどの地点にある静かな町。このエリアに来ると標高が下がり、紅茶の産地で有名なウヴァ県の管轄ではあるが、乾燥した暑い気候に変わるため、厳密には丘陵地帯の括りには入らない。過去にルフヌ王朝の都が置かれた場所であったことと、スリランカでは珍しい岩肌に掘り込まれた仏陀が残されているブドゥルワーガラ遺跡がこの地を有名にしている。

交通手段　【バス】ハプタレーからノーマルバスで所要 1 時間半、Rs.67。ヌワラエリヤ、エッラからも便がある。ゴールから所要 4 時間半 Rs.221、アヌラーダプラから所要 8 〜 9 時間 Rs.378。鉄道はハプタレーが最寄り駅となる。

ブドゥルワーガラ寺院
Buduruwagala Temple

寺院の奥に仏陀の彫刻がされた岩がある。10 世紀のものとされ、中央の仏陀は高さが 15m 程。彫刻はジャングルにうまく埋もれていたためか、比較的保存状態は良い。中央向かって左に Tārā、Avalokitesvara、Sudhana Kumāra、右に Mañju、Maitreya、Vajrapāni とされる。Vajrapāni の手元にある金剛杵は密教を意味するのだが、スリランカでは大変珍しいケース。考古学博物館ではさらに詳しい情報を得られる。ウェッラワーヤから約 5km。タウンから路線バスで入口まで行けるが、実際には入口から遺跡まで距離があり、雨が降ると池の周辺がぬかるむのでスリーウィーラーを往復でチャーターするのが便利。

【見学時間】9:00 〜 17:00 ※博物館は 8:30 〜 17:00 ※水曜日休館　【入場料】Rs.200

Bandarawela バンダーラウェラ

概要

　ヨーロピアンの中ではヌワラエリヤに次ぐ人気の高い避暑地。標高は1000mを越え、朝夕の冷え込みはハプタレーと同等で吐息が白くなる。寒暖の差がある気候は紅茶・コーヒーのほか、あらゆる食品の栽培に適している。イギリス統治時代から続く紅茶農園や100年以上続くバンダーラウェラホテルなど、所々でコロニアルなものが残されているのも特徴。現地のハネムーナーにとっては新婚旅行先人気No.1、一方でリタイヤした人たちがこの地を選ぶという側面も持ち合わせている。

　町そのものはターミナル都市のため朝夕がラッシュで慌しいが、普段はのどかな山間のターミナル。特別な見所は多くないが、じっくり滞在をすればこの地の魅力を感じられるだろう。宿泊施設は町の中心部のあらゆる場所にある。このエリアを堪能するのであれば、山腹の見晴らしの良い位置にあるゲストハウスがお薦め。

交通手段

【バス】コロンボからは、バドゥッラ行きインターシティーで途中下車する。所要7時間、Rs.424。キャンディから所要5時間弱、Rs.310。マータラからノーマルで所要8時間、Rs.262。ハプタレー、エッラ、バドゥッラからは路線バスが頻繁に走る。【鉄道】自由度が高く、ワインディングでバスほど派手に揺さぶられない分だけ楽。コロンボから所要8時間半、1等Rs.700、2等Rs.420、3等Rs.265。キャンディから所要6時間、1等Rs.380、2等Rs.210、3等Rs.115。

丘陵地帯

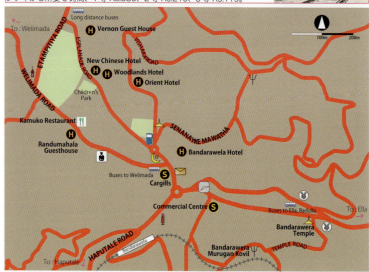

観光スポット＆アクティビティー

スワマドゥ・ヘルスリゾート
Suwamadu Health Resort

日帰りコースから数日滞在まで、希望に応じて施術を行う。スチームバスや常駐ドクターなど、装備・施術は本格的なもの。宿泊施設もある。バドゥッラ行きバスに乗車し、2km 程進んだところで下車。

Rs.3,500〜
Badulla Road, Bandarawela
☎/🖷 057-2222504

宿泊施設

バンダーラウェラホテル
Bandarawela Hotel

1893 年に開業し、調度品は 70 年以上も残されている。高台に位置し、町の中心部でありながらも喧騒から離れている。庭に星亀が飼われている点はユニーク。

全33室
S/D$45〜 [スイート] $80〜
SC10%　TOTAL TAX 25.7%
14, Welimada Road, Bandarawela
☎ 057-2222501　🖷 057-2222834
🌐 www.aitkenspencehotels.com/bandarawelahote
✉ reservations@bandarawelahotel.lk

ランマル・ティープランテーションバンガロー
Ranmal Tea Plantation Bangalow

鉄道から南側の山道を登った途中にあるバンガロー。室内はキレイにまとまっていて、部屋から見える景色は良好。静かで落ち着ける環境を求めるならばお薦め。

全5室
S/D$35〜　SC10% TOTAL TAX 25.7%
29, Kabillawela Poonagala Road, Bandarawela
☎ 077-7573600

オーガニック食材の料理、アーユルヴェーダで健康を満喫！

自社農地で採れたオーガニック（無農薬）のごま油、ココナッツオイルをふんだんに使った料理をご提供いたします。バンダーラウェラ方面を訪れる際は是非お立ち寄りください。お電話を下さればお迎えに上がります。アーユルヴェーダもご希望に応じて医師を手配いたしますので、お気軽にお申し付けください。もちろん、アーユルヴェーダは私たちのオーガニックごま油を使用しますので安全です。広大な農地を所有しておりますので、オーガニックごま油、ココナッツオイル、カシューナッツなど、ビジネスの購入でもご相談承ります。当宿泊施設をご利用くださいませ。

【所要時間】バンダーラウェラ中心部より車で 10 分。ほかの地域からの送迎は事前にご連絡をお願いします。
【宿泊】Rs.3,000〜 SC10% + TAX
☎ 057-2225060, 072-5186122
✉ 17cceylonpvtltd@gmail.com 【日本語】17c.ceylon.japan@gmail.com

BEAULYN　ビューリン

丘陵地帯

Ella エッラ

概要

　丘陵地帯の中でもヨーロピアンに評価の高い場所。山岳のヒッカドゥワと称されるような、外国人観光客には居心地の良い特異な発展を遂げている。そのため値が張らない宿泊施設が多く建てられ、その中には景色の良い宿も少なくない。紅茶畑で澄んだ空気を吸い、大規模な滝を眺めつつハイキングに興じれば、エッラの魅力を十分に堪能できる。翌日はバンダーラウェラ、翌々日はハプタレー、その次はエッラ――ゆっくりと山岳地帯を楽しむバックパッカーに倣って日々を送るのも悪くはない。

交通手段　【バス】バンダーラウェラから本数があり、バドゥッラ行きに乗って途中下車する。所要30分 Rs.24。バドゥッラからは所要40分 Rs.42。コロンボやキャンディからはバドゥッラ行きインターシティで途中下車する。【鉄道】バンダーラウェラから30分3等 Rs.15。バドゥッラから50分3等 Rs.20。コロンボから所要9時間、1等 Rs.720、2等 Rs.430、3等 Rs.270。キャンディから所要7時間、1等 Rs.420、2等 Rs.230、3等 Rs.125。

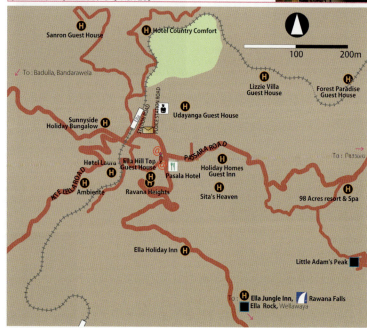

観光スポット＆アクティビティー

ラワナ滝
Ravana Falls

約6km程南に進んだところにある。雨季の勢いはすさまじく、乾季では穏やかさを見せ、地元の人たちは水浴びを楽しむ。

リトルアダムスピーク
Little Adam's Peak

Passara Roadを1kmほど進むと、右手に植物店が見えてくるのでその手前で左手に現れるガーデンショップに沿って歩くとたどり着く。天辺の形がスリーパーダに似ており、そこからの見晴らしは良い。

エッラロック
Ella Rock

どこのエリアからも見える大きな岩。ここを登ると、違ったエッラの風景が楽しめる。町から往復で3〜4時間程度。各宿泊施設に頼んで地元ガイドを付けると道に迷わずに済み無難。単独で行く場合は鉄道の位置を把握しておくと良い。

宿泊施設

98エーカーズリゾート
98 Acres Resort

地形を生かし、斜面にバンガローを設置した紅茶農園合体型リゾート。大きめのプール、レストラン、トリートメントスパサービスなどで館内を充実させている。

全12室
[スタンダード] $180〜190
[デラックス] $210〜220
Greenland Estate, Passara Road, Ella
☎ 057-2050050〜1　FAX 057-2050052
🌐 resort98acres.com
✉ info@resort98acres.com

エッラ・ジャングルイン
Ella Jungle Inn

丘陵地帯の大自然に溶け込むコンセプトのリゾート。室内は木目調が前面に押し出され、近代化から一線を置く配慮がされている。自然を追求する旅に適している。

全6室
S/D $80〜
Karandagolla, Ella
☎ 011-2761101, 077-7352372
FAX 011-2739243
🌐 www.wildholidays.lk
✉ info@wildholidays.lk

アンビアンテ
Ambiente

宿泊料金を低く抑えながらも景色が良く落ち着けるロケーションを確保。全体的に清潔感あり。食堂は中華、スリランカ料理などを選べる。

全8室
Rs.3,600〜　SC10%
Kithalella Road, Ella
☎ 057-2228867　FAX 057-2561274
🌐 www.ambiente.lk
✉ ambiente@sltnet.lk

ホテル・カントリーコムフォート
Hotel Country Comfort

静かな環境で落ち着いて滞在ができる。宿泊施設は牧歌的なイメージでこのエリアらしさを強調する。長期滞在する西洋人旅行者にも好評。

全16室
S $55〜　**D** $65〜
32, Police Station Road, Ella
☎ 057-2228532　FAX 057-2228501
🌐 www.hotelcountrycomfort.lk
✉ sountrycomfort@sltnet.lk
✉ info@hotelcountrycomfort.lk

スリランカ Q&A

Q
スリーウィーラーに乗車した際にドライバーと仲良くなったのですが、会話中に「あなたの宗派は？」と問われ、「無宗教」と回答したらけげんな顔をされました。なぜでしょうか？

A
スリランカではそれぞれの宗派をアイデンティティーとして捉え、無宗教という概念は受け入れられない社会環境があります。あなたが無宗教と発言すると勧誘されたりトラブルになる恐れが無きにしも非ず。日本人なら仏教、もしくは神道やクリスチャンと答えるべきでしょうが、神道は日本のみの宗派であることから理解され難いため、求められたら詳しい説明が必要となることも。

丘陵地帯

Badulla バドゥッラ

概要

 丘陵地帯の南東端にある交通の要所、そして鉄道（メインライン）の終着駅がある町。歴史は古く、支配国だったポルトガル、オランダ、イギリスはこの地を物流の重要拠点と位置づけ、特にイギリス統治時代では紅茶の集積所とする目的から鉄道の開通が早く、コロンボ～バドゥッラ間の全通は1924年。この界隈の車窓はとても幻想的で評判が良く、特にデモーダラ駅とウドゥワラ駅の周辺は駅舎、鉄橋、トンネルそれぞれが単独で存在し、ほかの建造物が何もないようなロケーションが多く、地元でもドラマの撮影などが盛んに行われている。道路網は西がヌワラエリヤ、北がポロンナルワ、東がポットゥヴィル、南がティッサマハーラーマに通じるため、現在でもその役割は変わらず、大型車両が頻繁に行き交う。町の中心部で部分的に古い教会があるのはそのような歴史背景が関係している。標高は680m程で、ヌワラエリヤやハプタレーほど寒くはない。

交通手段

【バス】交通の要所だけあり、各地からアクセスしやすく、本数も多い。コロンボからSuper Luxuryの運行がありRs.935、インターシティーはRs.625、所要7時間半。キャンディからインターシティーで所要6時間、Rs.342。マータラからはノーマルで所要7時間Rs.279。トリンコマリーからノーマルで所要8時間Rs.357。アヌラーダプラからノーマルで5時間半Rs.310。【鉄道】コロンボから所要約10時間、1等Rs.740、2等Rs.450、3等Rs.285。キャンディから所要7時間半、1等Rs.460、2等Rs.250、3等Rs.140。

Useful Information

 コロンボからバドゥッラ方面へは夜行列車を使う方法もある。寝台ならば1等料金で乗車が可能なので、座って移動するより寝転がって移動したい人、宿泊代を浮かせたい人には便利。出発予定駅で10日前までにチケットを購入すると良い。

観光スポット＆アクティビティー

ドゥンヒンダ滝
Dunhinda Falls

 約5km北にあるスリランカ最大の滝。勢いを増すのが雨季の6～7月。バドゥッラから直行バスでRs.17。滝の見学料はRs.200。入口から滝までの道が若干険しいので、スニーカーやアウトドア用の靴があると便利。

カタラガマデーワーラ　Kataragama Devala

カタラガマ神（サマン）が祭られている。キャンディ式で建造されているのが特徴。カタラガマまで行けない人たちがここで祈りを捧げる。

ムティヤンガナ寺院　Muthiyangana Raja Maha Viharaya

仏陀の汗が真珠に変わったという伝説が有名で、スリランカ上座部仏教において重要な寺院。その真珠が納められているダゴバに信者は祈りを捧げる。

宿泊施設

リバーサイドホリデイ・イン　Riverside Holiday Inn

一般的な造りの宿泊施設。鉄道駅に近く町の中心やバス乗り場にもすぐ出られる。就寝時は蚊帳を使うタイプ。ホットシャワーあり。

全16室
Rs.3,000～
27, Lower King Street, Badulla
☎ 055-2222090
✉ riverholiday@yahoo.com

ホテル・サナスタ　Hotel Sanasta

プール、ジム、レセプションルームを備える、この地域では比較的装備の良い宿。中心部から少し離れているので静けさがある。

全6室
Rs.3,500～
576, Passara Road, Badulla
☎ 055-3553535　📠 055-2226484
✉ hotelsansta@gmail.com

旅の思い出に残るティーとティーフード

紅茶と聞くと誰もが英国（イギリス）と頭に浮かぶのではないでしょうか？

紅茶の文化は英国から世界に広まりました。近年、イギリスの茶園でも紅茶葉が作られたとのことですが、紅茶の主流原産国は、インド、中国、スリランカ、ケニヤ等……亜熱帯地域の国々で作られています。特にスリランカは世界最大の紅茶輸出国として世界各国に輸出されています。

☕ ジンジャーティー

ちょっと刺激的な味わいとエキゾチックな香りが漂うジンジャーティーと、ティーソーサーに１片のジャガリーが添えられた温かい１杯の紅茶で迎えられた、ヌワラエリヤのホテルでの思い出があります。

数年前にスリランカで旅行した時のこと。ホテルに到着した時はすでに夕闇が迫り、移動の疲れがピークに達してました。添えられたジャガリーをかじりながら飲んだジンジャーティーが旅の疲れを癒してくれたことは思い出の１ページです。

ヌワラエリヤはスリランカの中でも高地にあり、季節によっては南国とは思えぬ寒さを体感する事があります。

帰国後に早速オリジナルのジンジャーティーを試作してみました。スリランカで頂いたジンジャーティーはジャガリが添えてありましたが、私はジンジャーにハニー（キトゥル）とスパイスをプラスし、飲む時にミルクを注ぎ、紅茶屋さんオリジナル**ジンジャーハニーミルクティー**（レシピ別添）で楽しんでいます。

☕ スリランカ風ローカルティー

世界ではその国その国で独特の飲み方がありますが、スリランカのホテルのほとんどが英国式のティーで紅茶を楽しませてくれます。

街角のカフェでは、ローカルティーという独特の方法で抽出した紅茶を楽しむこともできます。現地スリランカのローカルティーは大きなカップ２個に紅茶液とパウダーミルクをミックスし、高い位置から交互にカップに入れ替えて泡をたっぷり立てたとてもクリミーな味わいのミルクティー「キリテー」[※1]と「カハタ」[※2]というストレートティーが楽しめます。

※1「キリ」はミルク、「テー」は茶のことです。※2「黒い」という意味があります。

丘陵地帯

紅茶工場

ティーボイラー

スリランカを旅すると、日本にはない紅茶の飲み方に出合えます。

キャンディの街角にあるレストランや喫茶店では、地元の人はキリテーをカトレットというスパイシーなスナックと一緒に飲みます。

スリランカ紅茶の父と呼ばれるジェームステイラーが初めてアッサムから取り寄せた紅茶の苗木を植えたキャンディ郊外のルーラコンデラ茶園に向かう途中、雑貨屋風の茶店ではキャンディのレストランで飲んだローカルミルクティーとは少し違う作り方のキリテーを飲んだり、ゴールの街角で興味津々に買ったストリートフードのワデをホテルの部屋に持ち帰り、紅茶のお供にしたときの味は今でも忘れられません。

スリランカはかつて英国の植民地でもあったことから、思わぬところで英国風のティーを味わうことができます。スタイルは英国風ですが、どこかスリランカの味がプラスされていて独特な紅茶文化を形成しています。

ワデ

🍵 スリランカでの英国風アフタヌーンティー

コロンボのヒルトンでちょっと豪華なティータイムを楽しみました。大分前のことなので、今でもやっているのでしょうかね？

その時のティーフードを写真を見ながらいつも思い出しています。

テーブルの上にあったスリランカの**ティーボイラー**（スリランカのサモワールのようなもの）が印象に残り、どうしても欲しくなり、スリランカの茶商にお願いして作ってもらいました。

それと、コロンボのシーフードレストランで食べたあの味が食べたいと紅茶仲間に言うと「ええー!?」とけげんな顔をされる、フィッシュ＆チップスもスリランカ風味でこちらも忘れ難い思い出のお味です。

豪華なアフタヌーンティー（ヒルトン・コロンボでのティータイム）

🍵 スリランカと日本、共通する米の食文化

日本とスリランカは米を主食とする国です。

日本には、落雁という米粉を使った伝統的な干菓子がありますが、スリランカにもこれと良く似たアルワという米粉のお菓子があります。日本の落雁

丘陵地帯

とスリランカのアルワの違いは、落雁はアルファー化した餅米生地に砂糖と水を加え型で固めた甘いものですが、スリランカのアルワはベーター化のうるち米に、スパイスを加えた生地に砂糖と水でシロップを混ぜて型で抜いたスパイシーな味のお菓子です。その他の米を使ったスイーツやスナック類はスリランカの独特な食文化を楽しませてくれます。

　紅茶は世界共通の飲みものとして親しまれておりますが、料理はその国に足を運んで食べるのがベストですね。皆さんもスリランカに行って本場の味を堪能していただきたいと思います。

　私はスリランカの紅茶からスリランカ風土、文化、そして料理とスリランカの魅力にどっぷりとはまってしまい、今ではスリランカの料理に留まらず"スリランカの紅茶と世界のフード（料理）をペアリングする"というテーマで日々奮闘しています。

「スリランカに行ってきました……」「行く時間が取れないけど……」「今度スリランカに行くのにちょっと予備知識がほしい……」等々、スリランカに興味がある方は是非、紅茶屋さんにお越しください。おいしい紅茶やスリランカ料理と一緒にスリランカ談議を楽しみましょう。

シンハラ菓子（手前がアルワ）

紅茶屋さんレシピ

ジンジャーハニーミルクティー

★ 材料（ティーカップ2杯半分）★

- 紅茶葉……………中盛り2杯（5～6g）
- お湯………………320cc
- 手作り生姜シロップ…適量
- ミルク……………適量

★ 作り方 ★

①、湯通ししたポットに茶葉を入れ、熱湯を注ぎ3分程蒸らす。②、ティーカップに下記の手作り生姜シロップを入れる。③、①を茶漉しで濾しながら②のカップに注ぐ。④、お好みで③にミルクを注いで出来上がり。

※生姜について

★ 身体を内側から温める効果がある生姜を使った紅茶は、寒い冬には乾燥生姜を利用し、暑い夏は生の生姜を使うのが良いでしょう。
★ より生姜の味を強くしたい時は、スライスではなくすり下ろした生姜を使ってみましょう。

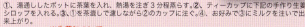

――― 手作り生姜シロップ ―――

★ 材料 ★

A.
- 根生姜……200g
- 水…………2 cap
- 砂糖………200g
- はちみつ…大さじ5
- レモン汁…大さじ4

B.
- シナモンスティック…1～2本
- クローブ……………2～3粒

★ 準備 ★

・生姜はすりおろしておく。

★ 作り方 ★

①、鍋通に A を入れ弱火で約10分煮る。②、①に B を入れ約2分煮て、そのまま冷ます。③、煮沸した保存瓶に②を入れ、蓋をして冷蔵庫で保存する。

※冷蔵庫で約1～2週間保存可能

★ お勧めの飲み方 ★

- 炭酸で割ってジンジャーエール（スッキリした味わいが美味しい）
- 紅茶やほうじ茶で割ってホットジンジャーティ（身体が温まって風邪予防に）
- 温めた牛乳を注いでジンジャーミルク
- 甘酒に生姜シロップをプラスして、甘酒生姜
- ココアにプラスしてジンジャーココア
- マッコリに加えてジンジャーマッコリ

紅茶屋さん：加地 信江

文化三角地帯
Cultural Triangle

文化三角地帯の歴史・概要

　紀元前から1500年近く続くシンハラ王朝の歴史は、文化三角地帯のあらゆる場面に遺産を残した。
　Raja Rata（王の国）と呼ばれるこの地域は隣国から押し寄せるタミル民族に侵略され、攻防、時には血みどろの戦争へ発展するなど、激動の歴史を刻み続けてきた。一方で仏教を基としたほかのアジア国家との交流が活発で、当時からアヌラーダプラとポロンナルワには技術力と精度の高い貯水池や灌漑設備が整い、現代の上空写真から見ても繁栄していたことが分かる。――度重なる侵略に悩まされ遷都を余儀なくされ、ついにこのエリアが都を失うと、1000年もの間ジャングルに埋没してしまった。
　西側の支配とともに王朝の概念が薄れ、やがてスリランカとして独立・再出発する近代になり、この地域の発掘作業や文献調査が行われた。鮮明に残された歴史上の記述を基に、アヌラーダプラ、ポロンナルワ、シーギリヤなど、当時の姿を再現するに至ったが、いまだ発掘されていない遺跡群がジャングルに埋没しているのが現状で、今後の発掘作業次第では新たな発見が期待される。

　外交、宗教、戦争など、奥深いさまざまなテーマが凝縮され、考古学・歴史学ほか、あらゆる観点からも興味深い。見所が非常に多く、全てを見るための周遊には最低でも4～5日を要するほど。
　考古学や宗教学的に興味深いだけでなく、古都への観光は旅人の心に静寂を与え、ビーチや丘陵地帯の観光とは違った趣を楽しませ、スリランカ観光の懐の深さを感じさせてくれる。
　南西部とは気候が異なり、年間を通してドライ。このエリアに足を運ぶ際は日中の日差しが強いので、帽子や日焼け止めクリームなどの対策を考えておくことを勧める。
　仏教寺院内ではスリランカ基本情報❶（40ページ参照）にも記載したとおり、脱帽や着衣について、くれぐれもルールは守っていただきたい。また、この地域の仏教寺院の大半はサンガ（僧団）により運営され、入場料以外にもお布施を要求される場合があるので配慮するのが望ましく、数百ルピーが妥当。

Dambulla ダンブッラ

概要

スリランカ最大の石窟寺院がこの町を有名にしている。訪れる観光客のほとんどがこの石窟寺院の見学を目的とする。文化三角地帯の周遊に欠かせない見所の一ヵ所で、シーギリヤに近いことからまとめて観光すると良い。町自体はのどかでありつつも、各方面からの道路が交差する要所のため、車の往来は激しい。

交通手段 【バス】ダンブッラは各方面からの道路が交差するため、バスのアクセスは非常に良い。クルネーガラからノーマルで所要45分 Rs.83。ポロンナルワからノーマルで所要1時間半 Rs.90。アヌラーダプラ、キャンディから所要2時間で、それぞれ Rs.85、Rs.101。マータレーから約45分 Rs.69。シーギリヤからは40分で Rs.34。コロンボからは約3時間半でインターシティー利用 Rs.360、ノーマルは所要4時間半 Rs.180。

観光スポット

黄金寺院
Golden Temple

岩山のふもとに日本の仏教徒のお布施によって建てられたモダンなデザインの寺院。インターネットカフェを併設し、仏教関連の書籍を販売する。仏教に関する博物館もある。入場料は後述する石窟寺院のチケットに含まれる。

石窟寺院
Cave Temples

紀元前1世紀、Valagamba王がアヌラーダプラを追われ、この自然でできた石窟に身を隠し、王権を回復した後にこの地を崇め、寺院を開設したとされる。後の王 Nissanka Malla は内部を金箔で装飾し "Ran Giri"(黄金の岩)と名付けた。石窟は5つに分かれ、150もの仏陀のイメージが石窟内に描かれている。ほとんどのイメージは19世紀に描かれたもの。チケットはゴールデンテンプルの横にあるオフィスで購入し、崖を登り切るところの係員に確認させる。

【見学時間】7:00～19:00
【入場料】Rs.1,500

文化三角地帯

第1窟　Deva Raja Vihara

別名 "Temple of the King of Gods"。15m もの仏陀が横たわり、近くには仏陀の弟子のアーナンダが描かれている。小さなダゴバも設けられている。南インドとの戦いの歴史を重ねつつもヴィシュヌ神像が祀られているのは、仏陀の懐の深さを示す。

第2窟　Maha Raja Vihara

別名 "Temple of the Great King"。2人の王にちなんだ名である。入って左側に Valagamba 王、もう一方に Nissanka

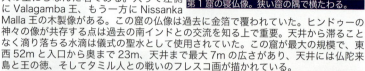
第1窟の寝仏像。狭い窟の隅で横たわる。

Malla 王の木製像がある。この窟の仏像は過去に金箔で覆われていた。ヒンドゥーの神々の像が共存する点は過去の南インドとの交流を知る上で重要。天井から滞ることなく滴り落ちる水滴は儀式の聖水として使用されていた。この窟が最大の規模で、東西 52m と入口から奥まで 23m、天井まで最大 7m の広さがあり、天井には仏陀来島と王の徳、そしてタミル人との戦いのフレスコ画が描かれている。

第2窟内の Nissanka Malla 王と仏陀。

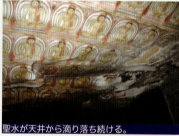
聖水が天井から滴り落ち続ける。

タミル人との戦いを描いたフレスコ画。

仏陀来島の絵図。

第3窟　Maha Alut Vihara

別名 "New Great Temple"。18 世紀、キャンディ国 Kirti Sri Rajasinghe 王の命で造られた比較的新しい寺院。多くの仏像が集められた。内部には Rajasinghe 王の像が安置されている。

第4窟　Pacchima Vihara

別名 "Temple of the three Kings" と呼ばれる小さい窟内の寺院。中央にあるダゴバ Soma Chetiya には Vattagamini Abhaya の配偶者である Somawathie 女王の宝石が納められていると信じられている。これは窃盗団により破壊され盗難された。

第3窟内の寝仏像。

第5窟　Devana Alut Vihara

別名 "Second New Temple"。1915 年に造られた最新の寺院で、倉庫として活用。横たわる涅槃仏とムルガン、ヴィシュヌのヒンドゥー神もある。

第4窟内にある Soma Chetiya。

第5窟内、仏陀に献花する僧侶の図。

宿泊施設

アマヤ・レイク

Amaya Lake

　カンダラマ貯水池のほとりに建つ高級リゾート。ヴィラ形式のホテルで、アーユルヴェーダ式フェイシャル・ボディートリートメントや全身マッサージサービス、バードウォッチングやサファリツアーなどで充実。

全132室　★★★★
【スーペリア】$75 〜　【デラックス】$115 〜　【ロッジ】$115 〜
【ラグジュアリー】$276 〜　【スイート】$276 〜
Kandalama, Dambulla
☎ 066-4461550, 011-4767888/880（予約）　📠 066-2286932
🏠 www.amayalake.com　✉ reservations@amayaresorts.com

文化三角地帯

ヘリタンス・カンダラマ

Heritance Kandalama

ジェフリー・バワデザインのリゾートホテル。レイクサファリや象の背に乗るショートトリップなど、地域を生かしたツアーも好評。何よりこの地域唯一の五つ星ホテルで最高級を求める人向き。通路やレストランなど、内部は岩肌をそのまま残し、自然の中に建つホテルを強調。オプションで選べる Cave Dinner（写真右）は石窟寺院を彷彿とさせる造りで人気。お薦めは部屋からの展望が楽しめるパノラミックルーム。

全152室 ★★★★★
[スーペリア] $138～ [パノラミック] $167～ [ラグジュアリー] $175～ [デラックス] $228～
Kandalama, Dambulla
☎ 066-5555000　FAX 066-5555050
www.heritancehotels.com　ebiz.lk@aitkenspence.lk

ギマンハラホテル
Gimanhala Hotel

町の中心部に近いホテル。石窟寺院との距離も近く便利。宿泊施設もバンケットも気持ちの良いサービスを提供してくれる。

全17室 ★★
S $50～ D $60～ T $70～
754, Anuradhapura, Road, Dambulla
☎ 066-2284864/68
FAX 066-2284817
www.gimanhala.com
gimanhala@gmail.com

ダンブッラレストハウス
Dambulla Rest House

スリランカではおなじみの Ceylon Hotels Corporation 運営の宿泊施設。きれいに改装され評判は上場。

全4室
S $66～ D $72～ T $82～
Matale Road, Dambulla
☎ 066-2284799

サマンズ・ゲストハウス
Saman's Guest House

石窟寺院に歩いて行ける距離の、ゲストハウス。居心地が良いため満室になりやすい。

全6室
[エアコンなし] $30～ [エアコン付き] $35～
Matale Road, Dambulla
☎ 077-4353484
samans-guesthouse-dambulla.com

グリーンハット
Green Hut

こちらも石窟寺院に近い位置のゲストハウス。サービスも良く低価格なので評判も上々。スタンダードルームはエアコンなし。

全7室
[スタンダード] $25～ [デラックス] $50～
64, Temple Junction, Dambulla
☎ 077-4235833

文化三角地帯

Sigiriya シーギリヤ

概要

旧名"Sihagiri（印象深い岩）"、現名"Sigiriya（ライオンの岩）"。この大きな岩山こそがシーギリヤの見所である。

この岩山は石質調査によると太古のマグマが固まったものである。この岩山のフラットな上面に都が置かれたことは世界的にも稀有である。

通説では次のとおりである。

アウカナに仏像を建てた Dhatusena 王には長男 Kassapa と次男 Moggallana、腹違いの息子がいた。Kassapa は平民、Moggallana は王族の血筋の母を持ち、当時の王位継承は血筋が重んじられていたため、Kassapa の王位継承は困難とされていた。狂気に駆られた Kassapa は父を監禁して王位を剥奪。家臣に殺害を命じ、身の危険を感じた Moggallana はインドへ亡命。Kassapa が王位に就くと軍事施設を兼ねた王宮をこの岩の頂上に建造し、陥落不可能な要塞に仕上げ、都を置いた。後に Moggallana がインドより軍を引き連れ Kassapa に戦いを挑み勝利し、Kassapa は自害。都はアヌラーダプラへと戻される。

追加説では、文献、考古学、風習の観点から、Kassapa が王位に就く前、この地は紀元前3世紀までテラワダ・マハヤナ仏教の僧院であったとされ、有力説とのこと。壁に描かれたフレスコ画の美女たちは、実は Kassapa 王の侍女ではなく、マハヤナ仏教の女神たちであるとの説、14世紀以降、僧院は閉鎖された説も展開されている。19世紀後半から20世紀前半にかけて、歴史の闇の中に埋もれてしまったシーギリヤの遺跡発掘がなされ、**1982年にユネスコ世界遺産に登録された。**

交通手段

【バス】ダンブッラかクルネーガラら No.549/499 バスで移動する。所要30分ほどで Rs.34、クルネーガラから Rs.106。6:30から運行を開始し、30分おきに出発。シーギリヤ発の終バスは18時。乗り過ごした場合はスリーウィーラーと交渉するか、周辺の宿で宿泊することになる。

Useful Information

シーギリヤロックを昇降する際には移動を手助けする男たち、通称「シーギリヤボーイ」が現れます。言語は英語、片言の日本語を話す者もいます。ガイドライセンス保持者もいて案内を受けることもできますが、ふもとに降りた際に料金を請求されます。必要があれば交渉すると良いのですが、必要がなければ最初から断るのが無難です。手助けのみで Rs.1,000 くらいが相場。

文化三角地帯

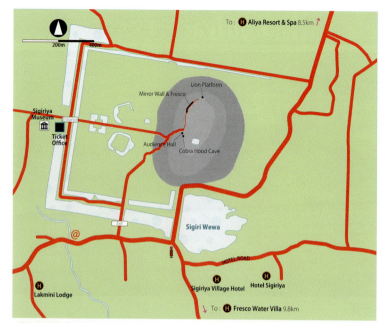

観光スポット

シーギリヤロック
Sigiriya Rock

悲運の Kassapa 王が岩山の上面に都を置いた、歴史上ほかに類のない遺跡こそがシーギリヤ観光そのもの。中でも壁面に描かれたフレスコ画は有名。最上部にはかつて屋根が設置されていたとされる。
【見学時間】7:00 〜 17:30
【入場料】$30（博物館入場料込み）

シーギリヤ博物館
Sigiriya Museum

2009 年 7 月 28 日に日本政府の支援によりオープン。臨場感あふれるコンピューターグラフィックスを駆使して製作されたシーギリヤロックの展示には日本の技術を導入。
【見学時間】8:30 〜 17:30 ※入場は 17 時まで
【入場料】$5（博物館のみの場合）

Water Gardens 写真 ①

西側入口から岩山までの庭園全体を指し、入口を抜けると王の沐浴に使用されていた Water Gardens が見えてくる。その先の Dry Season Palaces には 5 世紀ごろに造られた上下水道施設が見られ、5 〜 9 つの穴が開けられた石の蓋があり、高所から伝わってくる水がこの穴から噴出す仕組み。

Elephant Rock 写真 ②

象の背中ような形をした岩。Mirror Wall 近辺から下方を見るとわかりやすい。

Preaching Rock

岩山登頂開始直前のところを左に曲がると、穴がたくさん掘られた岩がある。ここで僧侶が説教をしていたとされるが、詳細は不明。ポヤデイにはオイルランプが灯される。

Cave Temple 写真 ③④

洞窟の中に設けられた寺院。岩山に登り始める順路右側にある。仏陀の胸像が見られる。

Frescoes 写真 ⑤⑥⑦

スリランカ観光の紹介でよく知られている美女のフレスコ画。1875 年、イギリス人の手によって発掘された。500 人ほどの美女が描かれていたと目されているが、1967 年にヴァンダル人の侵入で破壊され、現在数えられているのは 22 人。中には原型を一部分しか留めていないものもある。直射日光を遮り状態を保つことに尽力さ

文化三角地帯

れている。この女性たちがどのような存在であったのかは不明だが、通説では岩山を守る妖精、あるいはトップレスが Kassapa 王に関連のある上流階級女性で服を着ているのが侍女。Kassapa 王が生きていた 5 世紀に描かれたと推測されているが、これも定かではない。**写真撮影の際、フラッシュは禁じられているので厳守すること。**

Mirror Wall 写真 ⑧

フレスコ画の先にある 3m の高さの赤茶色の壁を指す。壁に刻まれた古代シンハラ文字は 6～14 世紀に彫り込まれたとされ、685 の詩が書かれている。この内容は "Sigiri Graffiti, By Dr.S Paranavitana" として出版されている。Mirror Wall の由来は、壁に漆喰が塗られ、その上から卵白・蜂蜜・石灰を混ぜ合わせたものを上塗りされ、鏡のように反射することによる。実際に見てみると光沢がある。

Stone Throwing 写真 ⑨

敵が攻め込んできた際に落下させる投石兵器。この手法はハッティクッチなど島内のほかの遺跡でも似たようなものを見ることができる。

Lion Terrace 写真 ⑩

この土地名の由来でもあるライオンを模した岩が築かれていた。現存するのはライオンの爪の部分のみで、以前は足や頭部があり、ライオンの喉の中に入り込み宮殿に登って行く設計だった。イギリスの考古学者 Bell が 1898 年にライオンの喉の部分を発掘した。

Royal Palace 写真 ⑪⑫

以前は 1.6ha の敷地を建物が覆っていたが、現在は土台のみが残されている。360 度の景色が見渡せるぜいたくなロケーションに、王宮、住居、ダンスステージの痕跡が見られ、外れの位置には写真⑪、27×21m の王専用プールが造られている。写真⑫は王の玉座。

Council Hall 写真 ⑬

当時 Kassapa 王が会議を開いたとされる跡地がある。

Asana Chapel

仏陀の玉座があり古代の僧侶達が瞑想した場所。

Cobra Hood Cave 写真 ⑭

コブラが口を開けたような形をした岩で、紀元前 2 世紀のものとされる。岩壁に絵画が残されているが、当初は花や動物が描かれていたとする説がある。

宿泊施設

シーギリヤヴィレッジ
Sigiriya Village

　シーギリヤロックに近い位置にあるリゾートホテルで、徒歩で行き来できる。プールからシーギリヤロックが眺められることと本格アーユルヴェーダ施術がセールスポイント。100室あり、多人数のツアーにも対応できる。

全100室　★★★
Ⓢ Rs.16,550〜 Ⓓ Rs.18,550〜　P.O BOX 1, Sigiriya
☎ / 🖷 066-2286803〜6
🏠 www.forthotels.lk/sigiriyavillage　✉ sigirivillage@sltnet.lk

ホテル・シーギリヤ
Hotel Sigiriya

　シーギリヤロックまで徒歩で行ける距離にあり、プールサイドから間近にシーギリヤロックが見える。部屋のインテリアはシーギリヤのヒストリーにちなんだもので、近代化を前面に出さない配慮が良い。アーユルヴェーダヴィラ、エレファントライディング、サファリ等のオプションも充実。

全79室　★
[スーペリア]　$103〜　SC TAX別
Sigiriya
☎ 066-4930500〜3
🏠 www.serendibleisure.com/hotelsigiriya/
✉ inquiries@serendibleisure.lk

アリヤ・リゾート＆スパ
Aliya Resort & Spa

　館内全体に象のデザインを巧みに取り入れているのが特徴。写真は室内に飾られたレリーフで、現地女性が重なって象を形成している。宿泊施設はコテージの構成。シーギリヤロックの見えるプール、アーユルヴェーダスパなど、サービスも好評。

全96室
[デラックス] $96〜　[スイート] $246〜
SC TAX別
Audangawa, Sigiriya
☎ 066-2040400　🖷 066-2040444
🏠 www.theme-resorts.com/aliyaresort/
✉ info@aliyaresort.com

フレスコ・ウォーターヴィラ
Fresco Water Villa

　シーギリヤロックから若干離れた位置にある静かなエリアに佇む。きれいな寝室、レストランとバーのOak-Ray、スイミングプールなど、設備は充実。

全36室
Ⓢ $95〜 Ⓓ $100〜 Ⓣ $110〜
Sigiriya Road, Kimbissa, Sigiriya
☎ 066-2286160〜1
🏠 www.frescowatervilla.com
✉ frescovilla@sltnet.lk

文化三角地帯

Polonnaruwa ポロンナルワ

概要

　ポロンナルワはスリランカ史上欠かすことのできない最重要都市であった。1070年、Vijayabahu Ⅰ世の時代、南インドの Chola 王朝の侵略によりアヌラーダプラが陥落し、首都をポロンナルワへと移動を余儀なくされた。同国王は国の再建のために仏教の普及と灌漑施設の修復に尽力。その後 Parakramabahu Ⅰ世が王位に就き、2500ha もの巨大な貯水タンク Parakrama Samudra の建設と多くの仏教施設を築き、仏教都市として隆盛させる。ポロンナルワは次の南インド出身の Nissanka Malla 王まで引き継がれ、3世紀に渡りシンハラ王朝の首都がこの地に置かれ、タイ・ビルマとの仏教交流が盛んとなった。

　その後、アヌラーダプラ陥落のときと同様、Chola 王朝がポロンナルワに押し寄せ、シンハラ王朝はポロンナルワを手放し南西方向へと避難。ポロンナルワは20世紀の発掘まで栄光の歴史とともに、ジャングルの中に埋もれることとなる。**1982年、ポロンナルワはユネスコ世界遺産に指定**。

　町全体は新市街と旧市街（保護区）に分かれ、分かりやすくまとまっている。遺跡群は旧市街に集中し、新市街にも一部遺跡群がある。

交通手段

【バス】降車の際は旧市街で問題ないが、乗車はバッティカローロードから東へ3km 進んだ町カドゥルウェラが始発なので着席するにはこちらからが良い。キャンディからの本数が多く。ダンブッラ・ハバラナ経由で所要約3～4時間、インターシティーで Rs.322、ノーマル Rs.161（16時までの運行）。ダンブッラからはインターシティー Rs,196、ノーマル Rs.93。アヌラーダプラからは約3時間でノーマルのみ Rs.133（5～16時の運行）。コロンボからはインターシティーバスが30分ごとの発車で Rs.524、ノーマル Rs.262、所要約6時間。【鉄道】カドゥルウェラに鉄道駅がある。コロンボ往復が日中1本、夜間1本の運行。所要約6時間で1等 Rs.700、2等 Rs.420、3等 Rs.265。バッティカローから所要約2時間で日に5本、マーホ往復が日に1本でコロンボ往復と合わせると日に3本。

文化三角地帯

観光スポット

考古学博物館 & チケットオフィス
Archaeological Museum & Ticket Office

館内には冷房設備があり、内部はきれいに整備されている。要塞、郊外、僧院と周辺、ヒンドゥー遺跡のテーマで、出土品や模型を展示。遺跡のチケットオフィスも兼ねている。

【営業時間】8:00（博物館 9:00）～17:00
【入場料】$25（博物館拝観料込み）

宮殿跡周辺
Royal Palace Group

ポロンナルワ王朝時代最高水準の建築様式がこの地域に結集されている。当時7階建てだったとされる宮殿跡や閣議場など、ここが紛れもなく政治の中心であったことが理解できる。王族の関係者が使用したとされる沐浴場は当時の王族の生活を示す。

Royal Palace

Parakramabahu I世の宮殿跡。当時は36本の柱で支えられた7階建て、全50室の建物だったようだが、現在は3階部分までしか残されていない。壁の厚みは3mあり、遮光性に優れたこの地に合った造りといえる。3階から上の部分は木製であった説が有力。当時の建築技術の水準の高さがうかがえる。

←当時の建築技術が結集されている宮殿跡。

King's Council Chamber

閣議場として使用されたもの。石柱には当時の大臣クラスの名が、土台には象のレリーフが刻まれている。南端にはシンハラ王朝を象徴するライオンが飾られ、玉座を意味する。

閣議場の玉座付近。ライオンが鎮座する。

Bathing Pool

別名 Kumara Pokuna。Nissanka Malla 王の沐浴場であったとされる。鰐の口の形をした蛇口が二つ見られ、当時の趣向が垣間見れる。

沐浴場。鰐を象った蛇口が特徴。

クオドラングル
Quadrangle

ポロンナルワ王朝時代の文化、社会背景、宗教観が分かりやすい、小さい区画であらゆるものが凝縮された聖域。この当時から文明が発達していたことを示す、石の本"ガルポタ"、東南アジアとの交流もこの時代からあったことを示す Samahal Prasada、仏歯を奉納していた Hatadage、円形の仏塔でポロンナルワの象徴とされる Vatadage などが見所。

1, Thuparama Dagoba 写真 ①②

壁の厚さ2mの重厚な建造物。内部は暑さをしのぐ構造で床に触れれば冷たさがあり、建築技術水準の高さが分かる。中にある仏像（**写真②**）の保存状態も良い。

2, Bodhi Tree Shrine 写真 ③

菩薩樹寺の跡地。

3, Vatadage 写真 ④

　円形の仏搭で、ポロンナルワに遷都される以前、7世紀からの存在とされ、かつては屋根が存在したとの説が有力視されている。

4, Bodhisattva Shrine 写真 ⑤

　区画内の石像は長年風雨にさらされていたため、角が取れてしまっている。

5, Latha Mandapaya 写真 ⑥

　印象深い蓮の茎をイメージした石柱が8本ある。花のつぼみまでイメージされていて、仏教芸術遺産ともいえる。

6, Recumbent Image House

　寝仏像があったとされる区画。

7, Atadage 写真 ⑦

　11世紀の Vijayabahu Ⅰ世の時期から残る唯一の建物で、ポロンナルワで最初に仏歯を奉納していた場所。

8, Hatadage 写真 ⑧

　Nissanka Malla 王によって建造された仏歯寺跡。60日間で建てられたとされる。外壁と第一室に Nissanka Malla 王自身が打った銘が見られる。

9, Chapter House

　集会場跡。

10, Satmahal Prasada 写真 ⑨

　当時は7階建てであったピラミッドのように先端が細る建造物。本来古代スリランカでこのような建築様式は無く、東南アジアとの仏教交流最盛期に影響を受けて建造されたと目される。

11, Gal Pota 写真 ⑩

　石の本。南インド Chola 王朝の侵略やポロンナルワとの交流国についての詳述が古代シンハラ文字(写真⑫)で彫り込まれている。媒体が石ゆえに、容易に風化されないことに意義がある。コンピューター媒体を多用する現代人から見ても、これ以上確実に記録を残せる媒体はない。

スリランカ Q&A

Q
　入国の際、空港のパスポートコントロールで係の人にパスポートを手渡しました。確認が済んでパスポートを戻され記載内容をよく見ると、携帯電話の番号が書かれた紙が挟まってました。これって一体……?

A
　察しのとおり、あちら流の「ナンパ」です。どこの国でもあることですが、この場合は相手にしない方が懸命です。実際に現地の男性が日本人女性をナンパするケースが多いですが、近年では現地女性が日本人男性をナンパするケースもあります。いずれにしても軽率な対応は慎むべきでしょう。

Useful Information

　遺跡を周遊するには宿泊先で貸し出しているレンタル自転車を使うかスリーウィーラーをチャーターすると良い。日中は日差しが強いことが大半なので、自転車では休み休み移動しないときつくなるが、スリーウィーラーならば直射日光を避けて移動ができる。例えば、新市街だけを自転車で周り、旧市街の遺跡をスリーウィーラーで回るなど、体力と旅費を消耗しないように工夫したい。スリーウィーラーで遺跡を全て周って Rs.2,000～3,000 前後が相場。メディリーギリヤ遺跡込みであれば追加で Rs.2,000 ほど。宿泊先のツアーを活用するのも賢い手段だが、細かい遺跡まで周ってくれないことが多いので、こだわるなら自転車かスリーウィーラーが確実。

⑪ Thuparama Dagoba

⑫ Thuparama Dagoba

③ Bodhi Tree Shrine

④ Vatadage

⑤ Bodhisattva Shrine

⑥ Latha Mandapaya

⑦ Atadage

⑧ Hatadage

⑨ Satmahal Prasada

⑩ Galpota

シヴァ・デーワーラ No.1
Shiva Devala No.1

南インド侵入時の 13 世紀に建てられたとされる。精密な造り込みが際立つ建築技術に注目。レンガの一部は考古学博物館にて展示。

シヴァ・デーワーラ No.2
Shiva Devala No.2

11 世紀に Chola 王朝のアヌラーダプラ侵入時に建てられたとされる。石材のみで建てられ、こちらも精密な建築技術が導入されている。

パブル・ヴィハーラ
Pabulu Vihara

別名 Parakramabahu Vihara と呼ばれ、Parakramabahu 王妃により独特のデザインのダゴバが建造された。ポロンナルワで 3 番目の大きさで、どことなく女性らしさが伝わる。

北部グループ
Northern Group

南インド侵入に備え、テラワダ（上座部）仏教社会を絶やさぬために試行錯誤の末、さまざまな施設を集結させている。特に三体の仏像が並べられた Gal Vihara はテラワダ仏教の象徴そのもの。

Rankot Vihara 写真 1

ポロンナルワで最大規模のダゴバで国内 4 番目の大きさを誇り、高さは 54m。12 世紀、Nissanka Malla 王期にアヌラーダプラのダゴバを模倣し、レンガと石膏で内部に空洞を設ける建築スタイルを継承し建造された。

Buddha Seema Prasada 写真 2

僧院の会議場として使用された。

Lankatilaka 写真 3

12 世紀の建造。高さ 17m の壁から構成され、天井は失われている。アジア有数の建築美を誇るとされている。首が無くなった仏像がある。

Kiri Vihara 写真 4

現地語でミルク色の寺院を意味し、Parakramabahu の王妃の命で建造したとされる。比較的当時の姿のまま残されている。

Gal Vihara 写真 5 6

大岩を彫って造られた立像、寝像、座像の 3 体が集まる。立像は 7m の高さ。腕の組み方に特徴があり、仏陀が他界した際に悲しむ弟子アーナンダ、その側で横たわる大きな 14m の像が他界した仏陀とする説が有力。

Nelum Pokuna(Lotus Pond) 写真 7

直径 8m ほどで、僧侶の沐浴の場として使用されていた。一つ一つの輪の丸さから設計の精密さが分かる。デザインと実用の面でも優れている。

Tivanka Image House 写真 8

意味は三つの湾曲で、損傷した内部の仏像が首の部分と腰の位置で 3 段階に湾曲している。内部のフレスコ画は 13 世紀に Parakramabahu Ⅲ世の命で描かれたとされる。

Useful Information

昨今、日本でも懸念されているデング熱を媒介する蚊の存在。以前からスリランカでもクローズアップされていて、現地の人たちも注意を払っている。対策としては日本から虫除けスプレーを持参するのが良い。荷物が増えて面倒ということであれば、現地で以下写真のシッダーレーパを購入し、体に塗って虫除けにする方法もある。シトロネラが配合されているので虫除けの効果がある。スーパーマーケットなどで販売され、日本円で 100 円もあれば小瓶入りを購入できる。

↑シッダーレーパは虫刺され予防のほか、虫刺され後の痒み止め、肩こり、頭痛、腰痛など、あらゆる効能がうたわれ、現地ではベストセラー。スリランカ土産としても重宝する。

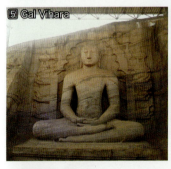

文化三角地帯

南部グループ
Sourthern Group

Maha Parakramabahu Statue

バッティカローロードを越えて南下した新市街にある遺跡2ヵ所が見所。見るところは少ないが、ポロンナルワの歴史を知る上では重要な遺跡となる。図書館として使われたとされる寺院跡とParakramabahu Ⅰ世とされる石造が見所。

4mの高さの石像で、近年ではParakramabahu Ⅰ世の像と考える動きが加速している。依然、王の付き人やインドの宣教師とする説も根強い。

Potgul Vihara

図書館として使用されていた寺院跡。4つのダゴバに囲まれている。

ギリタレー

ポロンナルワから北西15kmの地点、7世紀に造られた貯水池がある。貯水池畔にはアウカナ仏陀と良く似たきれいな仏像がある。この界隈には宿泊施設が多く、ポロンナルワ遺跡群観光やミンネリヤ国立公園の拠点とすることも可能。

交通手段 【バス】ポロンナルワ旧市街から路線バスで所要30分、Rs.32。

宿泊施設

ホテル・スドゥアラリヤ
Hotel Sudu Araliya

新市街、サムドラ貯水池側にある。ラウンジ、ジム、プールなど、基本的な高級ホテルの設備は整っている。アーユルヴェーダ施術、遺跡観光、フィッシング、サファリツアーなどを用意。自転車の貸し出しあり。

全104室
Ⓢ$85〜 Ⓓ$95〜 New Town, Polonnaruwa
☎ 027-2225406〜8 📠 027-2224848
🌐 hotelsuduaraliya.com ✉ suduaraliya@sltnet.lk

文化三角地帯

ザ・ディアパークホテル

The Deer Park Hotel

ギリタレー地区、貯水池畔の好立地。ポロンナルワでは唯一の四つ星を獲得している。全コテージスタイル。ポロンナルワ遺跡群のほか、メディリーギリヤとミンネリヤ国立公園観光の拠点としても便利な位置にある。

全77室 ★★★★
[スーペリア] ⑤$80〜 ⑩$88〜　Giritale, Polonnaruwa
☎ 027-2246772　📠 027-2246470
🌐 www.deerparksrilanka.com/　✉ mail@deerparksrilanka.com

ザ・レイク
The Lake

スドゥアラリヤと同じ貯水池のすぐそばに位置する。遺跡群も近く便利。開業して年月が浅く館内は新鮮。

全40室
⑤$95〜 ⑩$104〜 ⑪$128〜
New Town, Polonnaruwa, Polonnaruwa
☎ 027-2222411　📠 027-5672029

サムドラゲストハウス
Samudra Guest House

遺跡群に近い位置にあり、自転車の貸し出しサービスを行っている。2室がバンガロータイプ。オーナー夫妻はとても親切。

全7室
⑤/⑩Rs.1,500〜　エアコン付きあり
Habarana Road, Old Town, Polonnaruwa
☎ 027-2222817

ザ・ビレッジホテル
The Village Hotel

こちらもサムドラ貯水池に近い位置にある。遺跡観光やサファリツアーには積極的。スタッフは親切。凝った造りのホームページは必見。

全36室 ★
⑤$50〜 ⑩$58〜　SC10% TOTAL TAX 22%
New Town, Polonnaruwa
☎027-2222405, 2223366　📠 027-2225100
🌐 www.thevillagehotel.org　✉ villapol@sltnet.

ガジャバホテル
Gajaba Hotel

低料金かつフレンドリーで旅行者間で好評。自転車の貸し出しがあり、遺跡を回るには便利。スリランカ料理もおいしい。

エアコン付き10室　エアコン無し13室
Rs.3,000〜
Kuruppu Garden, Lake Resort, Polonnaruwa
☎027-2222394　📠 027-2224091

メディリーギリヤ

近年発掘されたVatadage（別名 Mandalagiri Vihara）を含む建造物遺跡群が有名で、解明されていないものが多数存在する。この遺跡が唯一の見所。周辺には宿泊先はないので、ポロンナルワからの日帰り旅行が基本となる。

【交通手段】【バス】ポロンナルワ旧市街から路線バス運行がある。本数が極端に少ないのでスリーウィーラーや宿泊先のツアーに参加することを勧める。

ワタダーゲ
Vatadage

最初に建造されたのが2世紀で、Kanittha Tissa王により建てられたものとされる。その後は改築や病院が設置された形跡があるが、長年ジャングルに埋もれていたため不明点が多く、解明が進められている。ポロンナルワのワタダーゲ同様、円形の屋根が設置されていたことは間違いないとされる。ポロンナルワから北方約30kmの地点にある。
【入場料】[大人]$10 [小児]$5

文化三角地帯

ハバラナ

ダンブッラと同じく幹線道路の交差点にあり、ミンネリヤ/カウドゥッラ国立公園のサファリ向け窓口の要素が強く、4輪駆動のピックアップカーを多く見掛ける。宿泊施設は高級ホテルからゲストハウスクラスまで各層向けにそろっている。象の背に乗るエレファントライディングツアーが盛ん。

交通手段 【バス】アヌラーダプラから所要約3時間、Rs.131。ダンブッラから約1時間45分、Rs.90。ポロンナルワから約1時間半でRs.67。【鉄道】ポロンナルワから所要1～2時間、2等Rs.90、3等Rs.50。コロンボからの場合、5:10着の夜行と14:20着の2本がある。所要は5時間ほどで、1等Rs.620、2等Rs.380、3等Rs.240。トリンコマリーからも鉄道で移動可能だが、到着が22時と遅いため、慣れてない人には不向き。

観光スポット&アクティビティー

ミンネリヤ/カウドゥッラ国立公園
Minneriya/Kaudilla National Park

ミンネリヤ国立公園は88.9km²の広さがあり、象、豹、鹿、サンバーなどが貯水池周辺に生息。象は200匹ほど生息が確認されている。バードウォッチングにも適し、サファリツアーを存分に楽しめる。カウドゥッラ国立公園も規模が大きく、貯水池の傍66.6km²の広さを持ち、ミンネリヤ国立公園との間を象が行き来する。ミンネリヤは5～9月、カウドゥッラは10月～3月がサファリシーズンとなる。ポロンナルワやハバラナのツアー会社、ホテルのツアーに申し込むと良い。

【入場料】ミンネリヤ国立公園：$18　カウドゥッラ国立公園：$10
【ジープ】ミンネリヤ：$40　カウドゥッラ：$45

リティガラ遺跡
Ritigala Ruins

ハバラナより北西約14kmの位置で24ヘクタールの広域に、長年ジャングルで覆われた遺跡がある。崩れた窟や仏像跡、荒廃した宮殿跡、僧侶の病院跡があり、かつてはここが聖域であったことを示す。紀元前4世紀ごろに王がこの地を南インドが侵攻してきた際の避難場所として活用していた説が有力とされ、10世紀に侵攻してきた南インドのChola王が遺棄したともされる。行き方はスリーウィーラーかツアーの参加がベスト。

宿泊施設

チャアヤヴィレッジ・ハバラナ
Caaya Village Habarana

シナモングループ運営のコテージタイプリゾート。部屋のタイプは3種類。館内はプール、レストラン、バーほか、設備も充実。四つ星ホテルとして相応のサービスを提供する。

全108室 ★★★★
【スーペリア】$80～【デラックス】$100～
P.O.Box-2, Habarana
☎066-2270047/77　📠066-2270046
🌐 www.cinnamonhotels.com/ChaayaVillagehabarana.htm

シナモンロッジ・ハバラナ
Cinnamon Lodge Habarana

こちらも信頼と実績のシナモングループ運営でロッジスタイルのリゾート。五つ星を獲得し、ハバラナ地区のリゾートを代表する存在。

全137室 ★★★★★
【スーペリア】$80～【デラックス】$100～
【スイート】$280～
P.O.Box-2, Habarana
☎066-2270012　📠066-2270011
🌐 www.cinnamonhotels.com/CinnamonLodgeHabarana.htm

文化三角地帯

Mihintale ミヒンタレー

概要

ミヒンタレーはスリランカ仏教史からは欠かすことのできない重要な聖地である。

紀元前247年、アヌラーダプラ王朝のDevanampiya Tissa王がミヒンタレーで鹿狩りの際、インドの仏教王Ashokaの息子Mahindaと出会い、仏教に帰依するようになったとされることから、スリランカの仏教徒にとっては重要な聖地の一つとして考えられている。ゆえに、ミヒンタレーの地名はMahindaの名にちなんでいるとされる。6月の満月にはPoson Poyaの祭典が開かれ、普段は静かな聖地がこの日だけは大にぎわいとなる。

ミヒンタレーはドライゾーンで日中は暑く、遺跡群へ向かうには登り道が多く急なため、帽子を用意したり朝夕の活動を心掛けるのが良い。各ポイントにたどり着くと常駐しているガイドが話し掛けてくるので、歴史に興味があれば交渉してみると良い。1人 Rs.1,000〜が相場。

遺跡周辺は宿泊施設が少なく、町も観光客向けの大幅な整備がなされていないため、一般的にはアヌラーダプラを拠点とする。

| 交通手段 | 【バス】アヌラーダプラの新市街バスターミナルから移動する方法がポピュラー。所要20〜30分でRs.34。帰路は夕刻18時発が終バスとなる。【鉄道】アヌラーダプラ10:30発（帰路ミヒンタレー発15:00）の土日定期の他、ポヤデイなどのイベント開催期に運行。3等 Rs.15。|

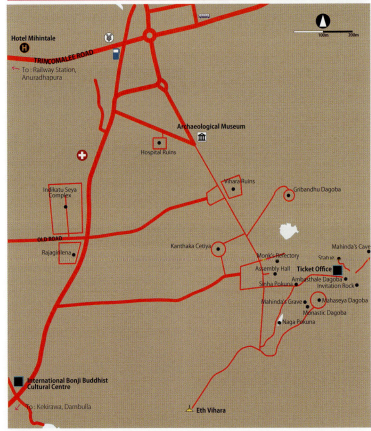

文化三角地帯

観光スポット

国際仏梵字センター
International Bonji Buddhist Cultural Centre

　世界唯一の梵字納仏平和仏舎利塔がある施設で、日本で集めた基金により完成。訪問者が書写した梵字は納仏し、スリランカ僧が毎日祈り、永遠に納めてもらえる。

Kandy Road, Mihintale
☎ 025-2266135　📠 025-3250418
日本連絡先　☎ 055-276-9276
🌐 www.4.ocn.ne.jp/˜bonji/　✉ bonjiinsrilanka@yahoo.com

考古学博物館
Arcaeological Museum

　銅像、フレスコ画、病院跡で発見された墓石の欠片を展示。8世紀のダゴバ内部の模型や中国、ペルシャの交流に関する書物などもある。

【開館】 8:00～17:00　【入場料】 Rs.500

Useful Information, 1
遺跡入場料はRs.500。食堂跡の南東に位置するチケットオフィスで購入する。

Useful Information, 2
日中のミヒンタレーは紫外線が強く非常に暑い。半ズボンやノースリーブでの遺跡入場は断られるので（袖付きTシャツは可）、女性ならばロングスカートや薄手のロングスリーブを用意しておくと便利。現地の女性を見習い日傘を現地で買うのも良いアイディア。また、現地の民芸品店で販売されるバティック（ろうけつ染め）の服は通気性が良いので便利。お土産にも重宝する。

古代病院跡 写真①

　部屋がいくつかに分かれ、アーユルヴェーダ思想の下で医療活動がなされていた。人体をかたどった石槽はアーユルヴェーダ式に薬草を敷き詰めて患者を浸けていたとされる。

Kantaka Chetiya 写真②

　建築当時は30mの高さであったとされるが、現在は12mほど。紀元前3世紀にDevanampiya Tissa王が建てた説と紀元前1世紀にLaji Tissa王が建てた説と二つに分かれるが、いずれにしてもミヒンタレーで古いダゴバの一つである。1934年に発掘され、アヌラーダプラの考古学博物館にて復元に関する展示が見られる。

僧院跡 写真③

　かつてここで僧侶が生活していた。僧侶の細かい規則が彫られた石碑が二つある。

食堂跡 写真④

　僧侶用の料理を入れたとされる石櫃がある。

会議場跡

　僧侶の会議場跡。真ん中に議長席らしきものが見られる。64の石柱と屋根があったとされ、1948年に発掘された。

Ambasthale Dagoba 写真⑤

　Devanampiya Tissa王とMahindaが出会ったとされる場所。かつては木製の屋根が取り付けてあったと推測されている。Ambasthaleは"マンゴーの木"を意味する。

Invitation Rock 写真⑥

　Mahindaが瞑想していたとされる岩。

Sinha Pokuna

　ライオンの石像が飾られた僧侶用の沐浴場。

Naga Pokuna 写真⑦

　コブラの頭が彫られている沐浴場。

スリランカ Q&A

Q
　スリランカでのビジネスを考えています。昨今では日本企業のスリランカ進出も活発になり、2014年の9月には安倍首相が海部首相以来23年ぶりにスリランカを訪れるなど、今後はスリランカの経済分野が発展するものと考えられますが、実際のところはどうなのでしょうか？

A
　各方面からスリランカは経済の発展が確実視されております。JETROでもバングラディッシュ、ミャンマーとともに、スリランカがモノづくりの潜在性を秘めていることを認め、新たに投資すべき国との説明をしております。また、2015年1月の大統領選で日本・インド寄りのマイトゥリパーラ・シリセーナ政権が誕生し、政治的にも結び付きが強くなると予想されてます。実際に立地や風土、文化など、条件はシンガポールとほとんど同じでありながら、世界遺産やマリンアクティビティーなどの強力な観光資源にも恵まれ、潜在力はシンガポール以上と目されております。ただ、今までのような内戦が起こらないとは限らないので、今後の情勢を注視する必要はありますが、今のペースを維持して成長するならば、今後はビジネスフィールドとしてもスリランカは無視できない存在になるはずです。

文化三角地帯

Maha Saya Dagoba 写真⑧

丘の上にある大型のダゴバで、ここからアヌラーダプラを見渡せる。内部には寝仏像とフレスコ画、横にはヒンドゥー寺院とヒンドゥーの神々の像がある。

Mahinda's Cave

Devanampiya Tissa 王が、Mahinda に仏教を伝播した感謝の意として 68 の石窟と僧院を授けたとされ、ここはその一ヶ所。

Mahinda's Grave

Mahinda の墓とされる平らで大きな石。

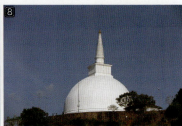

Anuradhapura アヌラーダプラ

概要

1000年以上もの長期にわたりシンハラ王朝の都が置かれた、スリランカの歴史上重要な地である。長い歴史を持つアヌラーダプラには解明されてない歴史や不明瞭な点が多く残されているが、発掘・解明された遺跡群はアヌラーダプラ観光に彩を添え、現代を生きるわれわれの想像力をかき立ててくれる。

近年のアヌラーダプラはよく整備され、宿泊施設が集中する地域、新市街、旧市街、遺跡群とシンプルに分かれている。新市街は20世紀に整備され、比較的新しいエリアといえる。

アヌラーダプラに首都が置かれたのがPandukabhaya王期の紀元前380年。後のDevanampiya Tissa王がミヒンタレーでインドの仏教王Ashokaの息子Mahindaと出会い、以降アヌラーダプラに仏教がもたらされ、南インドの侵略によりポロンナルワへ遷都されるまで仏教王国が実に1000年以上も続いた。

アヌラーダプラの歴史は南インドとの攻防の連続であった。紀元前2世紀、Dutugemunu王が南インドの侵略を阻んだ活躍が知られ英雄視されているが、後を継いだValagambahu王期に南インドの侵略を阻止しきれず、荒れた時代が続き、王位を剥奪されることとなる。紀元3世紀、Mahasena王が立ち上がり、南インドとの抗争に打ち勝ち、アヌラーダプラを奪還。Jetavanarama Dagobaと16の貯水池と運河を建設し、復興に努めた。アヌラーダプラはひとときの安寧を得たが、やがて乱世が始まり、その後の500年は再び南インドの侵略に脅かされ、アヌラーダプラは陥落。最終的にポロンナルワへと都を移すこととなる。

宿泊施設は高級ホテルからゲストハウスクラスまで、旅行者のニーズに合ったものが見つかる。ゲストハウスクラスは全体的に値段を抑えつつも良いサービスを提供する傾向にあり、旅行者に好評。

交通手段

【バス】乗降場が新市街と旧市街の2ヵ所あるが、後者の方が便利。コロンボから所要4時間、インターシティーでRs.540、ノーマルRs.269。発着はOld Bus Stationの側で日中は30分おき。キャンディから所要約3時間でインターシティーはRs.380、ノーマルRs.190。トリンコマリーからは2～3時間、ノーマルRs.147。バドゥッラから所要5時間、ノーマルRs.310。【鉄道】こちらもNew TownとAnuradhapuraの2駅があり、便利なのは後者。コロンボから日に6本の運行があり、所要5時間、1等Rs.600　2等370　3等240。ほぼ直線を走行するので着席さえできればバスよりも疲れにくいメリットがある。マータラ、ゴールからはいったんコロンボフォートで乗り換えが必要で、それぞれ所要6/7時間。ゴールから2等Rs.470、3等Rs.295、マータラから2等Rs.510、3等Rs.315。ポロンナルワ方面からマホ乗り換えの場合、日に3本あり。

観光スポット&アクティビティー

イスルムニヤ寺院
Isurumuniya Vihara

イスルムニヤ寺院全容。

Devanampiya Tissa 王期に建てられたとされる。岩の上には御堂があり、昔は岩肌に象の水浴びシーンや自然の神などの彫刻類が存在したが、一部を残し大半は本堂脇の宝物館内部に移されている。宝物館内にある Royal Pleasure Gardens で発見された石像 "Lovers" と "The Royal Family" が有名で、どちらもインド Gupta 王朝期スタイルの影響を受けている。5 世紀に造られ、Dutugemunu 王の息子 Saliya と Asokamala の婚前をモデルにしている説が有力。寺院の横にはティッサ湖につながる四角いプールがある。

地図 2

内部の色鮮やかな寝仏像。

岩肌に彫られた「水浴びをする象」。

"Lovers"『恋人の像』

"Royal Family"『王家の像』

ローワマハパヤ
Lovamahapaya(Brazen Palace)

別名 "Loha Prasada" とも呼ばれる。Dutugemunu 王の命で建てられた 9 階建て僧院跡地とされる。残された 1600 の柱全てはこの建物のものと目される。柱の配置間隔が均等であることに注目。

地図 2

"Dwarf"『小人の像』

均等に配置された柱が当時の建築技術の水準を物語る。

Useful Information
遺跡入場料金は $25。各博物館かチケットオフィスで入場券の購入が可能。イスルムニヤ寺院とスリー・マハーボディの入場には別途 Rs.200 が必要。

全てのスポットを見学する場合は徒歩のみだと時間が掛かる。宿泊先のツアーに参加、自転車やバイクのレンタル、スリーウィーラーやツーリストカーのチャーターをお薦めする。

▲信頼できる地元ツーリストカードライバーのアヌーラ・アキラ氏。☎077-7584812

文化三角地帯

王宮庭園跡
Ranmasu Uyana

"金の魚の公園"と呼ばれる14haの王宮庭園跡。建造を命じた者は不明。池にはきれいな象のレリーフが取り付けられている。この場所でSaliyaが庶民出身のAsokamalaと結婚し、王位を諦めたとされる。

地図2

ルワンウェリ・サーヤダゴバ
Ruwanweli Saya Dagoba

アヌラーダプラを象徴する白く輝くダゴバ。数百の象のレリーフが取り付けられた外壁に覆われているのが特徴。生前のDutugemunu王が建造を命じ、その兄弟が引継ぎ、紀元前140年に完成させたとされる最高傑作。現在では55mの高さがあるが、過去の南インドの攻撃でダメージを受けて修復を繰り返されているため、オリジナルはこれより高さがあったとされる。ダゴバの南側にある石灰石の像はDutugemunu王と考えられている。夜のライトアップは必見。

地図1

マハー寺院／スリー・マハー菩薩樹
Maha Vihara/Sri Maha Bodhi Tree

菩提樹はアヌラーダプラの中心に位置し、仏都を象徴する巨大なもの。もともとはインドAshokaの娘Sangamittaがインドから分け樹を持ち込んだものとされる。以前はここを基点にLoha Prasada, Ruvanveli Saya Dagoba辺りまでがマハー寺院一体となっていた。現在この菩提樹の周囲は壁や鉄柵で覆われ、厳重に守られている。ポヤデイになると敬虔な信者が集まり真剣に祈りを捧げる。

地図1

ミリサワティヤダゴバ
Mirisavatiya Dagoba

Dutugemunu王がこの地を支配した後に造られたとされる。スリランカのダゴバ群ではほぼ平均的な形といえる。

地図1

ジェータワナダゴバ
Jetavana Dagoba

3世紀、Mahasena王によって建てられた。現在は天辺が欠けてAbhayagiri Dagobaとほぼ同じ70mほどの高さだが、当初は100m近くあったとされる。背後に僧院があり、3000人の修行僧を収容していた。

地図1

敬虔な仏教徒が集うマハー寺院。

仏都を象徴するスリー・マハー菩提樹。

トゥー・パラマダゴバ
Thu Parama Dagoba

スリランカ最古のダゴバとされ、世界最古との見解もある。Devanampiya Tissa 王が紀元前 3 世紀に建てたもので、仏陀の右の鎖骨部分を納めていたとされる。1862 年に改築され 19m 高の釣鐘形状となった。176 あった柱は現在 41 本が存続し、かつては木製の屋根が取り付けられていたと信じられているが、考古学的には定かではない。アヌラーダプラでは重要な存在。 地図1

ランカラーマダゴバ
Lankarama Dagoba

Valagamba 王により建造された以外、詳しいことは解明されていない。下半分が広く広がった形が特徴。 地図1

サマディ仏像
Samadhi Buddha Statue

4 世紀に作られた瞑想する仏像で、スリランカで一番美しい安らぎを与える仏像との評価がある。 地図1

ラトゥナプラサーダ
Ratna Prasada

8 世紀に建造された僧院。僧侶が仏教に反した国政に立ち向かい争った現場でもある。当時の民衆は王に激怒し、王は僧侶たちに謝罪させられ、Ratna Prasada を再建させた経緯がある。 地図1

宮殿跡
Palace of Vijayagahu

12 世紀に Vijayabahu Ⅰ世により建てられた。現在は基礎部分のみが残されている。このエリア東側に旧仏歯寺があり、313 年にスリランカで最初に仏陀の歯が納められたとされる。 地図1

仏歯寺跡
Dalada Maligawa

最初にスリランカで仏陀の糸切り歯が安置された寺院の跡。313 年に安置。 地図1

アバヤギリダゴバ
Abhayagiri Dagoba

紀元前 1 〜 2 世紀に 5000 人を収容する僧院であったとされる。名前の意味は「攻防の丘」あるいは「恐れなき丘」。ダゴバは数回建て直されたと推測され、最大で 75m の高さがあったとする説が有力。ダゴバの北側には仏陀の足跡、東西には他と異なるムーンストーンがある。近くにある Abhayagiri Museum には出土品を展示。開館は 8:00 〜 16:00、入場無料。 地図1

クッタムポクナ
Kuttam Pokuna (Twin Ponds)

修行僧の沐浴場。2 槽に分かれているが、それぞれの用途は不明。この沐浴場も当時としては類を見ない精密な技術が用いられている。 地図1

文化三角地帯

ウィルパットゥ国立公園
Wilpattu National Park

豹、象、孔雀などが生息する動物たちの楽園。区域はスリランカ最大の1085㎢を有する。南西モンスーン期の3〜7月がベストシーズン。ジープのチャーターが必要で、公園内のホテル宿泊も可能。例えば下記のツアー会社 Best of Lanka では半日か1日のコースがあり、入場は6:00〜18:00。アヌラーダプラのほか、プッタラムから入る方法も可能。

【ジープ込み入場料】半日：$98〜、1日：$139〜
295/1/2/1, 2nd Floor, Stanley Tillakaratne Mawatha, Jubilee Post, Nugegoda
☎ 予約先 011-2199323, 077-3476288　📠 011-2199323
🌐 www.wilpattunationalpark.com　✉ info@srilankanexpeditions.com

宿泊施設

パームガーデン・ビレッジホテル
Palm Garden Village Hotel

森林の中のリゾートホテル。500以上の木々は森林局の許可を得てジャングルから移設されたもの。　[地図2]

全64室　★★★
[スタンダード]　S$135〜　D$148〜
[デラックス]　S$170〜　D$183〜
SC TAX 込み
Puttalam road, Pandulagama, Anuradhapura
☎ 025-2270012　📠 025-2221596
🌐 www.palmgardenvillage.com
✉ pgvh@sltnet.lk

ミリディヤホテル
Miridiya Hotel

室内、ガーデンともに牧歌的でカラフル。子供連れ客にも好評。ヌワラ湖を見渡せる静かな立地。　[地図2]

全40室　★
S$70〜　D$75〜　SC TAX 込み
Wasadantha Mawatha, Anuradhapura
☎ 025-2224466, 2222112（予約）
📠 025-2222519
🌐 www.miridiyahotel.lk　✉ miridiya@galway.lk

ミラノ・ツーリストレスト
Milano Tourist Rest

居心地の良い清潔なゲストハウス。料金もリーズナブルでヨーロピアンに人気。サファリツアーのオプションも積極的。[地図2]

全40室
D$30.64〜　T$34.47〜
596/40, Stage01, Anuradhapura
☎ 025-2222364
🌐 www.milanotouristrest.com
✉ milanotrest@yahoo.com

ホテル・ドゥルヤナ
Hotel Dulyana

ニュータウン側に位置する。清潔で高級感もあり好評。　[地図2]

全28室　★
[スタンダード]　S$55〜　D$66〜
[デラックス]　S$90〜　D$100〜
SC TAX 込み
488/18, Maithreepala Senanayake Mawatha, Anuradhapura
☎ 025-4932290　📠 025-4581479
🌐 www.hoteldulyana.lk
✉ info@hoteldulyana.lk

ザ・レイクサイドホテル・アットヌワラウェワ
The Lake Side Hotel at Nuwarawewa

旧ヌワラウェワレストハウス。スリランカの最新トレンドを導入しつつ落ち着きを持たせた好感が持てるスタイル。[地図2]

全70室
[セミデラックス]　S$70〜　D$80〜
[デラックス]　S$74〜　D$84〜
[スーペリア]　S$78〜　D$88〜
[スイート]　S$86〜　D$97〜
Old Puttalam Road, Old Town, Anuradhapura
☎ 025-2222565, 2221414
📠 025-2222519
🌐 nuwarawewa.com
✉ fosanctuary@sltnet.lk

レイクビュー・ゲストハウス
Lake View Guest House

静かなロケーションで低料金の宿。オーナーのアマラシンハさんのフレンドリーなもてなしで気分良く滞在ができる。Rs.250で自転車の貸し出しあり。[地図2]

全14室
[エアコン付き]　Rs.2,500
[エアコン無し]　Rs.1,500〜
4C/4 Harischandra Mawatha, New Town, Anuradhapura
☎ 025-2221593

文化三角地帯

アウカナ

　言い伝えによると、アウカナの仏像は5世紀、Dhatusena王（有名な狂気の王カッサパの父）が貯水池Kala Wewaを建設した記念として大きな崖を用いて丁寧に造られたとされる。高さは11.36m、朝日に照らされる姿がとても美しい。鼻筋の水が両足の間に滴り落ちるという凝った精密な設計もまた芸術。

　アウカナの村は観光開発がなされてないため、宿泊はアヌラーダプラやダンブッラなど、近隣の都市を探すのが無難。

Useful Information
アウカナ仏陀の見学にはRs.500が必要。

交通手段　【バス】ダンブッラ～アヌラーダプラ区間の途中ケキラワで下車し、ガルネワ行きのバスに乗り換えアウカナで下車する。【鉄道】仏像から1kmほどの距離にアウカナ駅がある。コロンボ発はバッティカロー行きが現実的で、6:10に乗車して9:57の到着。マーホからは6:00発→7:05着と9:05発→9:57着が選べる。アウカナからコロンボ行きは11:34と23:26発、マーホ行きは16:55発がある。トリンコマリーは1往復、バッティカローは2往復（ガルオヤ計3往復）。マーホから2等Rs.70、3等Rs.35。コロンボから1等Rs.460、2等Rs.260、3等Rs.140。

ハッティクッチ

　外国人観光客にはあまり知られていない、主に地元の人たちが参拝するミステリアスな寺院がある。ハッティクッチとはパーリ語で"象のあばら"を意味し、寺院の集合体内部にある大きな岩が象に似ていることから名付けられた。紀元前3世紀、Devanampiyatissa王が建造を命じたとされる。後にSanghatissaが王位を継承、その後は息子のSirisangaboが王位を継承し、兄弟のGothabayaが次の王位継承まで会計役に就くように命じられたものの、待ちきれずにSirisangabo王の首を切り殺害したと目されている。ハッティクッチは忽然と消え、ジャングルに埋もれてしまい、近年まで発掘されなかった。遺跡全体はジャングルに覆われたことで保存状態が良く、投石機と考えられるものも残されている。残されたSirisangabo王の遺体がハッティクッチ寺院のどこかに納められた説が展開されており、現在発掘作業が進められている。完全解明まではもう少し時間が掛かりそうである。

交通手段　【バス】アヌラーダプラから916番ガルガムワ行きバスに乗車し、所要約40分のガルカッラジャンクションで下車、Rs.80。西側に進み3km弱ほどの距離だが、スリーウィーラーとの組み合わせ移動が無難。コロンボからの場合、所要3時間ほどでノーマルRs.201。【鉄道】セナラトゥガマが最寄り駅となるが、駅からは9kmほどの距離があるため、やはりスリーウィーラーを活用する方が良い。その他の手段としては、アヌラーダプラのホテルなどのツアーに参加するか、ツーリストカーやスリーウィーラーを手配するなど。

ヤーパフワ

　シーギリヤほどのスケールではないが、かつてヤーパフワの岩山頂上に都が置かれていたことがあった。1272～1284年、Bhuvanekabahu王の時代にインドからの侵略に備え、この岩山を活用したとされる。この岩山は"Fire Rock"と称され、防御に優れた要塞に仕立て、仏陀の歯を納めた。ところが1284年にインドからの攻撃を受けて仏歯を奪われ、ヤーパフワの歴

文化三角地帯

史はここで閉ざされてしまう（1288年、Parakramabahu III世によりヤーパフワを仏歯ごと奪還、ポロンナルワの治世となる）。

建築様式はこの遺跡独特で、用いられた石材の一部はコロンボの博物館に、その他の石材は入口付近の博物館に保存されている。

頂上へ登る際は足場が良くないので、自信のない人はガイドを雇うのが無難。曇り空の場合、入口のスタッフに天候の確認を取るように。雨が降ると足場が悪くなり、階段の昇り降りだけでも難しくなる。

入口右側には博物館があり、ヴィシュヌとカーリーの石像や陶器の破片が展示されている。その裏には小規模の石窟寺院があり、13世紀に描かれたものとされるフレスコ画が飾られている。

10ルピー紙幣に描かれているライオンの石像はこのヤーパフワのものであるが、マイナーな存在のため観光客が少ない。

周囲に宿泊施設は少ないのでアヌラーダプラやクルネーガラを拠点とすることを勧める。公共交通も早い時間に終了するため、明るい時間内に行動したい。

交通手段 【バス】マーホからマダガッラ行きバスに乗り、ヤーパフワで途中下車する方法が一般的だが、下車してから2km弱を徒歩で移動するかスリーウィーラーとの交渉になる。【鉄道】マーホから1日2本。到着は6時と9時台なので登頂には良い時間。下車後はバスと同様に徒歩かスリーウィーラーと交渉。マーホ方面行きは17時台の1本なので、それまでは極端に間が空くため、帰路はバスの方が便利。別地域の宿泊施設でツーリストカーやスリーウィーラーを手配する方が確実で無理がない。

Useful Information
ヤーパフワ遺跡の入場にはRs.500が必要（博物館入場料込み）。【見学時間】8～18時

Kurunegala クルネーガラ

概要

キャンディ、ダンブッラ、プッタラム、ニゴンボ、コロンボの各方面とアクセスができるジャンクションの町。日本滞在経験者が多く住むことと日本の非営利団体がクルネーガラを本拠地に置く傾向があることから、町中を歩いていると日本語で話しかけられることが多い。

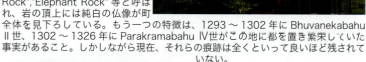

クルネーガラの特徴はクルネーガラロックの存在。動物の形に見えることから "Tortoise Rock","Elephant Rock" 等と呼ばれ、岩の頂上には純白の仏像が町全体を見下ろしている。もう一つの特徴は、1293～1302年にBhuvanekabahu II世、1302～1326年にParakramabahu IV世がこの地に都を置き繁えしていた事実があること。しかしながら現在、それらの痕跡は全くといって良いほど残されていない。

この町は観光地ではなく地方都市の色合いが濃い。そのため料金の安い宿泊施設が多いが、リゾートホテルの類は少ない。とはいえ、前述どおり日本人に慣れている人が多いので、滞在するにはかえって落ち着く面もある。

キャンディへ行く際の中継地として、先述のヤーパフワ観光の拠点として活用するのも賢い手段。例えばキャンディペラヘラ開催時に宿が埋まってしまった場合などにクルネーガラが重宝する。

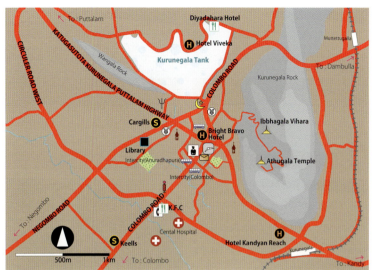

| 交通手段 | 【バス】各方面からアクセスが可能で大変便利。コロンボから所要約2時間、インターシティーバスでRs.250、ノーマルバスでRs.125。アヌラーダプラから所要約2時間、ノーマルRs.147。ダンブッラ・シーギリヤから所要約1時間〜1時間半、ノーマルRs.83〜106。ニゴンボから所要約1時間半、ノーマルRs.101。トリンコマリーから所要約3時間、ノーマルRs.208。【鉄道】駅が町の中心から南東2kmの位置にあり少々不便だが、本数がそこそこある。コロンボから所要約2時間で、2等Rs.160、3等Rs.85。アヌラーダプラから所要約2時間で、2等Rs.180、3等Rs.100。 |

観光スポット＆アクティビティー

クルネーガラロック
Kurunegala Rock

遠目に象や亀、さまざまな動物の形に見える岩山で、この町のシンボル的存在。頂上にある仏像の位置までたどり着ければ貯水池とクルネーガラの町全体を見渡せる。クルネーガラロック登頂には峠道を回る以外に岩肌を直接登る手段もあるが、雨が降ると滑りやすいので峠道を回るのが無難。往復で1〜2時間もあれば十分だろう。

宿泊施設

ホテル・キャンディアンリーチ
Hotel Kandyan reach

鉄道駅に近い立地。バーやプール設備があり、部屋はエアコン付き。設備は一般的なビジネスホテルタイプ。ヤーパフワ方面のツアーアレンジあり。

全23室 ★
S$42〜 **D**$46〜
344-350, Kandy Road, Kurunegala
☎ 037-2224218, 2224540
📠 037-2224541
🌐 www.kandyanreach.com
✉ kandyanreach@sltnet.lk

文化三角地帯

ホテル・ヴィヴェカ　　Hotel Viveka

　125年間営業を続ける老舗宿。部屋によっては居心地が悪いので確認してからチェックインすると良い。湖の畔に位置するので景色は良い。

エアコン付き3室　エアコン無し2室
[エアコンなし] $20　[エアコン付き] $30
64, North Lake Road, Kurunegala
☎ 037-2222897, 4991350
🌐 www.hotelviveka.com
✉ vivekahotel64@sltnet.lk

ブライトブラボーホテル　　Bright Bravo Hotel

　ショッピングセンター3階に構える風変わりな宿。バス乗り場と直結しているのでとても便利。そこそこ清潔なのもポイント。Wi-Fi 可。

全12室
Rs.2,000〜
3rd Floor, Municipal Shopping Complex, Kurunegala
☎ 037-25500500

お薦めの飲食店

ホテル・ディヤダハラ　　Hotel Diyadahara

　スリランカ料理のほか、サンドイッチやバーガー類などの西洋料理も提供。中心部から少し離れた貯水池北側の静かなエリアにあり、クルネーガラロックの仏像が見える好立地。参考価格はRs.500〜。宿泊も可。

7, North Lake Road, Kurunegala
☎ 037-2223452

現地に滞在して感じたこと

　学生時代、私はスリランカに滞在していろいろなことに触れてきました。その中でも思い入れの強いことを紹介します。

🍺 裏舞台は心の故郷

© Kayama Yumi

　金銀華やかな衣装に身を包み、美しい鮮やかな化粧をまとうスリランカの舞踊団の歌や踊りは伝統的な価値だけでなく、今や観光ポイントとしても評価が高いです。しなやかに腰を動かし、指先までもが生き生きと表現されるその踊りは、自然や大地、健康への祈りを意味します。さて、そんな舞踊団の裏舞台を覗いてみたくステージの裏へ行ってみます。ステージのカーテンの向こうでは、衣装に着替えメイクを行うダンサーたちが静かに鏡と向き合っている。目じりに真っ黒な一本のラインを引く14歳の少女の真剣な眼差しの美しさはあどけなさを振りほどき、清楚な色っぽさを解き放つ。世話係の女性が、幼い少女の化粧を行う姿を見ていると、いつしか流れゆく時間は止まり、母親の厳しい優しさを美しいまでに私に思い出させてくれました。舞踊団の舞台裏、それは心の故郷だったのです。

🍺 緑と黄色

　美しい化粧を施す舞踊団の鏡台をちょっと拝見。パレットのような色とりどりのアイシャドーや真っ赤な口紅が並ぶ鏡台は、凛々しい女性の香りが漂

います。そこに珍しい化粧品を発見！ 大きな緑と黄色のパウダー缶。なんだろう。アイシャドーにしては薄い色だし量が多い。考える間もなく、近くにいるダンサーがそれを手にとった。と同時にそのパウダーを顔にはたく。どうやら、それはファンデーションのようでした。緑と黄色のファンデーションは違和感しか
残らない。「なんでファンデーション緑なの？ 肌色じゃないの？」聞いてみたら、「え、肌色って何？ 緑じゃないときれいじゃないわよ」と驚かれた。

そもそも、スリランカ人は日本人に比べて肌の色が濃い。まず、私たちの考える肌色は彼らにとって肌色ではない。少し暗めの彼らの肌の色に対して、赤や青のアイシャドーの色を目立たせるには、緑や黄色のファンデーションが効果的。私たちの使う色では白っぽくて明るすぎるし、かといって彼らの肌の色のパウダーだと、色が暗すぎてシャドーの色が映えないらしい。なるほど。確かにこうしてパウダーの色だけをみると違和感だけど、遠くから舞台で踊るダンサーをみると美しく色が映え、決して顔が緑に見えるわけではなかったのです。

好きな食べ物はなんですか？

「好きな食べ物はなんですか？」スリランカの子供に聞いてみた。もちろん、私は、「カレー！」という返事を99パーセント期待していた。なのに、返ってきた答えは即答の「ピッツァ！（ピザ）」だった。「えぇ!?（笑）ピザ!?」

スリランカは今、観光業の発展とともにウエスタン文化が浸透している。ハンバーガーやピザを扱う、おなじみのファーストフード店が年々増えてきているのだ。「ほんとうに困るわねぇ。ピザは高いし、油っぽく体に悪いのに……」そう嘆く母親の姿は日本でもよく目にしてきた光景。今や日本ではそれも「普通」になってきて、わざわざこうした心配ごとを口にする親も少なくなったように感じる。スリランカの食文化もだんだんカレー中心ではなくなってくるのだろうか。「どんなピザが好きなの？」ピザが大好きだという男の子に聞いてみた。「うーん、カレー味！」、少し安心した。

香山 侑美

遺跡見学　聖地巡礼　紅茶農園
ペラヘラ祭　スリランカ料理
民芸品　ゴルフ

アーユルヴェーダ　サファリ体験
マリンアクティビティー
ビーチリゾート

Ceylon Tours Ltd

Estd 1946

セイロンツアーはおかげ様で来年、創業70周年を迎えます。弛まない長い創業実績こそが当社の姿勢です。スリランカツアーとして約70年の経験が、皆様のツアー満足度にフィードバックされています。スリランカにまつわるあらゆるツアーをご相談ください。自社所有車両と共にお待ちしております。

セイロンツアー

8A, Sir Ernest De Silva Avenue, Colombo 7
☎ +94(0)11-5531611, 2574589
+94(0)11-5531606, 2565794
ceylontours.com
✉ info@ceylontours.com

北部・東部

Northern, Eastern Part

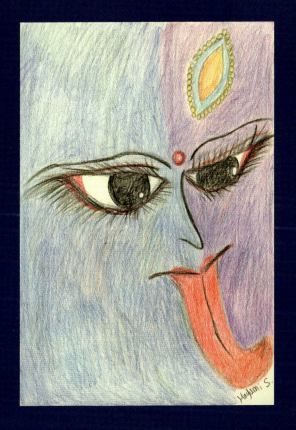

北部、東部の歴史・概要

近年まではこの地域を中心に内戦が繰り広げられていた。1983年7月のLTTEによる政府軍への襲撃事件から内戦は始まり、2度の停戦を交えながら2009年の5月まで、実に26年もの長期に渡って続けられ、最後はテロリスト側とされるLTTE（タミル・イーラム解放の虎）リーダーのヴェルピライ・プラバカランがムッライティヴに潜伏しているところを政府軍によって殺され、内戦の幕を閉じた。内戦中は北部と東部は外国人の立ち入りが禁じられ、各地で銃撃戦や空爆が続き、インフラや都市機能は壊滅状態に陥った。ジャフナやヴァヴニヤの建造物には銃痕が残り、キリノッチでは地雷探索がなされ、マンナールの鉄道陸橋は爆破で傾いたままであるなど、当時の生々しさが今も残る。

内戦が終結して5年以上が経過し、北部・東部各地の道路舗装状態の改善、鉄道の復旧、電力の供給再開など、都市機能がしだいに復旧し、失った時間を取り戻しつつある。

観光客にはなじみの薄いエリアだが、実は歴史面においては見るものが多い。伝記"Mahavamsa"『マハーワンサ』によると、北西のマンナールに最初の首都が置かれ、記録にあるスリランカ史の始まりとされる。その後は紀元前5世紀から"Raja rata"と呼ばれる王権の領域となったが、13世紀に入るとKalinga Maga率いるタミル軍の侵攻によりRaja rataは陥落してジャフナ王国を成立させる。14世紀中旬まではスリランカ島全体に影響力を及ぼし、コーッテ王国の台頭まで最大勢力を誇った。16世紀にはポルトガルの脅威に破れ、王国は滅亡した。その時の名残である数々のヒンドゥー寺院からポルトガル占領期に建てられた砦の跡など、日本の観光客の間ではあまり知られていない。

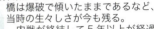

近代史としては、トリンコマリーにて第二次世界大戦中、日本軍によるイギリス軍を攻撃目標とする空襲も行われており、沖合にはイギリス軍に打ち落とされた日本の戦闘機が今でも沈んでいるといわれている。

発展が遅れている分だけノスタルジックな雰囲気が残されているという観光客側目線のメリットもある。特にジャフナではモーリスのタクシーが現役で活躍していたり、古い装いの商店が連なっていたりするなど、スリランカではなく昔のインドに訪れているような錯覚に陥るのも大変興味深い。

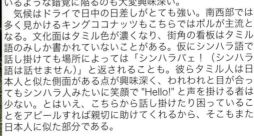

気候はドライで日中の日差しがとても強い。南西部では多く見かけるキングココナッツもこちらではポルが主流となる。文化面はタミル色が濃くなり、街角の看板はタミル語のみしか書かれていないことがある。仮にシンハラ語で話し掛けても場所によっては「シンハラバェ！（シンハラ語は話せません）」と返されることも。彼らタミル人は日本人と似た側面がある点が興味深く、われわれと目が合ってもシンハラ人みたいに笑顔で"Hello!"と声を掛ける者は少ない。とはいえ、こちらから話し掛けたり困っていることをアピールすれば親切に助けてくれるから、そこもまた日本人に似た部分である。

Vavuniya ヴァヴニヤ

概要

　北部タミルエリアの入口、そして北部交通の要所でもある。トリンコマリー、ジャフナ、マンナール、アヌラーダプラの各都市と結ばれ、交通量は非常に多い。タミル人の割合が8割を超える都市のため、町に掲げられた看板はタミル語表記が目立ち、道を歩く人の顔を見るとシンハラ人とは異なることがどことなく分かる。特に女性は額に張られた"ホットゥ"と呼ばれる飾り、そして色取りの鮮やかなサリー、もしくはパンジャビードレスを身にまとうので判別が容易。当然、町中にはヒンドゥー寺院が多く見られ、寺院内ではココナッツに火をともし願いを込めて叩き割る活発な信者の姿を見かける。

　近年まではLTTEの支配下にあった、政府軍との銃撃戦が激しかった地域でもある。町中の建物の一部には銃痕が今でも残されているが、しだいに戦争の爪痕が平和とともに消えつつある。

　近年では治安が改善したことから、この地域の宿を拠点にして、ジャフナ・トリンコマリー・アヌラーダプラを回るツアーが見直されている。

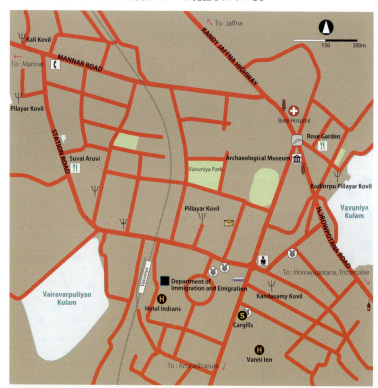

交通手段 【バス】各方面からアクセスが可能。コロンボからの場合はヴァヴニヤ行きのほかにジャフナ行きやメダワッチヤ行きに乗車して途中下車する方法もある。所要約6時間、インターシティーバスでRs.650、ノーマルバスでRs.325。アヌラーダプラからは区間運行が多い。所要約1時間、ノーマルRs.70。キャンディから所要約5時間、ノーマルRs.185。トリンコマリーから所要約4時間、ノーマルRs.128。ジャフナから所要4時間、ノーマルRs.155。【鉄道】コロンボから1日6本の運行で。所要約4時間で、1等Rs.680、2等Rs.410、3等Rs.265。アヌラーダプラから所要約1時間で、2等Rs.90、3等Rs.50。

北部・東部

観光スポット＆アクティビティー

カンダサーミー寺院
Kandasamy Kovil

　この地域にある中ではひときわカラフルで有名なのがこのムルガン派ヒンドゥー寺院。ヴァヴニヤを代表するもので、ほかには町の北西部にカーリー寺院もある。入場の際はRs.100～程度のお布施が望ましい。特に写真撮影をする際には少し多めに。

考古学博物館
Archaeological Museum

　古代の素焼きの人形や仏像が納められている。特に仏像は見る価値があり、5世紀から8世紀のもの。ヴァヴニヤの東側にあるマドゥカンダ寺院やマンナールの石灰岩から発見されている。

【開館】9:00～17:00　【入場料】無料
Horowpathana Road, Vavuniya

マドゥカンダ寺院
Madukanda Temple

　Raja rata期のころは仏教寺院もこのエリアに存在しており、マドゥカンダはその一つ。仏歯がこの寺院に置かれたことがあるとされるほか、仏教僧が学習するための重要な場であったことなどが分かっている。ヴァヴニヤのバスターミナルからホロウポタナ行きのバスに乗車しマドゥカンダで下車。所要約15分。

Mannar マンナール

概要

　北西部半島の都市。半島先端のタレイマンナールからインドまで浅瀬で30kmほどの距離にあるため、一体をアダムスブリッジと呼ばれ、内戦前までは南インドの玄関口（インド側はラーメーシュワラムがスリランカの玄関口）として機能していた。内戦が終わった現在、急ピッチで整備が進み、2014年では橋や道路の一部が修繕され、白い砂、パルミラ椰子の木などの美しい景色を楽しめるようになった。爆破された鉄道橋の掛け直し作業や内戦時に仕掛けられた地雷の撤去作業はもう数年もすれば完了するだろう。

　元来交易には好立地で、アラブ商人や西洋人がこの地をスリランカ上陸の第一歩としてきたため、今でもモスクやキリスト教会が多く残る。町の中心から1.2kmほど北東にあるバオバブの木（1477年アラブ商人に植えられたとされる）、ポルトガル支配期に建てられた要塞の跡、内陸側になるがシヴァ派のティルケティースワラム寺院が観光ポイント。半島には野生のドンキーが生息するのも特徴で、本島側とは少々雰囲気が異なる。現在マンナール地区では宿泊施設が少なめだが、将来的にリゾート開発、水中博物館の建設が予定されている。アヌラーダプラからの日帰りツアーも可能。

 交通手段 【バス】コロンボから所要4〜5時間、インターシティーでRs.742、ノーマルRs.371、タレイマンナールまではそれぞれRs.816、Rs.408。キャンディから所要4時間、インターシティーRs.582、ノーマルRs.291。ヴァヴニヤから所要1時間半、ノーマルRs.108。トリンコマリーから所要3時間、ノーマルRs.224。【鉄道】近い将来に運行再開の予定。2015年1月現在はメダワッチヤ・ヴァヴニヤからバスでの移動となっている。

観光スポット

ティルケティースワラム寺院
Thiruketheeswaram Kovil

スリランカ島内のヒンドゥー寺院の中でも歴史は古く、紀元前から、少なくとも2400年以上は存在していたと目され、自然災害から島を守ると信じられている。ポルトガル支配期の1557年に破壊されたが、1903年に現在の形に再建されている。毎年2月に催されるマハーシヴァラティリの大祭は興奮のるつぼと化す。

Jaffna ジャフナ

概要

北部最大の都市であり、内戦前はコロンボに次ぎ2番目に人口の多い都市であった。内戦の影響で人々は立ち去らざるを得ず、人口は減少した。現在は内戦も終わり、少しずつではあるが人口が回復しつつある。そして見るものの多いこの地には観光客もしだいに訪れるようになっている。特に2014年10月13日の鉄道再開は大きな影響力を持ち、コロンボから日に4本の運行が新たな移動の選択肢に加わったことは大きな意義がある。

13〜17世紀は南インド文化を基盤とするジャフナ王国の首都であったが、ポルトガルの支配が始まると現在のジャフナの町が形成され、ジャフナ要塞もその時に建設された。後にオランダの支配となり、立地の良さからジャフナ市を貿易中心地とした。

数あるヒンドゥー寺院の中で最も知られているのがジャフナ最大級のナッルールカンダスワミー寺院。伝統儀式は毎日催され、16:00から17:00の集まりが見所となる。寺院の中に入るときに男性は上着を脱ぐしきたりがあり、理由は神様に対して謙

虚な姿勢を表すためである。その他にも、既存の寺院のほかに、再建中の寺院が町の至る所で見られる。現地の人が土地に戻り生活を立て直すため、寺院再建には力を注いでいる。

北部・東部

　先述のポルトガル・オランダ支配の影響からキリスト教系施設も多く、セント・ジョーンズ、セント・メリーズ、アワ・レディ・オブ・レフュージ、セント・ジェイムス・アンド・ジョン・ザ・バプティスト、セント・ジェイムス・カテドラル・アンド・スクールの各キリスト教会や大聖堂が見られるのも特徴。
　ジャフナ図書館はかつてアジアの中で最も大きい図書館であったが1981年に全焼。建物は再建されたが、現在図書館には昔ほどの資料は残されてない。
　ジャフナ半島の沖にはナイナティヴ島という仏教徒とヒンドゥー教徒にとっての聖地があり、人々が巡礼に訪れる。現地のバスもしくはフェリーでのアクセスが可能で、仏教徒はナーガディーパ・プラナ寺院、ヒンドゥー教徒はスリーナガポーシャニアムマン寺院を訪れる。
　このドライゾーン地区で意外かと思われるが、ロザリアン修道院でニルリの実でワインを生産していることでも有名。ジャフナ産独特の甘味のものが味わえる。

交通手段　【バス】コロンボから所要9～10時間、スーパーラグジュアリーでRs.1,450、ラグジュアリーバスRs.950、ノーマルRs.484。カタラガマから所要13時間、インターシティーRs.1,190、ノーマルRs.595。バッティカローから所要約6時間、ノーマルRs.464。ヴァヴニヤから所要2時間半、ノーマルRs.190。トリンコマリーから所要4時間、ノーマルRs.305。ヌワラエリヤから8時間、インターシティーRs.1,056、ノーマルRs.528。【鉄道】コロンボフォートから所要6～8時間。1等Rs.920、2等Rs.540、3等Rs.335。【空路】当然だが一番早い。コロンボの南方郊外にあるラトゥマラーナとジャフナ北部にあるパライとの間に国内線が就航している。片道Rs.9,000、往復Rs.18,000。ビジネスユースではこの空路が人気。

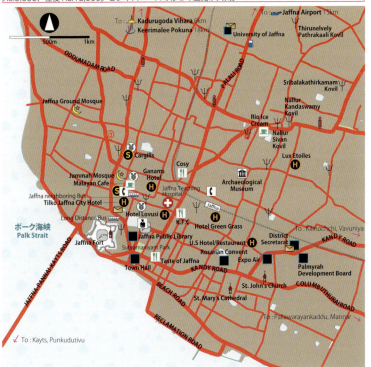

観光スポット＆アクティビティー

ジャフナ砦
Jaffna Fort

　スリランカで最も保存状態の良い砦であったが、内戦で破壊された。現在残されているのは内戦が終わり修復・再現されたもの。元はポルトガル人の手で建造されたが1658年、勝利したオランダ人が築き直してさらに強固なものとしたが、完成した3年後の1795年にイギリスに降伏し、発砲することなく明け渡した。

ジャフナ図書館
Public Library Jaffna

　1960年に完成したアジア最大級の図書館であったが1981年の暴徒による火災で97000もの書物を失った。2003年2月に建物は修復され再開。蔵書は30000冊を新たに設置。現在は落ち着きを取り戻している。ジャフナ大学の存在からも分かるが、アカデミックな町であることを象徴する。

ナッルール・カンダスワミー寺院
Nallur Kandaswamy Kovil

　コーッテ王 Bhuvaneka Bahu の側近 Sampaha Perumal の命で15世紀に造られたと信じられている、ジャフナを象徴するムルガン派、国内最大級ヒンドゥー寺院。ジャフナ王国がポルトガルにより陥落する同時期の1625年に寺院は破壊され、1807年に移設・再建された。7～8月に開催される、山車にムルガン神を乗せて練り歩く大祭は必見。

考古学博物館
Archaeological Museum

　建物は偶然戦禍を逃れている。木製ドアフレームの彫刻、孔雀や雄牛の石細工、プットゥールで発掘された状態の良い仏像、カンタロダイで発掘された15世紀のものとされる仏像の胴部分、14世紀に作られた注ぎ口が七つあるポットなど、ほかとは異なるものが多い。

【開館】8:45 ～ 16:45　※火曜休館
【入場料】寄付金
Nawalar Road, Jaffna

ロザリアン・コンヴェント
Rosarian Convent

　"ジャフナワイン"で知られるロザリアン修道院が運営するワイン工場。ロゼットは1ボトル Rs.250。グレープジュースとネルリクラッシュはノンアルコールで水で割って飲むタイプ。それぞれ Rs.125/Rs.175 で販売。風変わりな土産に良い。

【営業】8:00 ～ 13:00、14:00 ～ 17:30
333, Main Street, Chundukuli, Jaffna
☎ 021-2223388

カドゥルゴダヴィハーラ
Kadurugoda Vihara

　ジャフナでは珍しい仏教遺跡。1917年に珊瑚石で造られた小さなダゴバが56塔発見されたが、現在残されているのは20塔。いつの時代から存在していたかは不明だが、国内のほかの遺跡で見ないダゴバの並び方、大きさ、構造のため、かなり古いものと目されている。仏像の一部や菩薩像のほかに、植民地時代の硬貨も出土している。

キーリマレーポクナ
Keerimalee Pukuna

　ジャフナ中心部から北部へ約18km、ポーク海峡に面した場所に温泉がある。昔から体を癒す湯とされ、宗教的にも崇められている。水源は10m級の岩から湧き出る炭酸ガスを含むもの。近代的なプールの造りとなっていて、地元の人が水着姿で泳ぎを楽しむ。中心部から路線バスで行くかスリーウィーラーのチャーター、宿泊先にツアーを組んでもらうと良い。

お薦めの飲食店

U.Sレストラン
U.S Restaurant

　タミル人の町であれば本場タミル料理を楽しみたい。この店はシーフード・ベジタリアンカリーのほかにブリヤーニがお薦め。日本のドライカレーのような風味の個性的でありつつも、どこか懐かしくおいしい。宿泊施設も運営し、部屋は清潔感があるビジネスホテルタイプ。チキンブリヤーニは Rs.500 ～。

851, Hospital Road, Jaffna
☎ 021-2220595

リオ・アイスクリーム
Rio Ice Cream

　ジャフナの中でもひときわオシャレなアイスクリーム屋さん。アイスクリームのほかにサンデーやパフェなども注文できる。地元の人たちでにぎわっており、濃い色のサリーを着たタミル人女性の姿も見かける。Rs.30 ～。コロンボのウェッラワッタにも店舗を構える。

【営業時間】10:00 ～ 22:00
448A, Point Pedro Road, Jaffna
☎ 021-2227224

北部・東部

宿泊施設

ホテル・ラックスエトワール
Hotel Lux Etoiles

　ナッルールカンダスワミー寺院まで徒歩で行ける距離に立地するため人気が高い。少々狭い感じはあるが、全体的にビジネスホテル風で清潔感がある。これまでのジャフナ情勢を考えるとこの手のホテルはかなり飛躍した存在で、衛生面を含め安心して宿泊できるのがうれしい。ヌワラエリヤにも同系列の宿を運営しているので、両方の宿泊を条件にディスカウントを頼んでみると良い。ジャフナ各地オプションツアーも用意されている。

全 24 室
ⒹRs.4,070 ⓉRs.5,170
[Sデラックス] Rs.6,280 [スイート] Rs.9,900
34, Chetty Street Lane, Jaffna
☎ 021-2220595
🌐 www.luxetoiles.com
✉ reserve.luxetoiles@yahoo.com

ティルコ・ジャフナシティーホテル
Tilko Jaffna City Hotel

　郵便局の裏側、バス乗り場に近い一番栄えている場所に立地。周辺にはスーパーマーケットもあり便利。清潔感を売りにしているのでこちらも安心して宿泊できる。ジャフナ1日観光もピンポイントで回るのでお薦め。部屋はラグジュアリーのほか、スーパーラグジュアリー、ペントハウスを用意。

全 43 室
[ラグジュアリー] $72 ～　SC 10%
70/6, K.K.S. Road, Jaffna
☎ 021-2225969　📠 021-2227291
🌐 www.cityhoteljaffna.com
✉ info@cityhoteljaffna.com

ホテル・グリーングラス
Hotel Green Grass

　鉄道駅に近い場所に立地。部屋は落ち着いたローカルタイプ。スイミングプール、現地のカニを用いたジャフナ式料理を楽しめるレストランを備えている。自転車やスクーターのレンタルもあるので、ジャフナを自由に周れる。1日/半日ツアーも用意。

全 54 室
[スタンダード] Ⓢ$30 ～ Ⓓ$41 ～
33, Aseervatham Lane, Hospital Road, Jaffna
☎ 021-2224385　📠 021-22249991
🌐 www.jaffnagreengrass.com
✉ greengrassjaffna@gmail.com

Trincomalee トリンコマリー

概要

　北東部の湾岸都市で地理的にも交易に有利な位置にある。特にオランダ植民地時代からトリンコマリーは重要拠点とされ、当時の名残が所々に見られる。中でもスリランカ最大のオランダ要塞、フォート・フレデリックは一番の存在感を放ち、構造の良さから現在もスリランカ海軍・空軍基地としてそのまま活用されている。

　フォートの先に進むと断崖絶壁に、この地域のヒンドゥー教信者の象徴とされているコンネスワラム寺院がある。トリンコマリーもジャフナ同様にタミル人が多く居住する地域であることから、ヒンドゥー寺院が町中のあらゆる場所で見られるのも特徴。

　半島は内湾と外湾から成り、湾は陸に囲まれ、大きさと静粛性を併せ持つ優良な港として有名で、静かな湾の上を輸送船が多く往来する姿が見られる。一方、海岸側はマリンスポーツ・アクティビティーやホェールウォッチングに適している。

　トリンコマリー港は世界で5番目の大きさを誇る天然港であることに加え、スリランカの中でも特に美しいビーチが存在し、開発が進んでいないため比較的きれいな状態が保たれている。砂浜は遠浅で海水浴に適しており、内戦中もヨーロピアンの穴場として密かな人気があった。トリンコマリーから北方約15kmの海岸沖合には、国立海洋公園ピジョンアイランドがあり、豊かな珊瑚礁が残されている。南西海岸とは真逆でベストシーズンは4〜10月。南西海岸がオフシーズンの時は北東部で活動することで、スリランカは年間を通してマリンアクティビティーを楽しむことができるといえる。

　歴史の面では戦時中に日本軍が湾に駐留していたイギリス軍に対して空爆を一時的に行っていた。その際に迎撃され、脱出した軍人が地元の僧侶に匿われて頭髪を剃り袈裟を着てカモフラージュしたという逸話がある。

| **交通手段** | 【バス】コロンボから所要 5〜6 時間、スーパーラグジュアリー Rs.940、インターシティー Rs.630、ノーマル Rs.314。ハンバントタから所要約 6 時間、インターシティー Rs.1,070、ノーマル Rs.534。キャンディから所要約 3 時間半、ノーマル Rs.226。クルネーガラから所要約 3 時間、ノーマル Rs.208。バドゥッラから所要約 4 時間半、ノーマル Rs.357。ジャフナから所要約 4 時間、ノーマル Rs.305。ヴァヴニヤから所要約 2 時間、ノーマル Rs.133。マンナールから所要約 3 時間、ノーマル Rs.224。アヌラーダプラから約 2 時間、ノーマル Rs.147。【鉄道】コロンボフォートから夜行 1 便。所要 8 時間。1 等 Rs.760、2 等 Rs.450、3 等 Rs.285。ガルオヤから日中 2 本区間運行あり。所要 2 時間、3 等 Rs.65。【空路】バンダーラナーヤカ空港よりシナモンエアーが就航している。プロペラ機で所要 1 時間 15 分、$223。|

観光スポット & アクティビティー

コンネスワラム寺院
Konneswaram Kovil

【写真右上】フォート・フレデリックの先にあるスワミーロック上に位置し、湾を一望できる。島内 5 大シバ派寺院の一つで、自然災害から島を守ると信じられている。正確な歴史は不明だがジャフナ王国 Chola 王朝の 4 世紀ごろから存在したとされる。ポルトガル占領期に一度破壊され、1952 年に周辺の破片を集めて再建。6:00、11:30、16:30 にプージャーが始まるので、入口でお供え物を購入すると良い。

【写真右下】寺院の裏側は切り立った崖があり、その地点は "Lover's Leap" と呼ばれ、オランダ統治時代の伝説による。オランダ軍人の娘は恋人が航海から帰るのを待ち続けていたが、一人残され孤独に耐え切れず（別の伝説では男性に裏切られ）身投げをしたという。

フォート・フレデリック
Fort Frederick

コンネスワラム寺院をポルトガル人が破壊して 1624 年に砦を建造したのが始まり。後にオランダ、イギリスと支配者が変わるごとに砦は改築され、現在の姿となった。18 世紀後半にフランスの一時的管理から奪還し、東インド会社に渡った経緯がある。その後は英軍の駐屯地として使われ、現在はその機能をスリランカ政府軍が受け継いでいる。

イーグルス・ゴルフリンクス
Eagle's Golf Links

スリランカ空軍サービス提供、全 18 ホールの本格コースを内湾に新規で開設。トリンコマリーの新しいアクティビティーとして注目を集めている。ゴルフプレイをする場合は $60 より宿泊が可能となる。ロイヤル・コロンボやヌワラエリヤなどと合わせてスリランカ島内でのゴルフざんまいツアーを組むことで楽しみ方が広がる。コロンボから国内航空線で移動するのが便利。

【グリーンフィー 18 ホール】$50
◉キャディ：Rs.300
◉クラブレンタル、ボールボーイあり
Sri Lanka Air Force Headquarters, Colombo-2
☎ 077-2229091、2229281（予約）
⌂ www.eaglesgolf.lk
✉ eaglesgolf.lk

宿泊施設

ウェルコムブホテル
Welcombe Hotel

内湾に面したリゾートホテル。全体的に落ち着いた感じ。湾に面したバンガロー（ベッド4台）の人気が高く、このエリアの中では比較的設備が良い方。ヨットチャーターが可能。

全27室
[ラグジュアリー] Ⓢ$65〜 Ⓓ$68〜
[ビーチバンガロー] $185〜
66, Orr's Hill, Trincomalee
☎ 026-2222373　📠 021-2223887
🌐 www.welcombehotel.com
✉ info@welcombehotel.com

ゴルフリンクホテル
Golf Link Hotel

9ホールを持つゴルフリゾート。東海岸の見えるゴルフコースを気軽に楽しみながら滞在できる。開業間もないので部屋は真新しい。

全8室
$85〜125　SC 10%
Dockyard Road, Trincomalee
☎ 026-3202169
🌐 golflinkhotel.lk/
✉ golflinkhotel@gmail.com

ウップヴェリ / ニラヴェリ / ピジョンアイランド

　トリンコマリーでビーチリゾートを求めるならばウップヴェリとニラヴェリまで足を運ぶ方がより一層楽しめる。何といってもほとんど手付かずの海岸を満喫できるので絶対にお薦め。
　トリンコマリーより北方約3kmの地点がウップヴェリ。トリンコマリーの市街地では少なかった宿泊施設も海岸沿いに点在し、充実したゲストハウスも多い。
　さらに10kmほど北上した地点にあるニラヴェリは、東海岸で最も栄えたビーチリゾート。フィッシングやダイビングなどのマリンアクティビティーを楽しめる施設が充実している。
　ニラヴェリビーチからボートでピジョンアイランドへ向かうことができる。二つの島から成りたつ無人島で、大きな島はサンゴ礁で周辺を囲まれ、200×100mくらいの大きさ。もう一方は岩石からなる小島。1963年に国立海洋公園に指定され、島の名前は植民地化したロック・ピジョン氏に由来する。ここも内戦中からヨーロピアンの隠れ家として人気があるスポット。

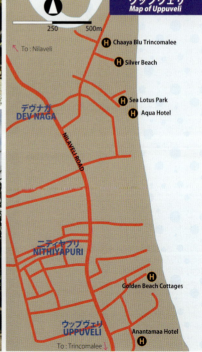

Map of Uppuveli

交通手段 【バス】トリンコマリーから路線バス、クッチャヴェリ行きを利用し、ウップヴェリかニラヴェリで途中下車。本数がそこそこあり、所要それぞれ30/60分、Rs.13/32。スリーウィーラーとの交渉、ホテルを予約している場合は車での送迎も視野に入れると便利。

Useful Information

ピジョンアイランドは入島料金大人と子供で1人 $10/5、1グループにつきサービスチャージ $8＋ボート料金 Rs.125、ボートオペレーターに往復 Rs.1,500～1,800が必要。チケットオフィスはアニラナホテル前のビーチにあり、受付は 7:00～17:30。

宿泊施設

シー・ロータスパーク
Sea Lotus Park

近年開業したウップヴェリのリゾートホテル。館内は夜のムードを暗闇の中からじわりとカラフルに輝かせる南アジア人好みの装飾となっている。

ニラヴェリ
Map of Nilaveli

- Pigeon Island National Park
- Pigeon Island Beach Resort
- Anilana
- Nilaveli Beach Hotel
- Nilaveli Crystal Blue Hotel
- To: Jungle Beach 9km
- Shahira Hotel Nilaveli
- Seaway Hotel
- See View Hotel Nilaveli
- PULMODDAI ROAD
- Pigeon Island View Beach Guest House
- White Sand Beach
- Hotel Coral Bay
- High Park Hotel
- Sudu Gala Beach Resort
- To: Trincomalee

全54室
[スタンダード] Ⓢ Ⓓ $59～ Ⓣ $67～
[デラックス] Ⓢ Ⓓ $84～ Ⓣ $92～
33, Alles Garden, Uppuveli, Trincomalee
☎ 026-2225327　📠 021-2224566
🌐 www.sealotuspark.com
✉ info@sealotuspark.com

ゴールデンビーチコテージ
Golden Beach Cottages

装備はそこそこ良い廉価宿。電気温水器、エアコンも備えられている。室内が広めに造られている点がポイント。バックパッカー系に人気。

全10室
Ⓢ Ⓓ $40～
24, Alles Garden, Uppuveli, Trincomalee
☎ 026-7211243
✉ goldenbeachtrinco24@gmail.com

北部・東部

チャアヤブル・トリンコマリー
Chaaya Blu Trincomalee

シナモングループの高級リゾート。この地域で唯一の四つ星を獲得。客船をモチーフにした食堂、"Captain's Deck" がこの地域に合っていてシャレた感じ。

ビーチシャレー36室、スーペリア43室、スイート2室　★★★★
[スーペリア] $60～　[ビーチシャレー] $72～
Uppuveli, Trincomalee
☎ 026-2221611, 2222307　📠 026-2227532
🌐 www.chaayahotels.com　✉ blu@chaayahotels.com

ニラヴェリ・ビーチホテル
Nilaveli Beach Hotel

比較的設備の整った、二つ星を獲得している定番ビーチリゾート。ピジョンアイランドが見えるビーチで存分に泳ぐことができる。すぐ近くにピジョンアイランド入島チケットオフィスがあるので、そのままボートで往復するにも便利。

全55室 ★★
[スタンダード] ⓈRs.11,000～ ⒹRs.15,000～ ⓉRs.20,500～
[デラックス] ⓈRs.15,000～ ⒹRs.19,000～ ⓉRs.24,500～
Nilaveli, Trincomalee
☎ 026-2232295/6, 011-2343720～7（予約）　📠 026-2232297, 011-2448279（予約）
🌐 www.tangerinehotels.com/nilaveli-beach-hotel.html
✉ nilaveli@sltnet.lk　tangerinetours@mi.com.lk（予約）

Batticaloa バッティカロー

概要

東部で2番目に大きい町で、見通しの良い多くのラグーンで形成されている。

海岸部のカッラディーは手付かずで浅瀬のビーチが広がり、穴場を求める観光客に人気が高い。

ダッチ・フォートは、オランダがスリランカ統治の際に初めて置いた拠点。トリンコマリー同様、バッティカローも拠点としては使いやすかったことがうかがい知れる。また、数多く残されているキリスト教会も統治時代の名残そのもの。

バッティカローは上記程度の観光ポイントに限られるのだが、鉄道移動を織り交ぜたポットゥヴィルに向かう際の中継地とする活用方法は有効だろう。

タミル人口の多い地域で、平日の朝夕には額にホットゥをつけたサリー姿の女性たちが自転車で通勤する姿を見られる。

街角にある商店ではシャイなタミルの人々がわれわれ観光客の姿を見てもにこやかに話し掛けてはこないが、こちらから話し掛けると笑顔に変わるところは日本人にどことなく似ている。

この地域の有名な特徴として、4～9月の満月の夜になると入り江から海老や魚が不思議な音を発する。地元では"歌う魚"と呼ばれている。カッラディー橋の上で聞くのがお薦めのポイント。

| 交通手段 | 【バス】コロンボから所要6〜7時間、インターシティーRs.750、ノーマルRs.375。プッタラムから所要約5時間、ノーマルRs.371。ジャフナから所要約6時間半、ノーマルRs.464。ヴァヴニヤから所要約4時間、ノーマルRs.291。ゴールから所要約6時間半、ノーマルRs.468。【鉄道】コロンボフォートから朝と夜行の2便。所要8時間。1等Rs.840、2等Rs.500、3等Rs.310。マーホから区間運転が1本、ガルオヤから2本あり。所要はマーホから5時間、ガルオヤから4時間、それぞれ3等Rs.240/105。

北部・東部

観光スポット＆アクティビティー

ダッチフォート
Dutch Fort

1628年、ポルトガル人によって建てられたが、オランダ人に占拠されたために呼び名がダッチフォートとなった。現在は行政機関の事務所として活用されている。保存状態は良くないが、内部には砲台跡と小規模の博物館がある。

ガンジー公園
Gandhi Park

マハトマ・ガンジー像が飾られている公園で、この町の象徴的存在であり、バッティカローがリトルインディアと呼ばれるだけのことはある。のどかな昼下がりにこの公園のベンチに座り、タミル人の往来を眺めるのが良いだろう。

カルクダー / パッセクダー

バッティカローより北方約25km地点の良質なビーチ。珊瑚礁が広がり、トリンコマリーのウップヴェリ/ニラヴェリと同様に人気がある。この地域も数年前までは内戦や津波の影響で観光誘致が遅れていたが、近年になって落ち着きを取り戻し、観光客が増加傾向にあり、それに伴ってゲストハウスが充実。リゾートホテルも建設されつつある。波があるのでサーフィンには南西海岸より適しており、プロはこのエリアやアルガム湾を目指す傾向にある。

交通手段 【バス】バッティカローから所要約1時間半、Rs.56。昼過ぎからは本数が激減。【鉄道】バッティカローから朝5時台と10時台の列車が便利だが、駅到着後は2km以上歩く。3等 Rs.25。

宿泊施設

マアルマアル・リゾート&スパ

Maalu Maalu Resorts & Spa

浜辺にバンガローリゾートを開設。シーフード料理を中心とするレストランやアーユルヴェーダスパの設備、マリンスポーツ、自転車の貸し出し、各種ツアーも用意され、このエリアを存分に満喫することができる。お薦めとしては専用プールもビーチも楽しめるオーシャンスイート。

全37室(内オーシャンスイート4室、パノラミックスイート1室
[デラックス] $190〜 **[上階デラックス]** $314〜 **[スイート]** $250〜 SC TAX 別
Pasikudah Bay, Pasikudah
☎ 026-2221611, 2222307 📠 026-2227532
🌐 www.maalumaalu.com ✉ info@maalumaalu.com

Pottuvil ポットゥヴィル

アンパーラ地区にあるスリランカ東海岸に位置するポットゥヴィルも2004年のスマトラ沖地震で発生した津波により甚大な被害を受けている。現在は元の美しい姿を取り戻し、ビーチでは東海岸特有の波の強さがサーフィン系スポーツに適するため、世界中からサーファーが訪れる。とりわけアルガム湾の人気が絶大。スリランカサーファーのメッカといえる場所で、宿泊施設も充実している。

歴史上では興味深い話がある。この地域にはムフドゥ・マハー寺院というアヌラーダプラ期、Kaavantissa王の命で建てられた仏教寺院がある。Viharamaha Devi女王はキリンダに現れたとする伝説があるが、歴史的・考古学的記録から先述の寺院であったとする説が有力視されている。寺院にはブッダ、王や神の石像があったが、現在ではダゴバは荒廃し、石像は破壊されているが、遺跡としては見る価値がある。

交通手段 【バス】バッティカローやモナラーガラなどから乗り継ぎ、いったんシヤムブランドゥワまで出てポットゥヴィルへ向かうバスに乗車する方法があるのだが、日が暮れると運行がなくなる。ほかのエリアのホテルなどで無難にツーリストカーの手配やツアーに便乗することをお勧めする。

宿泊施設

パームグローヴ・ホリデイ・イン
Palm Grove Holiday Inn

開放感の強い構造で、全体的に静かなロケーション。室内はホットシャワーやTVあり。各国料理シーフードレストラン、バー、インターネットカフェなど、旅行者にはうれしい。

エアコン付き21室 エアコン無し2室
[エアコン無し] Ⓢ$40 Ⓓ$46 Ⓣ$60
[エアコン付き] Ⓢ$59 Ⓓ$66 Ⓣ$79
SC TAX 込み
Arugam Bay, Pottuvil
☎ 063-2248457　📠 063-2248159
🌐 palmgroveholidayinn.com
✉ palmgroveholidayinn@gmail.com

スターダストビーチホテル
Stardust Beach Hotel

通常の部屋のほかにヴィラやカバナスタイルがある。ビーチに立地し、サーフィンを楽しんですぐに戻ってこれるのが利点。シーフードレストランで楽しむBBQディナー、ヨガ教室など、白人客が好む雰囲気。

一般4室 ヴィラ2室 カバナ1室
[一般《1階/2階》] $70/80
[ヴィラ《1階/2階》] $95/110
[カバナ] Ⓢ$35 Ⓓ$43 家族利用 $70
Arugam Bay, Pottuvil
☎ 063-2248191, 077-9067841
🌐 www.arugambay.com
✉ stardust@arugambay.com

ココナッツオイルの楽しみ方

　私がココナッツオイルと初めて出合ったのは、2013年の代々木公園で開催されたスリランカフェスティバル。以前雑誌で有名モデルが海外で購入したココナッツオイルを使っているという記事を読んでからずっと気になり、インターネットを通じてどんな製品があるかを調べていました。そんな折、代々木公園の会場を歩き回っていたらココナッツオイルが小瓶一つ500円で売られていてビックリ。少々値が張る気がしたけれど、思い切って購入。自宅に持ち帰り、開封して味見をしてみたらココナッツの匂いが極端に気になるほどではなく、比較的なじみやすいのには意外でした。

現地スリランカでは収穫されたココナッツの殻を一つ一つ丁寧に手作業ではがす。この後に洗浄して乾かしてから搾油する。

　ココナッツオイルは全身に使え、飲んでも食べても良いということでしたが、私が試した方法はデトックス効果をもたらすとされる"オイルプリング"。毎朝スプーン1杯を口に含んで15〜20分間ぶくぶくするだけ。この15〜20分間というのが短いようで結構長い。毎朝、その間にできることを探すのも楽しみの一つにしています。植物に水をやった後は台所や部屋の掃除をしてみたり。オイルプリングが終わったら塩水で口をすすぐだけ。もちろん、普通の水でも構いません。これを始めてから、長年悩まされていた偏頭痛が起きなくなりました。当然毎日のことなので、小瓶では足りずに今では大瓶を愛用しています。ほとんど空になった瓶に手を入れてお風呂上りには全身に塗ることもあります。肌が驚くほどしっとりしますので興味のある方はお試しください。最近では料理にも頻繁に使い、野菜を炒めるときやサラダに使ったりしてます。気軽にコーヒーに入れたりグラノーラに掛けてみたりすることでも楽しめます。次は是非お菓子作りにチャレンジしてみたい。

セブンティーンシー・セイロン社製のオーガニック・エキストラバージンココナッツオイル。できる限り品質の良いものにこだわりたい。

濵治 奈美

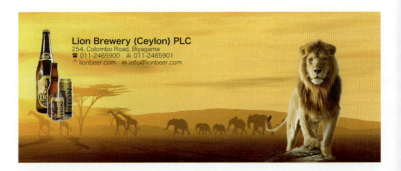

スリランカ基本情報 ❷
Basic information of SriLanka

History of Sri Lanka スリランカの歴史

🟠 古代
★ 事実と伝説が入り混じった不確定な情報に満ちているが、南インドからの侵略が続いていたこと、それ以前はウェッダーと呼ばれる先住民が狩猟生活を営んでいたことは事実で、人類学者の中では先住民の狩猟民族ウェッダーが後期石器時代の子孫にあたり、紀元前16000年ごろからスリランカに存在していたとの学説を有力視する傾向にある。

🟠 紀元前～紀元
★ 北インドを起源とする最初のシンハラ人がスリランカ島にたどり着いたのが紀元前5～6世紀、一方で同時期に南インドからタミル人も渡って来たとされる。やがて両民族は交流を重ね、一時期はインドとは異なる新たな文化を築き上げたが、長くは続かなかった。
★【紀元前483年】書物『マハーワンサ（Mahavamsa）』によると「北インド王の息子ウィジャヤは蛮行のため、王子の命で派遣団は退廃した船に乗せ死刑にするつもりであったが、現在のスリランカ島に運良くたどり着き、やがてアヌラーダプラを統治し、シンハラ王国を築き上げた。彼らがシンハラ族の祖先となる」と記述されている。これが前述5～6世紀にシンハラ族がスリランカ島にたどり着いた件と時期的に一致する。
★【紀元前377年】パンドゥカバヤ王（Pandukabhaya）がアヌラーダプラに首都を置く。
★【紀元前250年】インドのマウリヤ朝の国王アショーカ（Ashoka）が、使者マヒンダ（Mahinda）を派遣し、仏教を伝え、仏教王国が繁栄。周辺諸国との交流が盛んとなる。シンハラ王のデーワーナンピヤ・ティッサ（Devanampiya Tissa）が、仏教に帰依したとされる。
★ この時期、島内の貯水池施設が充実し、米穀生産が活発化。
★【紀元前210～160年】南インドタミル系民族のチョーラ（Chola）がアヌラーダプラを征服。
★【紀元前161～137年】シンハラ王のドゥトゥゲムヌ（Dutugemunu）が南インド系の征服者を追放し、王位を奪還。島内を初めて統一し、支配体制を確立したとされる。
★【紀元前103～89年】南インドタミル系パンチャドラウィダ（Pancha Dravida）がアヌラーダプラを征服。
★【紀元前89年】シンハラ王ワッタガマニ（Vattagamani）が南インドタミル系征服者を追放、アヌラーダプラの奪還に成功。

🟠 アヌラーダプラ王朝時代
★【紀元301～328年】シンハラ王シリメガワンナ（Sirimegavanna）の治世中、釈迦の犬歯がアヌラーダプラに持ち込まれる。
★ 5世紀中に島王統史『ディーパワンサ（Dipavamsa）』、大王統史『マハーワンサ（Mahavamsa）』が編纂される。
★【429～455年】南インドタミル系民族サドゥドラウィダ（Sad Dravida）がアヌラーダプラを征服する。
★【455年】シンハラ王ダトゥセーナ（Dhatusena、在位455～73）が南インドタミル系の征服者を追放し、王位奪還に成功。
★【473年】ダトゥセーナの長男カッシャパ（Kassapa、在位473～91）がダトゥセーナを監禁し王位を簒奪。その後、ダトゥセーナを殺害（477）。カッシャパはシーギリヤに宮殿を建設。
★【491年】カッシャパの弟モッガラーナ（Moggallana、在位491～508）がカッシャパから王位を奪還。アヌラーダプラに都を戻す。
★【769年】シンハラ王アッガボディ4世（Aggabodhi、在位733～72）が、南インドタミル系による侵略から逃れるため、アヌラーダプラからポロンナルワに一時的に遷都。
★【993年】ラージャラージャ1世（Rajaraja）が率いる南インドタミル系のチョーラ（Chola）王朝軍がアヌラーダプラを征服。
★【1017年】南インドタミル系のチョーラ王朝が

マヒンダ5世（Mahinda、在位 982-1029）を捕縛し、島の大半を支配。
- ★【1055年】シンハラ王のウィジャヤバーフ1世（Vijayabahu、在位 1055～1110）が1070年、チョーラ王朝の支配を解放し、島から追放。

ポロンナルワ王朝時代

- ★【1073年】ウィジャヤバーフ1世（Vijyayabahu）が、アヌラーダプラからポロンナルワに遷都。
- ★【1153～86年】シンハラ王パラークラマバーフ1世（Parakramabahu）が島内を支配。
- ★【1187～96年】シンハラ王ニッサンカ・マッラ（Nissasnka Malla）による、島内の統治。
- ★【1232～36年】シンハラ王のウィジャヤバーフ3世が、ダンバデニヤに遷都。以降、都は、ヤーパワワ、ポロンナルワ、ダディガマ、ガンポラの順に遷都。1371年にはコーッテに遷都され、しばらく落ち着く。
- ★【1287～93年】パラークラマバーフ3世による治世、ポロンナルワから最後の統治となる。

動揺期

- ★ 13世紀、ジャフナ半島にタミル人のジャフナ王国が建国される。
- ★ 14世紀初頭、マルコ・ポーロがスリランカ島を訪れる。
- ★【1344年】イブン・バトゥータ（Ibn Battuta）がスリランカに来訪。
- ★【1353年】ジャフナからの侵略部隊が島南部を侵略する。
- ★【1371年】シンハラ王のアラガッコナーラ3世（Alagakkonara）がコーッテに遷都。
- ★【1405年】明の鄭和が海路来訪し、仏歯の引き渡しを要求するも失敗に終わる。
- ★【1415年】パラークラマバーフ6世（Parakramabahu、在位 1411～66）がコーッテ王国を建国（1415～1597）。
- ★【1450年】パラークラマバーフ6世が島内を統一。ジャフナ王国も支配下に治める。
- ★【1469年】ウィクラマバーフ（Vickramabahu、在位 1469～1511）がキャンディ（ウダラタ）王国（Kandy/Udarata、1469～1815）を建国。
- ★【1479～1619年】ジャフナ王国が再び独立。

ポルトガル植民地被支配期（～1658年）

- ★【1505年】香辛料貿易の利権確保とカトリックの布教を目的とし、ポルトガル人による植民地支配が開始される。
- ★【1521年】コーッテ王国のウィジャヤバーフ6世（Vijayabahu、在位 1513～）が暗殺される。以降、コーッテ王国、シータワカ王国（Sitawaka）、ライガマ王国（Raigama）の3国に分裂し、対立。
- ★【1546年】コーッテ王国とポルトガルが共闘でキャンディ王国を侵略するが、失敗に終わる。
- ★【1551年】コーッテ王国のブワーネカバーフ7世（Bhuvanekabahu、在位 1521～51）がポルトガル兵に射殺される。孫のダルマパーラ（Dharmapala）がポルトガルによって王位継承者とされる（1551～97）。
- ★【1557年】コーッテ王国のダルマパーラ王がポルトガルによってカソリックに改宗させられる。
- ★【1560年】ジャフナ王国がカソリックへの改宗に抵抗したことを理由に、ポルトガルに進軍される。
- ★【1565年】ポルトガルが、コーッテからポルトガルの支配下にあった現コロンボのフォート（Fort）への遷都をダルマパーラ王に要求。
- ★【1571～82年】ポルトガルがゴール（Galle）に城塞を築く。
- ★【1580年】ダルマパーラ王死後、全島をポルトガル国王に贈ることを決定。
- ★【1591年】ポルトガルが再びジャフナ王国に進軍する。
- ★【1594年】ポルトガルが、キャンディ王国に進軍する。
- ★【1595～96年】オランダの船舶がアジア海域に出没し始める。
- ★【1597年】コーッテ王国のダルマパーラ王が死去し、コーッテ王国が滅亡。

正統な王権はキャンディ王国に引き継がれ、キャンディに遷都。
★【1618年】ジャフナでカソリック信者による反乱が発生。
★【1619年】ポルトガルがジャフナ王国のカソリック信者を支援すると称し、軍を派遣。タミル王国の国王が捕らえられ、ジャフナ王国は滅亡する。
★【1623年】ポルトガルがキャンディ王国からトリンコマリー(Trincomalee)を奪取。
★【1627年】オランダがキャンディ王国のラージャシンハ2世(Rajasingha、在位1635-87)に使節を派遣。
★【1628年】ポルトガルがキャンディ王国からバッティカロー(Batticaloa)を奪取。
★【1638年】ポルトガルがキャンディ王国を侵略するが、ラージャシンハ2世に包囲されて壊滅。オランダがトリンコマリーとバッティカローを奪取し、ラージャシンハ2世に返還する。
★【1640年】オランダがゴールとニゴンボ(Negombo)をポルトガルから奪取。
★【1645〜50年】ポルトガルとオランダがつかの間の和平。
★【1656年】オランダがコロンボをポルトガルから奪取。和平は崩壊。

🟠 オランダ植民地被支配紀（〜1796年）

★【1658年】オランダによる植民地支配の開始。オランダの目的は香辛料貿易から生じる利権の確保。ジャフナ地域のタミル人がオランダに降伏。オランダはさらにマンナール(Mannar)を奪取。
★【1665年】オランダがキャンディ王国からトリンコマリーを奪取。
★【1668年】オランダがキャンディ王国からバッティカローを奪取。
★【1670年】キャンディ王国のラージャシンハ2世(Rajasingha)が、オランダの支配地域を攻撃。
★【1675年】キャンディ王国のラージャシンハ2世とオランダとの間に休戦協定が結ばれる。
★【1722年】オランダがコーヒーの栽培を実験的に開始。
★【1739年】スリー・ウィジャヤ・ラージャシンハ(Sri Vijaya Rajasingha)がキャンディ王国の王(在位1739〜47)となり、南インド系(タミル系)のナーヤッカル(Nayakkar)王朝にも仏教の影響を及ぼす。
★【1753年】タイからの仏教僧がキャンディを訪れ、仏教僧団(bhikkhu)を再興する。
★【1757年】サーラガマ(salagama)と呼ばれるシナモン職人がオランダ支配に抗議する暴動を起こす。
★【1762年】オランダは、キャンディ王国と交戦の最中、イギリスの使者がキャンディの宮廷を訪問。
★【1766年】オランダとキャンディ王国との間に和平条約締結。キャンディ王国の王はオランダに譲歩し、マータラ(Matara)、ゴール(Galle)、コロンボ(Colombo)、ジャフナ(Jaffna)、カルピティヤ(Kalpitiya)、マンナール(Mannar)、トリンコマリー(Trincomalee)、バッティカロー(Batticaloa)をオランダに割譲。
★【1775年】キャンディで開催されるペラヘラ祭に仏歯寺の行列が加わる。

🟠 イギリス植民地被支配紀（〜1948年）

★【1796年】イギリスが、コロンボ(Colombo)、ジャフナ(Jaffna)、カルピティヤ(Kalpitiya)、トリンコマリー(Trincomalee)をオランダから奪取し、イギリスによる植民地支配の時代へ移行。イギリスの当初の目的は、フランスに対抗するためにスリランカ島をインド帝国の防衛基地として利用することであった。
★【1802年】オランダが、イギリスにスリランカを譲渡するアミアン条約(Treaty of Amiens)に調印。オランダとイギリスによる二重統治から、イギリスに

よる一元的統治体制へ移行し、王領植民地（Crown Colony）へ。
- ★【1803年】イギリスとキャンディ（Kandy）王国との関係が悪化し始める。
- ★【1815年】イギリスがキャンディ王国の内乱に乗じてキャンディ王国を滅亡させる。キャンディは一つの州となり、2400年近く続いた島の独立の歴史が終わる。
- ★【1816年】アメリカからキリスト教宣教師団の到着。
- ★【1823年】大規模なコーヒー・プランテーションの設立。
- ★【1827年】最初のコーヒー豆輸出が行われる。
- ★【1828年】プランテーションへの移民労働者（インド・タミル人）の第一陣が、インドから到着。
- ★【1829年】行政機構に関わる問題を検討するためのコールブルック・キャメロン委員会（Colebrooke-Cameron Commission）を設置。
- ★【1831年】コールブルック報告書（Colebrooke Report）が提出される。
- ★【1832年】最初の政府系新聞である"Colombo Journal"が発行される。
- ★【1833年】五つの州が設定される（中部州［Central Province］、東部州［Eastern Province］、北部州［Northern Province］、南部州［Southern Province］、西部州［Western Province］）。司法改革が行われる。行政評議会（Executive Council）と立法評議会（Legislative Council）が設置される。
- ★【1834年】最初の独立新聞である"Ceylon Observer"が発行される。
- ★【1844年】奴隷制を完全に廃止。
- ★【1845年】北西部州（North Western Province）の設置（6つめの州）。
- ★【1847年】仏歯の管理がキャンディ（Kandy）の仏教僧に移譲される。
- ★【1848年】キャンディで反乱が発生。
- ★【1860年】最初のシンハラ語新聞である"Lanka Lokaya"が発行される。
- ★【1864年】最初のタミル語新聞である"Udaya Tarakai"が発行される。
- ★【1870年】最初の紅茶輸出が行われる（1869年に発生した病害により、コーヒープランテーションは壊滅していく）。
- ★【1872年】通貨（ルピー／セント）が導入される。
- ★【1873年】仏教徒とキリスト教徒の間で教義論争（Panadura Debate）が起きる。北中部州（North Central Province）の設置（7つめの州）。
- ★【1879年】国家助成学校の制度が創設される。
- ★【1885年】仏教徒防衛委員会（Buddhists Defence Committee）が創設される。シンハラ暦とタミル暦の正月（4月13日）が祝日になる。
- ★【1887年】英国医療協会（British Medical Association）のセイロン支部が設置される。
- ★【1886年】ウヴァ州（Uva Province）の設置（8つめの州）。
- ★【1889年】サバラガムワ州（Sabaragamuwa Province）の設置（9つめの州）。
- ★【1912年】立法評議会（Legislative Council）の改革。
- ★【1915年】キャンディ（Kandy）でシンハラ人とスリランカ・ムスリムのタミル人（ムーア Moor）の間で暴動が発生。
- ★【1919年】シンハラ人政治家とスリランカ・タミル人政治家が、セイロン国民会議（Ceylon National Congress）を結成し、平和的な独立を求めて活動を開始（統一国民党［United National Party, UNP］の母体）。
- ★【1921年】立法評議会（Legislative Council）の改革。
- ★【1924年】ポンナンバラム・アルナチャラム（Ponnambalam Arunachalam, 1853-1924）が逝去。行政評議会（Executive Council）議員を務めたスリランカ・タミル人の政治家で、セイロン国民会議（Ceylon National Congress）の結成に協力。その後、1922年にはセイロン・タミル同盟（Ceylon Tamil League）を結成。
- ★【1927年】憲法改革に関する問題について議論するため、ドノモア委員会（Donoughmore Commission）が設置される。
- ★【1928年】ドノモア報告書（Donoughmore Report）が公表される。A・E・グーナシンハ（Alexander Ekanayake Goonesinghe, 1891-1968）が、労働党（Labour Party, LP）を結成。
- ★【1929年】立法評議会（Legislative Council）

が、ドノモア報告書（Donoughmore Report）を受諾。
★【1930年】ポンナンバラム・ラマナタン（Ponnambalam Ramanathan, 1851-1930）が逝去。立法評議会（Legislative Council）議員を務めたスリランカ・タミル人の政治家。
★【1931年】ドノモア憲法（Donoughmore Constitution）が施行され、21歳以上の男女普通選挙制度が導入される（1958年からは18歳以上）。第1回国家評議会（State Council）議員選挙が実施される。
★【1932年】農村部のシンハラ人エリートを主体とする、シンハラ・マハー・サーバ（Sinhala Maha Sabha [Great Council of the Sinhalese]）が結成される。結成したのは、シンハラ人政治家のS・W・R・D・バンダーラナーヤカ（Solomon West Ridgeway Dias Bandaranaile, 1899-1959）。
★【1933年】アナーガリカ・ダルマパーラ（Anagarika Dharmapala）が逝去。シンハラ仏教ナショナリズムの復興の祖。
★【1935年】N・M・ペレーラ（Nanayakkarapathirage Martin Perera, 1905-79）が、平等社会党（Lanka Sama Samaja Party [Equal Society Party], LSSP）を結成（トロツキー主義の政党）。土地開発令（Land Development Ordinance）の成立。主にドライゾーンにある政府所有地を土地なし農民に分配。
★【1936年】第2回国家評議会（State Council）議員選挙が実施される。
★【1939年】インドのネルー（Jawaharlal Nehru）の示唆を得て、S・トンダマン（Satyamurthy Thondaman, 1913-99）が、セイロン・インド人会議（Ceylon Indian Congress, CIC）を結成（インド・タミル人の政党。1954年にセイロン労働者会議[Ceylon Workers Congress]に改名）。セイロン銀行（Bank of Ceylon）の設立。
★【1941年】政府による米と砂糖の配給が開始される。
★【1942年】日本軍が、コロンボ（Colombo）とトリンコマリー（Trincomalee）を爆撃（駐留する英軍への攻撃目的として）。
★【1943年】S・A・ウィクラマシンハ（Sarath Kusum Wickremasinghe, 1928-81）が、セイロン共産党（Communist Party, CP）を結成。
★【1944年】憲法改正に関する問題を検討するための、ソウルベリー委員会（Soulbury Commission）が設置される。公用語を英語からシンハラ語とタミル語に変更する提案が国家評議会（State Council）で採択される。G・G・ポンナンバラム（Gangesar Ganapathipillai Ponnambalam, 1899-1977）が全セイロン・タミル会議（All Ceylon Tamil Congress, ACTC）を結成（スリランカ・タミル人の組織）。
★【1945年】ソウルベリー報告書（Soulbury Report）が公表される。無償教育制度を導入する（幼稚園から大学まで）。
★【1946年】ソウルベリー憲法（Soulbury Constitution）の公布。10年後に公用語をシンハラ語とタミル語にすることが国家評議会（State Council）で承認される。ドン・S・セーナーナーヤカ（Don Stephen Senanayake, 1884-1952）が統一国民党（United National Party, UNP）を結成。
★【1947年】独立法案（Independence Bill）が議会を通過。イギリスがセイロンに完全な独立を付与する協定に調印。
★【1947年7月7日】国家評議会（State Council）が解散。
★【1947年8月23日】第1回総選挙が実施される（投票は19日間におよび9月20日に終了）。95議席中、統一国民党が42議席、平等社会党（Lanka Sama Samaja Party [Equal Society Party], LSSP）が10議席、共産党が3議席、労働党が1議席、全セイロン・タミル会議が7議席、セイロン・インド人会議が6議席、その他が26議席。統一国民党が勝利し、第一党に。
★【1947年9月24日】ドン・S・セーナーナーヤカ（Don Stephen Senanayake, 1884-1952）が初代首相に就任。
★【1948年2月4日】英連邦内の自治領として独立。152年間に及ぶイギリス支配の終焉。

🏀 独立後（1949年〜）

★【1949年】タミル人の選挙権が剥奪される。

- ★【1951年】サンフランシスコ講和会議にて、セイロン代表として会議に出席したJ・R・ジャヤワルダナ蔵相（後のスリランカ第2代大統領）が仏陀の言葉を引用した演説を通して、対日賠償請求を放棄。
- ★【1956年】総選挙で人民統一戦線が勝利し、スリランカ自由党 (Sri Lanka Freedom Party, SLFP) のS.W.R.D. バンダーラナーヤカが首相に就任、シンハラ語公用語法案を制定。タミル人は公務員から排除される。この政策によってタミル人との対立が高まる。同年、仏陀入滅2500年祭が開催され、シンハラ仏教ナショナリズムが高揚。東部とコロンボでタミル人の民族暴動が発生。
- ★【1959年】S.W.R.D. バンダーラナーヤカが仏教僧によって暗殺される。
- ★【1972年】SLFPが選挙に勝利し、S. バンダーラナーヤカが首相に就任。仏教を準国教扱いにする新憲法を発布。共和制に移行し、国名をスリランカ共和国に改称。一方で"タミルの新しい虎 [Tamil New Tiger] (タミル・イーラム解放の虎 [Liberation Tigers of Tamil Eelam] LTTEの前身)"が成立し、タミルの国、イーラム (Eelam) 樹立を目的とした分離独立運動を開始。
- ★【1977年】UNPが選挙に勝利し、ジャヤワルダナが首相に就任。資本主義の導入と経済の自由化が始まる。
- ★【1978年】議院内閣制から大統領制に移行し、国名を"スリランカ民主社会主義共和国"に改称。

● 内戦期（1983年～）

- ★【1983年】シンハラ人とタミル人との大規模な民族対立が起こり、島内で暴動が続いた。シンハラ人とムーア人の対立、シンハラ人内部の対立も激化。
- ★【1984年】首都をコロンボから南東15kmに位置するスリジャヤワルダナプラ（現地名コーッテ）へ遷都。ただし行政庁舎等の首都機能はコロンボに留まる。
- ★【1987年】反政府組織、タミル・イーラム解放のトラ(LTTE) が独立を宣言し、内戦が明確化。インド軍が介入するも成功せず、散発的なテロが続いた。
- ★【1988年】ラナシンハ・プレマダーサが大統領に就任。内戦の終結を画策したが失敗。
- ★【1989年】シンハラ人急進派、人民解放戦線(Janata Vimukuti Peramuna, JVP) の指導者、ロハナ・ウィジェウィーラが殺害され、南部の治安が改善される。
- ★【1991年】隣国インドのラジヴ・ガンディー元首相が暗殺。LTTEの犯行声明。
- ★【1993年5月1日】ラナシンハ・プレマダーサが大統領がLTTEの自爆テロにより暗殺。
- ★【1994年】SLFPを主体とするPA (Peple's Alliance) が選挙に勝利、チャンドリカ・クマラトゥンガが首相となり、後に大統領に選出。
- ★【2001年7月】バンダーラナーヤカ国際空港襲撃事件が引き起こされる。LTTEによる犯行。
- ★【2002年】ノルウェーと日本の仲介により、政府―LTTE間の停戦に合意。
- ★【2004年3月】LTTEの東部方面司令官のビニャガマムーシ・ムラリタランが離脱、カルナ派を立ち上げ、LTTEと闘争。
- ★【2004年12月】スマトラ島沖地震の津波により北東・南西沿岸部で死者3万人以上の被害を受ける。
- ★【2005年11月】マヒンダ・ラージャパクサが大統領に就任。LTTEに強硬姿勢を示す。
- ★【2006年7月】LTTEが東部バッティカロア県にて政府支配地域への農業用水を遮断したことを理由に政府軍が空爆を実施。戦闘が再燃。
- ★【2007年7月】政府軍が東部州におけるLTTE最後の拠点トッピガラを攻略。同州からLTTE勢力を一掃する。
- ★【2007年11月】LTTE本拠地、北部キリノッチへの空爆でLTTEナンバー2で政治部門トップ、和平交渉の窓口であったスッパヤ・パラム・タミルセルバムが死亡。
- ★【2008年1月16日】政府はLTTEとの停戦合意を正式に破棄を発表。
- ★【2009年1月】政府軍はLTTEの本拠地キリノッチを2日、最後の都市拠点ムッライッティーヴーを25日に制圧。
- ★【2009年5月17日】ムッライッティヴの海岸部以外のLTTE実効支配地域はすべてが政府軍によって制圧。LTTEは事実上壊滅状態に陥り、LTTE側もセルバラサ広報委員長が敗北宣言である戦闘放棄声明を発表。5月18日にはLTTEの最高指導者ヴェルピライ・プラバカラン議長の遺体が発見され、政府はLTTEの完全制圧と内戦終結を宣言。

Religion of Sri Lanka スリランカの宗教

　小さい島国の中に世界の4大宗教が集まる、いわばるつぼである。仏教＝70.19％、ヒンドゥー教＝12.61％、イスラム教＝9.71％、キリスト教＝7.45％（※出典：スリランカ政府白書 2011）。大まかに見れば、シンハラ＝仏教、タミル＝ヒンドゥー教となるが、異教間の結婚や改宗、その他例外があるので注意。

🔴 仏教

　紀元前250年にインドから伝播されたと考えられている。日本近隣諸国の大乗仏教とは異なる原点に近い上座部仏教（Theravada）が中心で、在家信徒の努力により純粋な仏陀の教えを保持し続けてきたもの。心の執着を断ち、輪廻を解脱するため「経典の学習」「戒律の厳守」「瞑想の修行」など、教義が崩されず受け継がれている。社会での僧侶の地位も高く、信徒間ではバスの最前席などは僧侶を座らせるものと決まっている。

🔴 ヒンドゥー教

　スリランカ北東部にドラヴィタ系ヒンドゥー教がもたらされ、神々は神殿に宿ると信じられている。シヴァ派が多数で、息子のガネーシャ、ムルガンなどが祀られる。神殿は聖なる空間とされ、神が何よりも先に太陽光を照らされるため、必ず東向きに建てられる。神殿の内部を子宮に模し、生命が宿る力に満ちているとして人々は祈願し、精進する。イギリス統治時代に紅茶農園に動員されたタミル人の大半もヒンドゥー教徒に属し、コミュニティーを形成している。

🔴 イスラム教

　アラビア商人が8世紀の東西交易時代に訪れ、しだいに定住者が増えイスラム教が伝播された。その他、南インドやマレーシアのイスラム教徒が来島して集まり、一般に"ムーア"と呼ばれる民族集団を形成するようになり、こちらもスリランカムスリムとして定着。現在200万人ほどの信徒がいると推測されている。信徒同士の相互扶助関係や一体感を重んじることから、ビジネスの面で強さを発揮する。金曜日の礼拝とラマダンの断食は遂行する信徒がほとんど。

🔴 キリスト教

　スリランカのキリスト教徒の多くがローマンカソリックで、日本と同様、宣教師によってもたらされたことから歴史が始まっている。それだけではなく、ポルトガル～オランダ占領期に定住した人、改宗した地元民、奴隷としてスリランカへ連行された黒人など、ルートは多岐にわたる。ポルトガル占領期にもたらされたことから沿岸部に教会が多く造られ、信徒が漁民の割合が高い。

Railway Timetable 鉄道時刻表

※ ★印は 10 日前より予約可能。詳細は次のとおり。★ 1 等寝台車 /2 等リクライニングシート /3 等リクライニングシート ◆ 1 等展望車 /1 等冷房車 ★インターシティー 1 等 /2 等。指定席予約は、☎011-2432908 へ(月ー土 8:30 〜 15:30、日祝 〜 12:00)。**R** ラジャダニエクスプレスの予約は ☎011-5747000、**E** エクスポレイルの予約は ☎011-5225050 まで。

※ キャンディ、ポルガハウェラ、マーホ、アヌラーダプラ、ミヒンタレー、トリンコマリー、ゴールの駅構内リタイアリングルーム（宿泊）の予約は、☎011-2434215 へ。

コロンボフォート〜アヌラーダプラ〜ジャフナ / トリンコマリー / ポロンナルワ・バッティカロー

区分	コロンボフォート	マーホ	アヌラーダプラ	ジャフナ	ガルオヤ	トリンコマリー	ポロンナルワ	バッティカロー	備考
					3:15 ⇒	⇒	4:25 ⇒	7:05	
		6:00 ⇒	— ⇒	— ⇒	9:15 ⇒	⇒	10:40 ⇒	13:30	
		6:10 ⇒	7:52						
					11:30 ⇒	13:10			
★	5:50 ⇒	— ⇒	9:20 ⇒	11:56					AC
◆	6:05 ⇒	9:05 ⇒	⇒		11:25 ⇒		12:10 ⇒	14:20	
					13:00 ⇒		14:02 ⇒	16:30	
◆	7:15 ⇒	9:54 ⇒	11:27 ⇒	15:05					
	9:05 ⇒	12:04							
					15:20 ⇒	17:17			
★	9:40 ⇒	12:20 ⇒	14:15 ⇒	17:35					土曜運行
★	11:50 ⇒	14:08 ⇒	15:28 ⇒	18:15					
	13:45 ⇒	17:01 ⇒	19:05 ⇒	ヴァヴニヤ 20:17					
◆	15:55 ⇒	18:25 ⇒	20:00 ⇒	ヴァヴニヤ 20:56					
	マラダーナ 12:35 ⇒	18:45 ⇒	20:30						
	18:00 ⇒	20:45							
★	19:15 ⇒	22:20 ⇒	— ⇒	— ⇒	0:50 ⇒	⇒	1:40 ⇒	4:00	
★	19:45 ⇒	22:55 ⇒	1:00 ⇒	5:08					
★	21:00 ⇒	0:30 ⇒	— ⇒	— ⇒	3:20 ⇒	5:10			バッティカロー行き乗継

区分	バッティカロー	ポロンナルワ	トリンコマリー	ガルオヤ	ジャフナ	アヌラーダプラ	マーホ	コロンボフォート	備考
							4:45 ⇒	7:46	
◆					ヴァヴニヤ 3:20 ⇒	5:00 ⇒	6:43 ⇒	10:10	
★					ヴァヴニヤ 5:45 ⇒	6:40 ⇒	8:03 ⇒	10:32	
						6:55 ⇒	9:27 ⇒	マラダーナ 13:35	
	5:10 ⇒	7:45 ⇒	— ⇒	8:45					
			7:00 ⇒	8:50					
◆	7:15 ⇒	9:26 ⇒	⇒	10:15 ⇒	— ⇒	⇒	12:40 ⇒	15:27	
◆					7:10 ⇒	11:30 ⇒	12:58 ⇒	15:47	
							13:15 ⇒	16:11	
★					11:00 ⇒	14:00 ⇒	— ⇒	17:40	
★					13:45 ⇒	16:30 ⇒	— ⇒	20:00	AC
			11:00 ⇒	12:52					
◆	10:30 ⇒	13:59 ⇒	⇒	15:30 ⇒		⇒	18:00		
						16:50 ⇒	18:55		
	17:45 ⇒	20:28 ⇒	⇒	21:28					
★			19:30 ⇒	21:55 ⇒	— ⇒	— ⇒	0:45 ⇒	4:00	
★					19:05 ⇒	23:20 ⇒	1:15 ⇒	4:23	
★	20:15 ⇒	22:28 ⇒	⇒	23:30 ⇒	— ⇒	— ⇒	2:05 ⇒	4:55	

コロンボフォート〜キャンディ/ヌワラエリヤ・バドゥッラ

区分	コロンボフォート	ボルガハウェラ	ランブッカナ	ペーラーデニヤ	キャンディ	ナーヌオヤ(ヌワラエリヤ)	エラ	バドゥッラ	備考
				0:25 ⇒	1:55 ⇒	2:05			
					2:15 ⇒	2:27			
◆					3:30 ⇒	9:30 ⇒	13:26 ⇒	14:30	
◆		4:30 ⇒	4:50 ⇒	6:03 ⇒	6:37	ナーワラピティヤ 8:00			
				6:49 ⇒	7:02				
		5:45 ⇒	6:05 ⇒	7:24 ⇒	7:35				
				8:20 ⇒	8:33				
◆	5:55 ⇒	7:18 ⇒	7:31 ⇒	8:33 ⇒	8:47 ⇒	12:45 ⇒	15:15 ⇒	16:06	キャンディ経由
★E	7:00 ⇒	— ⇒	— ⇒	— ⇒	9:22 ⇒	9:31			
				— ←	10:00 ←	ナーワラピティヤ 11:00			
◆	8:30 ⇒	9:44 ⇒	9:56 ⇒	10:55 ⇒	11:00 ⇒	15:01 ⇒	17:28 ⇒	18:32	キャンディ経由
★	9:00 ⇒	— ⇒	— ⇒	— ⇒	11:23 ⇒	11:31			平日運休
◆ER	9:45 ⇒	11:07 ⇒	11:20 ⇒	12:31 ⇒	— ⇒	15:55 ⇒	18:23 ⇒	19:25	
◆	10:35 ⇒	12:00 ⇒	12:19 ⇒	13:41 ⇒	14:00 ⇒	マータレー 15:23			
				— ←	14:07 ←	ナーワラピティヤ 15:23			
	12:40 ⇒	14:03 ⇒	14:22 ⇒	15:54 ⇒	17:05 ⇒	ハットン 19:53			キャンディ経由
★R	15:35 ⇒	— ⇒	— ⇒	— ⇒	17:57 ⇒	18:06			
	16:35 ⇒	16:59 ⇒	18:12 ⇒	19:31 ⇒	19:42				平日運休
★	17:20 ⇒	— ⇒	— ⇒	— ⇒	19:55 ⇒	20:03			月曜運転 他曜日不定期
	17:45 ⇒	19:15 ⇒	19:38 ⇒	20:47 ⇒	20:58				
★	20:00 ⇒	21:27 ⇒			⇒	⇒ 3:11 ⇒	6:06 ⇒	7:10	
				23:30 ⇒	23:41				

区分	バドゥッラ	エラ	ナーヌオヤ(ヌワラエリヤ)	キャンディ	ペーラーデニヤ	ランブッカナ	ボルガハウェラ	コロンボフォート	備考
				1:30 ⇒	1:43 ⇒	2:55 ⇒	3:13		
				1:40 ⇒	1:52				
				5:10 ⇒	5:22 ⇒	6:35 ⇒	6:48 ⇒	8:17	日曜運休
★				5:50 ⇒	6:05 ⇒	— ⇒	— ⇒	8:42	月曜運転 他曜日不定期
★R				6:15 ⇒	6:25 ⇒	— ⇒	— ⇒	8:52	
				6:30 ⇒	6:43 ⇒	7:57 ⇒	8:16 ⇒	9:45	
			ナーワラピティヤ 5:45 →	7:02 ←	6:49				
			ハットン 5:10 →	7:59	—				
◆			5:30 ⇒	10:30 ⇒	9:56 ⇒	12:14 ⇒	12:35 ⇒	14:03	
			ハットン 8:45 →	12:13					
◆	5:45 ⇒	6:40 ⇒	9:25 →	12:50 ←	12:30 ⇒	13:57 ⇒	14:02 ⇒	15:27	キャンディ経由
				14:00 ⇒	14:12 ⇒	15:24 ⇒	15:42		コロンボ行インターシティー接続有り
★F				15:00 ⇒	15:10 ⇒	— ⇒	— ⇒	17:36	
◆				15:30 ⇒	15:48 ⇒	— ⇒	17:18 ⇒	18:50	
◆	8:30 ⇒	9:24 ⇒	12:02 ⇒	16:05 ⇒	16:16 ⇒	— ⇒	17:38 ⇒	18:57	キャンディ経由
★				16:55 ⇒	17:05 ⇒	— ⇒	— ⇒	19:30	平日運休
			ナーワラピティヤ 16:25 →	17:34	—				
◆RE	10:00 ⇒	10:57 ⇒	13:50 ⇒	— ⇒	17:58 ⇒	19:15 ⇒	19:27 ⇒	20:53	
				18:10 ⇒	18:22 ⇒	19:39 ⇒	19:57		
				19:05 ⇒	— ⇒	20:56			
				22:20 ⇒	22:32				
	11:00 ⇒	12:06 ⇒	17:30 →	22:45	—				
★	18:00 ⇒	19:55 ⇒	22:17 ⇒	— ⇒	2:20 ⇒	3:24 ⇒	3:42 ⇒	5:17	

コロンボフォート（マラダーナ）～ゴール・マータラ

区分	マラダーナ	コロンボフォート	カルタラサウス	アルトゥガマ	ベントタ	ヒッカドゥワ	ゴール	マータラ	備考
							6:50 ⇒	7:59	土曜運行
	6:05 ⇒	6:10 ⇒	6:53 ⇒	7:08 ⇒	—	⇒ 7:42 ⇒	8:10 ⇒	8:50	土/日運行
				6:30 ⇒	6:34 ⇒		8:01 ⇒	8:36	
R	6:30 ⇒	6:55 ⇒	7:59 ⇒	8:20 ⇒	8:23 ⇒	9:00 ⇒	9:35 ⇒	10:42	
		8:35 ⇒	9:34 ⇒	9:54 ⇒	9:57 ⇒	10:30 ⇒	11:05 ⇒	11:50	
		MTラヴィニア 9:35 ⇒	10:21 ⇒	10:53					
		10:30 ⇒	11:28 ⇒	11:50 ⇒	—	⇒ 12:23 ⇒	13:00 ⇒	13:50	
		11:15 ⇒	12:35 ⇒	13:07					
				13:15 ⇒	13:19 ⇒	14:32 ⇒	15:10		
		14:10 ⇒	15:34 ⇒	16:11					
	14:15 ⇒	14:25 ⇒	15:20 ⇒	15:43 ⇒	15:46 ⇒	16:17 ⇒	16:45 ⇒	17:48	
	15:40 ⇒	15:50 ⇒	16:33 ⇒	16:48 ⇒	—	⇒ 17:20 ⇒	17:40 ⇒	18:20	
		16:50 ⇒	18:21 ⇒	18:51					土/日運行
	17:20 ⇒	17:25 ⇒	18:18 ⇒	18:35 ⇒	—	⇒ 19:12 ⇒	19:33		土/日運行
	17:50 ⇒	17:55 ⇒	19:15 ⇒	19:48 ⇒	19:52 ⇒	20:51 ⇒	21:26		土/日運行
		18:15 ⇒	19:35 ⇒	20:07					
		18:35 ⇒	20:09 ⇒	20:45					
	18:45 ⇒	19:30 ⇒	20:40 ⇒	21:20 ⇒	21:24 ⇒	22:30 ⇒	22:50		
		21:36 ⇒	22:53 ⇒	23:25					

区分	マータラ	ゴール	ヒッカドゥワ	ベントタ	アルトゥガマ	カルタラサウス	コロンボフォート	マラダーナ	備考
					3:20 ⇒	3:53 ⇒	5:12		
					3:50 ⇒	4:23 ⇒	5:40		
					4:30 ⇒	5:03 ⇒	6:22		日曜運休
					5:25 ⇒	6:02 ⇒	7:35 ⇒	7:40	土/日運行
		4:15 ⇒	4:46 ⇒	5:44 ⇒	5:47 ⇒	6:16 ⇒	7:37 ⇒	7:41	土/日運行
					6:10 ⇒	—	⇒ 8:04 ⇒	8:08	土曜運行
		5:00 ⇒	5:30 ⇒	6:26 ⇒	6:30 ⇒	6:50 ⇒	7:48 ⇒	7:54	日曜運休
		5:25 ⇒	6:01 ⇒	7:18 ⇒	7:21 ⇒	8:05 ⇒	MTラヴィニア 9:03		土/日運行
			6:20 ⇒	—	⇒ 7:09 ⇒	7:30 ⇒	8:36 ⇒	8:40	土曜運行
	6:05 ⇒	6:45							
		6:55 ⇒	7:10 ⇒		⇒ 7:42 ⇒	7:58 ⇒	8:45 ⇒	8:49	
	6:20 ⇒	7:20 ⇒	—		⇒ 8:21 ⇒	8:36 ⇒	9:20		
	6:35 ⇒	7:50 ⇒	8:06 ⇒	8:44 ⇒	8:47 ⇒	9:02 ⇒	9:50 ⇒	9:54	土曜運行
	9:40 ⇒	10:55 ⇒	11:15 ⇒		⇒ 11:55 ⇒	12:17 ⇒	13:15		
					13:40 ⇒	14:13 ⇒	15:35		
		13:05 ⇒	13:41 ⇒	14:41 ⇒	14:43				
	13:35 ⇒	14:45 ⇒	15:06 ⇒	15:39 ⇒	15:42 ⇒	16:05 ⇒	17:45		
					16:15 ⇒	17:08 ⇒	18:45		土日運行
R	14:10 ⇒	15:30 ⇒		⇒ 16:28 ⇒	16:32 ⇒	17:02 ⇒	18:07 ⇒	18:12	
	15:15 ⇒	16:18							
	16:00 ⇒	16:50 ⇒	—		⇒ 17:41 ⇒	17:57 ⇒	18:42 ⇒	18:46	土日運行
		17:05 ⇒	17:38 ⇒	18:55 ⇒	18:57				

※ペーラーデニヤ駅は時刻表に時刻の記載のない個所が通過扱いとなる。例えばコロンボからキャンディ経由でバドゥッラへ方面へ向かう列車は、ペーラーデニヤ→キャンディはペーラーデニヤに停車するが、キャンディ→ペーラーデニヤに戻る際は通過する。バドゥッラ方面からキャンディ・コロンボへ向かう際は変則的なダイヤになるので注意して時刻表を見ること。
※コーストライン（ゴール方面）はラジャダニエクスプレスを除いて1等車の連結は無し。
※［コロンボフォート～マーホ］［ポルガハウェラ～ランプッカナ］［コロンボフォートアルトゥガマ］は近郊区間扱いのため列車本数は多め。

スリランカ基本情報 ❷

コロンボフォート～ニゴンボ・チロー・プッタラム

コロンボフォート		ラーガマ		ニゴンボ		チロー		プッタラム		ノラナガル	備考
4:00	⇒	4:31	⇒	5:20	⇒	7:03	⇒	8:19	⇒	8:25	
5:00	⇒	5:31	⇒	6:24							
5:41	⇒	6:12	⇒	7:13	⇒	8:28					
7:40	⇒	8:21	⇒	9:28	⇒	10:55	⇒	12:14			
9:35	⇒	10:05	⇒	10:55	⇒	12:10	⇒	パラヴィ 14:00			
13:10	⇒	13:42	⇒	14:31	⇒	マーダンベ 15:34					
14:35	⇒	14:57	⇒	15:42	⇒	16:57					
15:40	⇒	16:11	⇒	17:03	⇒	18:35					土/日運行
16:55	⇒	17:20	⇒	18:08							
17:30	⇒	18:01	⇒	18:53							
18:05	⇒	18:36	⇒	19:30	⇒	20:45					土/日運行
20:20	⇒	20:51	⇒	21:40	⇒	22:55					

ノラナガル		プッタラム		チロー		ニゴンボ		ラーガマ		コロンボフォート	備考
				3:50	⇒	5:06	⇒	5:58	⇒	マラダーナ 6:24	
				4:50	⇒	6:10	⇒	7:06	⇒	マラダーナ 7:38	土/日運行
				5:30	⇒	6:33	⇒	─	⇒	7:30	日曜運休
						6:50	⇒	7:41	⇒	8:04	
				6:15	⇒	7:34	⇒	8:27	⇒	8:57	
				9:10	⇒	10:29	⇒	11:22	⇒	11:52	
9:50	⇒	9:56	⇒	11:21	⇒	12:42	⇒	13:31	⇒	14:01	土/日運行
				12:40	⇒	13:58	⇒	14:58	⇒	15:28	
				マーダンベ 16:00	⇒	17:02	⇒	17:52	⇒	18:22	
						18:25	⇒	19:17	⇒	19:47	
				17:01	⇒	18:53	⇒	19:55	⇒	20:01	

コロンボフォート～アヴィッサウェッラ

コロンボフォート		アヴィッサウェッラ	備考
8:30	⇒	11:19	
13:55	⇒	パードゥッカ 15:24	日曜運休
16:25	⇒	18:50	土曜運行
17:15	⇒	19:34	
18:30	⇒	コスガマ 20:37	
20:00	⇒	22:23	

アヴィッサウェッラ		パードゥッカ		コロンボフォート	備考
コスガマ 4:30	⇒	5:10	⇒	6:43	
5:00	⇒	5:59	⇒	7:30	
5:40	⇒	6:27	⇒	7:51	日曜運休
		6:46	⇒	8:08	日曜運休
		7:00	⇒	8:27	日曜運休
6:25	⇒	7:23	⇒	8:50	
12:35	⇒	13:40	⇒	15:24	
		15:35	⇒	17:03	土曜運行

キャンディ～マータレー

区分	キャンディ		マータレー	備考
	5:00	⇒	6:13	
	7:02	⇒	8:38	
	10:20	⇒	11:40	
◆	14:00	⇒	15:23	コロンボより直通
	17:10	⇒	18:23	
	18:37	⇒	20:03	

マータレー		キャンディ
5:00	⇒	6:20
6:40	⇒	7:55
10:15	⇒	11:45
13:55	⇒	15:25
17:00	⇒	18:28
18:40	⇒	20:00

Sinhalese phrases シンハラ語表現集

　スリランカの公用語であるシンハラ語とタミル語、シンハラ語は独特な丸い文字、タミル語はサンスクリットから派生したインドの文字——どちらも取っ付き難い印象を与えるが、文法が日本語と同じなので文字の読み方さえ理解すれば習得は容易。カタカナ表記でそれぞれの言語を補うには限界があるが、できる限り現地の表現に近付けるよう努力をしてみたので参考にしていただきたい。さらなる理解を求めるならば本書 Beyond the Holiday シリーズ『旅行・会話ナビ スリランカ シンハラ語』をお薦めする。

——挨拶 [Greeting]——
සුහ පැතුම් (スバ、パェトゥム)

- こんにちは。[Good afternoon.] ……… සුහ දවසක් වේවා (スバ、ダワサク、ウェーワー)
- さようなら。[Bye.] ……… ආයුබෝවන් / නැවත හමුවෙමු (アーユボーワン / ナェワタ、ハムウェム)
- おはようございます。[Good morning.] ……… සුහ උදෑසනක් වේවා (スバ、ウディヤサナク、ウェーワー)
- こんばんは。[Good evening.] ……… සුහ සන්ධ්‍යාවක් වේවා (スバ、サンディヤワク、ウェーワー)
- おやすみなさい。[Good night.] ……… සුහ රාත්‍රියක් වේවා (スバ、ラートリヤク、ウェーワー)
- お元気ですか？ [How are you?] ……… කොහොමද සැප සනීප ? (コホマダ、サェパ、サニーパ？)
- おかげさまで。[I'm fine.] ……… මම හොඳින් ඉන්නවා (ママ、ホンディン、インナワ)
- はじめまして。[How do you do?] ආයුබෝවන් [ඔබට කොහොමද ?] (アーユボーワン [オバタ、コホマダ？])
- 私の名前はユキです。[My name is Yuki.] ……… මගේ නම යුකි (マゲー、ナマ、ユキ)
- あなたのお名前は？ [May I have your name?] ……… ඔබේ / ඔයාගේ නම මොකක්ද ? [ඔබේ නම දැනගන්න පුළුවන්ද ?] (オベー / オヤーゲー、ナマ、モカッダ？ [オベー、ナマ、ダェナガンナ、プルワンダ？])
- お忙しいところを失礼します。[Excuse me for interrupting.] ……… වැඩවැඩි වෙලාවේ කරදර කළාට සමාවන්න (ワェダワェディ、ウェラーウェ、カラダラ、カラータ、サマーワンナ)
- またお会いしましょう。[See you again.] ……… පසුව හමුවෙමු / නැවත හමුවෙමු (パスワ、ハムウェム / ナェワタ、ハムウェム)
- 気を付けて。[Be careful (Take care.)] ……… ප්‍රවේසම් වන්න (プラウェーサム、ワンナ)
- 失礼します。[Excuse me.] ……… සමාවන්න / සමාවෙන්න (サマーワンナ / サマーウェンナ)
- ごめんなさい。[Sorry.] ……… සමාවන්න / සමාවෙන්න [කණගාටුයි] (サマーワンナ / サマーウェンナ [カナガートゥイ])

——日常会話 [Daily conversation]——
දෛනික කතාබහ (ダイニカ、カターバハ)

- あれは何ですか？ [What is that?] ……… අර මොකක්ද ? / අර කුමක්ද ? (アラ、モカッダ？ / アラ、クマッダ？)
- ありがとうございます。[Thank you.] ……… බොහොම ස්තුතියි (ボホマ、ストゥティイ)
- どう致しまして。[You are welcome.] ……… ඔහ් හොඳයි (ハー、ホンダイ)
- かまいません。[I do not mind.] ……… මට ප්‍රශ්නයක් නැහැ / නැත (マタ、プラッスナヤク、ナェハェ / ナェタ)
- 少々お待ちください。[Wait a moment.] ……… ටිකක් ඉන්න [පොඩ්ඩක් ඉන්න] (ティカク、インナ [ポッダク、インナ])
- どちらさまですか？ [Who is it?] ……… ඒ කවුද ? / කවුද ඒ ? (エー、カウダ？ / カウダ、エー？)
- なんとおっしゃいましたか？ [What did you say?] ……… ඔබ මොකක්ද කීවේ ? (オバ、モカッダ、キウウェー？)
- 分かります。[I understand.] ……… මට තේරෙනවා (マタ、テーレナワ)
- 分かりません。[I do not understand.] ……… මට තේරෙන්නේ නැහැ (マタ、テーレンネ、ナェハェ)
- 私は日本人です。[I am Japanese.] ……… මම ජපන් ජාතිකයෙක් (ママ、ジャパン、ジャーティカヤェク)
- あなたはシンハラ人ですか？ [Are you Sinhalese/Tamil?] ……… ඔබ සිංහල/දෙමළ ජාතිකයෙක්ද ? (オバ、シンハラ / デマラ、ジャーティカヤェクダ？)

259

●英語を話せますか？［Do you speak English?］
……… ඔබ ඉංග්‍රීසි කථා කරනවද ? ［ඔබට ඉංග්‍රීසි කථා කරන්න පුළුවන්ද ?］
(オバ、イングリーシ、カター、カラナワダ？［オバタ、イングリーシ、カター、カランナ、プルワンダ？］)
●シンハラ語を少し話します。［I speak a little Sinhalese.］
……… මම සිංහල ටිකක් කථා කරනව (ママ、シンハラ、ティカク、カター、カラナワ)
●タミル語は分かりません。［I don't speak Tamil.］
……… මට දෙමළ භාෂාව තේරෙන්නේ නැහැ (マタ、デマラ、バーシャーワ、テーレンネー、ナェハェ)
●日本語を話せますか？［Do you speak Japanese?］
……… ඔබට ජපන් භාෂාව කථා කරන්න හැකිද ?/ පුළුවන්ද ?
(オバタ、ジャパン、バーシャーワ、カター、カランナ、ハェキダ？／プルワンダ？)
●とても疲れました。［I'm very tired.］
……… මට හරි මහන්සියි ［ මට බොහොම මහන්සියි ］
(マタ、ハリ、マハンシイ［マタ、ボホマ、マハンシイ］)
●どこに行きますか？［Where do you go?］
……… ඔබ කොහෙද යන්නේ ? ［ඔබ යන්නේ කොහෙද ?］
(オバ、コヘダ、ヤンネ？［オバ、ヤンネ、コヘダ？］)
●今何時ですか？［What time is it now?］ ……… දැන් වෙලාව කීයද ?
(ダェン、ウェラーワ、キーヤダ？)
●年齢はおいくつですか？［How old are you?］
……… ඔබේ / ඔයාගේ වයස කීයද ? (オベー／オヤーゲー、ワヤサ、キーヤダ？)
● 35 歳です。［I'm 35 years old.］ ……… මට අවුරුදු 35යි (マタ、アウルドゥ、ティスパハイ)
●本当に？［Really?］ ……… ඇත්තටම ? / ඇත්තෙන්ම ?(ァエッタタマ？／ァエッテンマ？)
●うそを言ってはいけません。［Don't lie.］……… බොරු කියන්න එපා (ボル、キヤンナ、エパー)

★はい［Yes］……… ඔව් (オウ) ★いいえ［No］……… නැහැ / නැත (ナェハェ／ナェタ)
★何［What］……… මොකක්ද ? (モカッダ？) ★いつ［Where］……… කවදද ? (カワダダ？)
★誰［Who］……… කවුද ? (カウダ？) ★なぜ［Why］……… ඇයි ? (アェイ？)
★うれしい[Happy]……… සතුටුයි (サトゥトゥイ) ★悲しい[Sad]……… කණගාටුයි (カナガートゥイ)
★光栄［Honor］……… ගරු කරනව / අගයනව (ガル、カラナワ／アガヤナワ)
★残念［It's a Shame.］ ……… ලැජ්ජයි (ルッジャイ)

——— 時［Time］ ———
වෙලාව [කාලය] (ウェラーワ、カーラヤ)

●今何時ですか？［What time is it now?］
……… දැන් වෙලාව කීයද ? (ダェン、ウェラーワ、キーヤダ？)
● 9 時半です。［It's 9:30.］ ……… දැන් නමය හමාරයි (ダェン、ナマヤ、ハマーライ)
● 11 時 45 分です。［It's 11:45.］ ……… දැන් 11:45 යි (ダェン、エコラハ、ハタリスパハイ)
●何時に迎えに来ますか？［What time will you pick me up?］
……… මාව අරගන යන්න කීයටද එන්නේ ? ［මාව අරගන යන්න එන්නේ කීයටද ?］
(マーワ、アラガナ、ヤンナ、キーヤタダ、エンネー？［マーワ、アラガナ、ヤンナ、エンネー、キーヤタダ？］)
● 2 時までに伺えます。［I can visit you by 2 o'clock P.M.］
……… සවස 2 වනවිට පැමිණිය හැකිය (サワサ、デカ、ワナウィタ、パェミニヤ、ハェキヤ)

——— 週［Week］ ———
සතිය (サティヤ)

★月曜［Monday］ ……… සඳුදා (サンドゥーダー) ★火曜［Tuesday］ ………
අඟහරුවාදා (アガハルワーダー) ★水曜［Wednesday］ ……… බදාදා (バダーダー)
★木曜［Thursday］ ……… බ්‍රහස්පතින්දා (ブラハスパティンダー) ★金曜［Friday］ ………
සිකුරාදා (シクラーダー) ★土曜［Saturday］ ……… සෙනසුරාදා (セナスラーダー)
★日曜［Sunday］ ………ඉරිදා (イリダー)

——— 刻［Time］ ———
වෙලාව (ウェラーワ)

★朝[Morning]………උදෑසන [පෙරවරුව] (ウディヤーサナ[ペラワルワ]) ★昼[Afternoon]
……… දහවල [පස්වරුව] (ダハワラ [パスワルワ]) ★夜［Evening］ ……… හැන්දෑව[සවස]
(ハェンデェーワ [サワサ]) ★明朝［Next morning］……… පසුදා උදෑසන (パスダー、ウディヤーサナ) ★明晩[Tonight]……… පසුදා රාත්‍රිය (パスダー、ラートリヤ) ★今朝[This morning] ……… අද උදෑසන (アダ、ウディヤーサナ) ★昨晩［Last night］……… ඊයේ රාත්‍රිය (イーイェ、ラートリヤ)

——— 年 [Year] ———
අවුරුද්ද（アウルッダ）

★今年 [This year] ……… මේ අවුරුද්ද（メー、アウルッダ）★来年 [Next year] ……… ඊළඟ අවුරුද්ද [ලබන අවුරුද්ද]（イーラガ、アウルッダ [ラバナ、アウルッダ]）★再来年 [The year after next] ……… ලබන අවුරුද්දට [පසු අවුරුද්දට]（ラバナ、アウルッダタ、[パス、アウルッダ]）★三年後 [Three years later] ……… අවුරුදු තුනකට පසු（アウルドゥ、トゥナカタ、パス）★昨年 [Last year] ……… ගිය අවුරුද්ද（ギヤ、アウルッダ）★一昨年 [The year before last] ……… ගිය අවුරුද්දට [පසු අවුරුද්දට]（ギヤ、アウルッダタ、[パス、アウルッダ]）三年前 [Three years before] ……… අවුරුදු තුනකට පෙර（アウルドゥ、トゥナカタ、ペラ）

——— 月 [Month] ———
මාසය（マーサヤ）

★今月 [This month] ……… මේ මාසය（メー、マーサヤ）★来月 [Next month] ……… ඊළඟ මාසය [ලබන මාසය]（イーラガ、マーサヤ [ラバナ、マーサヤ]）★三ヶ月後 [Three months later] ……… මාස තුනකට පසු（マーサ、トゥナカタ、パス）★先月 [Last month] ……… ගිය මාසය [ගිය මාසේ]（ギヤ、マーセ [ギヤ、マーサヤ]）★三ヵ月前 [Before three months] ……… මාස තුනකට පෙර（マーサ、トゥナカタ、ペラ）

——— 日 [Date] ———
දිනය（ディナヤ）

★今日 [Today] ……… අද（アダ）★明日 [Tomorrow] ……… හෙට（ヘタ）★明後日 [Day after tomorrow] ……… අනිද්දා（アニッダー）★三日後 [Three days later] ……… දින තුනකට පසු（ディナ、トゥナカタ、パス）★昨日 [Yesterday] ……… ඊයේ（イーイェ）★一昨日 [Day before yesterday] ……… පෙරේදා（ペレダー）★三日前 [Before three days] ……… දින තුනකට පෙර（ディナ、トゥナカタ、ペラ）

——— 旅行・移動 [Journey & Move] ———
සංචාරය හා ගමන（サンチャーラヤ、ハー、ガマナ）

●インターシティーバスでキャンディへ行きます。[I'll go to Kandy by Intercity bus.]
……… ඉන්ටර්සිටි බසයකින් මම නුවර යනවා [නගරාන්තර බසයකින් මම නුවර යනවා]
（インタルシティ、バサヤキン、ママ、ヌワラ、ヤナワ [ナガラーンタラ、バサヤキン、ママ、ヌワラ、ヤナワ]）

●この列車でゴールへ行けますか？ [Can I go to Gall by this train?]
……… මේ දුම්රියෙන් මට ගාල්ලට යා හැකිද ?[මේ දුම්රියෙන් මට ගාල්ලට යන්න පුළුවන්ද ?]
（メー、ドゥムリヤェン、マタ、ガーッラタ、ヤー、ヘェキダ？ [メー、ドゥムリヤェン、マタ、ガーッラタ、ヤンナ、プルワンダ？]）

●何時に発車しますか？ [What time is departure?] ……… පිටත් වෙන්නේ කීයටද ?
（ピタトゥ、ウェンネー、キーヤタダ？）

●アヌラーダプラ到着は何時ですか？ [What time will I arrive at Anuradhapura?]
……… අනුරාධපුරයට ළඟාවෙන්නේ කීයටද ?（アヌラーダプラヤタ、ランガーウェンネー、キーヤタダ？）

●クルネーガラで下車します。[I'll get off at Kurunegala.]
……… මම කුරුණෑගලින් බහිනවා（ママ、クルネェーガリン、バヒナワ）

●片道はいくらですか？ [How much is one way?]
……… එක ගමනකට කීයද ?（エーカ、ガマナカタ、キーヤダ）

●ツーリストカーを11時に手配してください。[Please arrange a tourist car at 11:00.]
……… කරුණාකර 11:00 ට සංචාරක කාරයක් සුදානම් කරන්න
（カルナーカラ、エコラハタ、サンチャーラカ、カーラヤク、スーダーナム、カランナ）

●〈バス乗車時・切符購入時〉バンバラピティヤまで2名。[2 passengers for Banbalapitiya please.]
……… බන්බලපිටියට දෙන්නයි [බන්බලපිටියට මගීන් දෙන්නයි]
（バンバラピティヤタ、デンナイ [バンバラピティヤタ、マギーン、デンナイ]）

●デヒワラまでいくらですか？ [How much does it cost to go to Dehiwara?]
……… දෙහිවලට කීයද ?（デヒワラタ、キーヤダ？）

●高過ぎます。[It's too expensive!] ……… ගාන වැඩියි[අයකිරීම ඉතා වැඩියි]
（ガーナ、ウェディイ [アヤキリーマ、イター、ワディイ]）

●歩いて行きます。[I'll walk.] ……… පයින් යනවා（パイン、ヤナワ）

●バスで行きます。[I'll go by bus/Train.] ……… බස් එකෙන්[බසයෙන්] / දුම්රියෙන් යනවා
（バス、エケン [バサイェン] / ドゥムリヤェン、ヤナワ）

●良い旅を。[Have a nice journey.]
……… සුබ ගමනක් වේවා [සුබ ගමන්]（スバ、ガマナク、ウェーワー [スバ、ガマン]）

- 予約の再確認をお願いします。[I woukd like you to reconfirm my reservation.]
  ……… කරුණාකර මගේ වෙන් කිරීම නැවත පරීක්ෂා කරන්න [මගේ කාමරයක නැවත පරීක්ෂා කරන්නයි ඉල්ලා සිටිනවා]
  (カルナーカラ、マゲー、ウェン、キリーマ、ナェワタ、パリクシャー、カランナ [マゲー、ウェン、キリーマ、ナェワタ、パリクシャー、カランナェイ、イッラー、シティナワー])
- ここに座ってもよろしいですか？ [May I sit here?]
  ……… මම මෙතනින් වාඩි වෙනද ? (ママ、メタニン、ワーディ、ウェンナダ？)

宿泊 [Lodging]
නවාතැන් ගැනීම (ナワーテェン、ガェニーマ)

- 今晩宿泊したいのですが。[I'd like to stay here this evening.]
  ……… උද රාත්‍රී මෙහෙ නැවතීමට කැමතියි [මේ සන්ධානාවේ මෙහි නැවතීමට කැමතියි]
  (アダ、ラートリー、メヘ、ナェワティーマタ、カェマティイ [メー、サンダーウェー、メヒ、ナェワティーマタ、カェマティイ])
- ツインルームはいくらですか？ [How much does it cost for twin room?]
  ……… යුගල කාමරයකට කීයද ? [ඩබල් කාමරයකට කීයද ?]
  (ユガラ、カーマラヤカタ、キーヤダ？ [ダバル、カーマラヤカタ、キーヤダ？])
- シャワーを浴びます。[I'll Take a shower.] ……… නානව (ナーナワ)
- 2名宿泊します。[Two guests please. (It's going to be two of us.)]
  ……… දෙදෙනෙක් නතරවෙනව [අමුත්තන් දෙදෙනෙක් පමණයි]
  (デデネク、ナタラウェナワ [アムッタン、デデネク、パマナイ])
- この荷物を預かってください。[Please keep this baggage.]
  ……… කරුණාකර මේ බඩු ටික තියන්න (カルナーカラ、メー、バドゥ、ティカ、ティヤンナ)
- ランドリーをお願いします。[Please do the laundry for me.]
  ……… කරුණාකර මේ රෙදි ටික සෝදා දෙන්න (カルナーカラ、メー、レディ、ティカ、ソーダー、デンナ)
- チェックアウトは何時ですか？ [What time do we need to check out?]
  ……… මුදල් ගෙවා පිටවෙන්නෙ කීයටද ? [පිටවෙන්නෙ කීයටද ?]
  (ムダル、ゲワー、ピタウェンネ、キーヤタダ？ [ピタウェンネ、キーヤタダ？])
- われわれを9時に起こしてください。[Wake us up at 9 a.m.]
  ……… උදේ 9 ට අපව ඇහැරවන්න / කුද්දන්න (ウデー、ナマヤタ、アパワ、アェハェラワンナ / クッダンナ)
- このホテル内に両替所はありますか？ [Is currency exchanger in this hotel?]
  ……… මේ හෝටලේ මුදල් මාරු කරන්න තැනක් තියෙනවද ?
  (メー、ホータレー、ムダル、マール、カランナ、ヘェナク、ティヤェナワダ？)

レストラン・飲食 [Restaurant/Eating/Drinking]
ආපන ශාලාව - කෑම - බීම (アーパナ、スサーラーワ / カェーマ / ビーマ)

- 紅茶を一杯ください。[I'd like to drink a cup of tea.]
  ……… තේ එකක් දෙන්න (テー、エカック、デンナ)
- 砂糖は少なめにお願いします。[Please put less sugar.]
  ……… සීනි අඩුවෙන් දෙන්න (シーニ、アドゥウェン、デンナ)
- トイレをお借りします。[May I borrow a washroom?]
  ……… කරුණාකර වැසිකිලිය කොහෙද කියන්න [වැසිකිලිය කොහෙද කියන්න]
  (カルナーカラ、ワェシキリヤ、コヘダ、キヤンナ [ワェシキリヤ、コヘダ、キヤンナ])
- ミネラルウォーターをください。[Please give me mineral water.]
  ……… කරුණාකර බෝතල් කළ වතුර එකක් දෙන්න
  (カルナーカラ、ボータル、カラ、ワトゥラ、エカク、デンナ)
- どんな飲み物がございますか？ [What kind of drink do you have?]
  ……… මොන වගේ බීම තියෙන්නෙ ? (モナ、ワゲー、ビーマダ、ティヤェンネ？)
- お勘定をお願いします。[May I have a bill?] ……… කරුණාකර බිල කියන්න [බිල කීයද ?]
  (カルナーカラ、ビラ、キヤンナ [ビラ、キーヤダ？])
- 食べ残しは持ち帰ります。[I would like to take the left over with me.]
  ……… ඉතිරි කෑම අරගෙන යන්න කැමතියි (イティリ、カェーマ、アラガナ、ヤンナ、カェマティイ)
- おいしいです。[It's delicious.] ……… හරි රසයි (ハリ、ラサイ)
- 辛くしないでください。[Please do not make it hot.]
  ……… වැඩිය සැරට හදන්න එපා (ワディヤ、サェラタ、ハダンネ、エパー)
- もうお腹いっぱいです。[I am already full.]
  ……… මගෙ බඩ පිරිලා [බඩ පිරිලා] (マゲー、バダ、ピリラ [バダ、ピリラ])
- 十分です。[It's enough.] ……… හොඳටම ඇති (ホンダタマ、アェティ)
- これ以上は結構です。[I'll decline more than this.]
  ……… මීට වැඩිය එපා (ミータ、ワェディヤ、エパー)

★朝食 [Breakfast] ……… උදේ ආහාරය（ウデー、アーハーラヤ）★昼食 [Lunch]
……… දවල් ආහාරය [දවල් ආහාරය]（ディワー、アーハーラヤ [ダワル、アーハーラヤ]）
★夕食 [Dinner] ……… රාත්‍රී ආහාරය [රෑ ආහාරය]（ラートリ、アーハーラヤ [ルー、アーハーラヤ]）

ショッピング [shopping]
සාප්පු සවාරිය（サープ、サワーリヤ）

● 一ついくらですか？ [How much is it for one?] ……… එකක් කීයද ?（エカク、キーヤダ？）
● それを二つ下さい。[I'll buy 2 pieces.] ……… ඒයින් දෙකක් දෙන්න（エイン、デカク、デンナ）
● ほかのものを見せてください。[Please show me other things.]
……… කරුණාකර වෙනත් ඒවා පෙන්වන්නද ?（カルナーカラ、ウェナトゥ、エーワ、ペンワナワダ？）
● それは高すぎます。[It's too expensive.] ……… ගණන් වැඩියි [එක ඉතා මිල අධිකයි]（ガナン、ウェディイ [エーカ、イター、ミラ、アディカイ]）
● もう少し安いものはありませんか？ [Don't you have something a little cheaper?]
……… මීට වඩා ටිකක් ලාබ එකක් නැති ද ? [මීට වඩා ටිකක් ගණන් අඩු එකක් නැති ද ?]
（ミータ、ワダー、ティカク、ラーバ、エカク、ナェティダ？ [ミータ、ワダー、ティカク、ガナン、アドゥ、エカク、ナェティダ？]）
● もう少し安くしてください。[Please make it a little cheaper]
……… කරුණාකරල අඩු කරල දෙනවද ? [කරුණාකරල ගණන් ටිකක් අඩු කරන්න]
（カルナーカララ、アドゥ、カララ、デナワダ？ [カルナーカララ、ガナン、ティカク、アドゥ、カランナ]）
● 生理用品は置いてありますか？ [Are there sanitary items here?]
……… මෙහෙ මෙන්සස් පෑඩ් තියෙනවද ?（メヘ、メンサス、ペェーディ、ティヤェナワダ？）
● US ドルは使えますか？ [Is US$ available here?] ……… යූඑස් ඩොලර් වලින් ගෙවීමට හැකිද ?（ユーエス、ドラル、ワリン、ゲウィーマタ、ハェキダ？）

医療 [Medical]
වෛද්‍ය（ウィダャ）

● 体調が優れない。[My physical condition is poor.]
……… ඇඟට අමාරුයි（アェンガタ、アマールイ）
● 風邪気味です。[I am slightly cold.]
……… ටිකක් හෙම්බිරිස්සාව වගෙයි（ティカク、ヘンビリッサーワ、ワゲイ）
● 熱があります。[I have a fever.]
……… උණ තියෙනව [උණ ගැතිල]（ウナ、ティヤェナワ [ウナ、ガェニラ]）
● 怪我をしました。[I'm injured.]
……… තුවාල වෙලා [තුවාල උනා]（トゥーワーラ、ウェラー [トゥーワーラ、ウナー]）
● 絆創膏はありますか？ [Do you have a plaster?]
……… ඔබ ළඟ ප්ලාස්ටර් තියෙනවද ?（オバ、ランガ、プラースタラ、ティヤェナワダ？）
● マラリア蚊に刺されたみたいです。[I seem to have been bitten by a malaria mosquito.]
……… මට පෙන්නෙ මැලේරියා මදුරුවෙක් කාලා වගේ
（マタ、ペンネ、マェレーリヤー、マドゥルウェク、カーラー、ワゲー）
● 病院に連れて行ってください。[Please take me to the hospital.]
……… කරුණාකර රෝහලට ගෙනියන්න（カルナーカラ、ローハラタ、ゲニヤンナ）

便利な単語 [Useful Words]
ප්‍රයෝජනවත් වචන（プラヨージャナワトゥ、ワチャナ）

数 [Number] අංක（アンカ）

★ 0…… බිංදුව（ビンドゥワ）★ 1…… එක（エカ）★ 2…… දෙක（デカ）★ 3…… තුන（トゥナ）
★ 4…… හතර（ハタラ）★ 5…… පහ（パハ）★ 6…… හය（ハヤ）★ 7…… හත（ハタ）
★ 8…… අට（アタ）★ 9…… නමය（ナマヤ）★ 10…… දහය（ダハヤ）★ 20…… විස්ස（ウィッサ）★ 30…… තිහ（ティハ）★ 40…… හතලිහ（ハタリハ）★ 50…… පනහ（パナハ）
★ 60…… හැට（ハェタ）★ 70…… හැත්තෑව（ハェッタェーワ）★ 80…… අසූව（アスーワ）
★ 90…… අනූව（アヌーワ）★ 100…… සීය（シーヤ）

家族 [Family] පවුල（パウラ）

★父 [Father] ……තාත්තා（ターッター）★母 [Mother] ……අම්මා（アンマー）★兄 [Elder brother] ……අයියා（アイヤー）★姉 [Elder sister] ……අක්කා（アッカー）★弟 [Younger brother] ……මල්ලී（マルリー）★妹 [Younger sister] ……නංගී（ナンギー）★息子 [Son] ……පුතා（プター）★娘 [Daughter] ……දුව（ドゥワ）★子供 [Child] ……දරුවා（ダルワー）

人称 [Person] පුද්ගලයා（プドゥガラヤー）

★私 [I] …… මම（ママ）★私たち [We] …… අපි（アピ）★あなた [You] ……

ඔබ/ඔයා（オバ／オヤー）★あなたたち[You(plural)] …… ඔබලා/ඔයාලා（オバラー／オヤーラ） ★彼 [He] …… ඔහු（オフ）★彼ら [They] …… ඔවුන්（オウン）★彼女 [She] …… ඈය（エーヤ）★彼女たち [They(female)] …… ගැහැණු අය（ゲエハエヌ、アヤ）★この人 [This person] …… මෙයා（メヤー）★あの人 [That person] …… ඒයා/අරෙය（エヤー／アレヤ）★その人 [It person] …… ඌ（ウー）

★これ [This] …… මේක（メーカ）★それ [It] …… ඒක（エーカ）★あれ [That] …… අරක（アラカ）

★右 [Right] …… දකුන（ダクナ）★左 [Left] …… වම（ワマ）★前 [Front] …… ඉදිරිපස（イディリパサ）★後 [Back] …… පසුපස（パスパサ）★東 [East] …… නැගෙනහිර（ナエガラナヒラ）★西 [West] …… බස්නාහිර（バスナーヒラ）★南 [South] …… දකුන（ダクナ）★北 [North] …… උතුර（ウトゥラ）★遠い [Far] …… ඈත（エーター）★近い [Near] …… ළඟ（ランガ）

★行く [Go] …… යනවා（ヤナワ）★来る [Come] …… එනවා（エナワ）★食べる [Eat] …… කනවා（カナワ）★飲む [Drink] …… බොනවා（ボナワ）★話す [Speak] …… කථාකරනවා（カターカラナワ）★聞く [Listen] …… ඇහුම්කන් දෙනවා（アエフムカン、デナワ）★見る [Watch] …… බලනවා（バラナワ）★寝る [Sleep] …… නිදනවා（ニダナワ）★貸す [Rend] …… ණයට දෙනවා（ナヤタ、デナワ）★借りる [Borrow] …… ඉල්ලා ගන්නවා/ණයට ගන්නවා（イッラー、ガンナワ／ナヤタ、ガンナワ）★買う [Buy] …… මිලදී ගන්නවා（ミラディー、ガンナワ）★支払う [Pay] …… ගෙවනවා（ゲワナワー）★預ける [Check] …… පරීක්ෂා කරනව（パリークシャ、カラナワ）★預かる [Keep] …… තබනවා/තියනවා（タバナワ／ティヤナワ）★渡す [Give] …… දෙනවා（デナワ）★受け取る [Receive] …… ලැබෙනවා（ラエベナワ）★乗る [Ride] …… පදිනවා（パディナワ）★降りる [Get off] …… බහිනවා（バヒナワ）★遠慮する [Hesitate] …… අකැමැත්ත දක්වනවා（アカエマエッタ、ダクワナワ）★断る [Decline] …… පිටිහෙනවා（ピリヘナワ）★両替する [Exchange] …… හුවමාරුකරනවා（フワマールカラナワ）

★バナナ [Banana] …… කෙසෙල්（ケセル）★パパイヤ [Papaya] …… පැපොල්（パエポル）★マンゴー [Mango] …… අඹ（アンバ）★スイカ [Watermelon] …… පැණිපුහුල්（パエニプフル）★レモン [Lemon] …… දෙහි（デヒ）★鶏肉 [Chicken] …… කුකුල් මස්（ククル、マス）★牛肉 [Beef] …… හරක් මස්（ハラク、マス）★豚肉 [Pork] …… ඌරු මස්（ウール、マス）★菜食 [Vegetarian] …… එළවළු පමණක් ආහාරයට ගන්නා（エラワル、パマナク、アーハーラヤタ、ガンナー）★米 [Rice] …… බත්（バトゥ）★砂糖 [Sugar] …… සීනි（シーニ）★塩 [Salt] …… ලුණු（ルヌ）

シンハラ語監修：サマラ グナラタナ

Tamil phrases タミル語表現集

　スリランカは全体を通してシンハラ語が広く理解されるのだが、場所によってはタミル語でないと意思疎通が困難なこともある。現実として多くの旅行者は英語が理解できる人を頼りにすることになるだろうが、スリランカのさらなる文化理解や南インドを旅行するのであればタミル語が役に立つということも覚えておきたい。簡単な挨拶表現を以下に記載するので参考までに留めていただきたい。タミル語発音のカタカナ表記も現地のネイティブとは似て非なるものなので、刊行予定の『旅行・会話ナビ 南インド・スリランカ タミル語』等の語学書を参考にしていてださきたい。

——— 挨拶 [Greeting] ———
வாழ்த்துக்கள் （ヴァーンットゥッカル）

●こんにちは。[Good afternoon.] ……… வணக்கம். （ワナッカム）
●おはようございます。[Good morning.] ……… காலை வணக்கம். （カーライ、ワナッカム）
●こんばんは。[Good evening.] ……… மாலை வணக்கம். （マーライ、ワナッカム）
●さようなら。[Bye.] ……… போய் வாருங்கள்! （ポーイ、ヴァールングル）

——— 日常会話 [Daily conversation] ———
அன்றாட உரையாடல் （アルラータ、ウラヤイタル）

●あなたの名前は？[Mai I have your name please?]
　………உங்க பெயர் என்ன? （ウンガル、ペヤル、イェンナ？）
●私の名前は山田です。[My name is Yamada.]
　………என்/என்னோட பெயர் யமத. （イェン／イェンノーダ、ペヤル、ヤマダ）
●お元気ですか？[How are you?]
　………எப்படி இருக்கிறீங்க? （エッパティ、イルッキーンガ？）

- ●元気ですよ。[I'm fine.] ……… நல்லா இருக்கிறேனே். (ナッラー、イルッキレーン)
- ●ありがとう。[Thanks.] ……… நன்றி. (ナンドリ)
- ●ごめんなさい。[Excuse me.] ……… மன்னிக்கவும். (マンニッカヴン)
- ●トイレはどこですか？[Where is a toilet?]
  ……… குளியலறை எங்கே இருக்கிறது? (クリヤラリ、エンゲー、イルキラドゥ?)
- ●どうぞ [Ahead.] ……… தயவு செய்து. (ダヤヴ、シードゥ)
- ●はい [Yes] ……… ஆமாம் (アーマム) ●いいえ [No] ……… இல்லை (イッライ)

――― 単語 [Words] ―――
சொல் (ソル)

- ●今日 [Today] ……… இன்று (インドゥー) ●明日 [Tomorrow] ……… நாளை (ナーリ) ●水 [Water] ……… நீர் (ニール) ●友達 [Friend] ……… நண்பன் (ナンバン) ●水 [Water] ……… நீர் (ニール)

- ●日曜日 [Sunday] ……… ஞாயிற்றுக் கிழமை (ニャーイットゥル、キラマイ) ●月曜日 [Monday] ……… திங்கட் கிழமை (ティンガ、キラマイ) ●火曜日 [Tuesday] ……… செவ்வாய்க் கிழமை (セッヴァーオ、キラマイ) ●水曜日 [Tuesday] ……… புதன் கிழமை (ブダン、キラマイ) ●木曜日 [Thursday] ……… வியாழக் கிழமை (ヴィヤーラ、キラマイ) ●金曜日 [Friday] ……… வெள்ளிக் கிழமை (ヴェッリ、キラマイ) ●土曜日 [Saturday] ……… சனிக் கிழமை (サニ、キラマイ)

- ●0……… சூழி (スリ) ●1……… ஒண்ணு (オンヌ) ●2……… ரெண்டு (レンドゥ) ●3……… மூணு (ムーヌ) ●4……… நாலு (ナール) ●5……… அஞ்சு (アンジュ) ●6……… ஆறு (アール) ●7……… ஏழு (イェール) ●8……… எட்டு (イェットゥ) ●9……… ஒம்பது (オンバドゥ) ●10……… பத்து (パットゥ)

National Anthem スリランカ国歌

★★★ 母なるスリランカ ★★★

Ananda Samarakoon 作詞（1940年）

1,
Sri Lanka Matha, apa Sri Lanka,
Namo Namo Namo Namo Matha.
Sundara siri barini,
Surendi athi Sobamana Lanka
Dhanya dhanaya neka mal pala thuru piri, Jaya bhoomiya ramya.
Apa hata sapa siri setha sadana, jeevanaye Matha!
Piliganu mena apa bhakti pooja,
Namo Namo Matha.
Apa Sri Lanka,
Namo Namo Namo Namo Matha,
apa Sri Lanka, Namo Namo Namo Namo Matha.

2,
Obave apa vidya, Obamaya apa sathya
Obave apa shakti, Apa hada thula bhakti
Oba apa aloke, Aapage anuprane
oba apa jeevana ve, Apa muktiya obave
Nava jeevana demine
Nnithina apa Pubudu karan matha
Gnana veerya vadavamina ragena yanu
mena jaya bhoomi kara
Eka mavekuge daru kala bavina
yamu yamu wee nopama
Prema vada sama bheda durara da Namo Namo Matha
Apa Sri Lanka,
Namo Namo Namo Namo Matha.
Apa Sri Lanka,
Namo Namo Namo Namo Matha!

© Kayama Yumi

1,
母なるスリランカ
私たちのスリランカ
穀物や宝、さまざまな花や果物に満ちあふれ
美しくとてもきれいなスリランカ
勝利の地は美しく輝いています
私たちに楽しいことや美しいもの
すばらしいものを与え
生かしてくれる母
私たちの敬意を捧げます
偉大なる母、私たちのスリランカ

2,
偉大なる母、私たちのスリランカ
あなたは私たちの叡智、私達の真実
あなたは私たちの力、私たちの内には忠誠
あなたは私たちの光、私たちの命
あなたは私たちを生かし
私たちの忠誠はあなたの上に
新しい命を私たちに与えつつ
常に私達を驚かせる大地
勇気を増させ集めていく勝利の大地だから
一人の母をいだく子どもだから
行こう、行こう、遅れずに
愛をさらに増し加え分け隔てをなくして
偉大なる母、私たちのスリランカ

Media, Organizations, etc 情報・メディア等

● お薦めの書籍

スリランカが題材の書籍は以前より増えたものの、まだ全体的に少ない。小社アールイーのほか、南船北馬舎も積極的にスリランカ関連書籍を発行している。以下に個性的なものを取り上げてみたので、出発前などの参考用に。

『旅行・会話ナビ スリランカ シンハラ語 増補改訂版』
新井 恵壱／島袋 まゆみ／スニル・シャンタ
ISBN 9784905502029
￥2,000＋税
発行　アールイー

スリランカ旅行や長期滞在に役立つシンハラ語学習書。初心者から上級者まで守備範囲が広く、深くシンハラ語に関わる人には必携。ビジネス単語・会話集も収録し、今後のビジネス滞在にも便利。同シリーズのタミル語版も近日中に刊行予定。本書と同サイズに仕上げ、かさばらず持ち運びしやすいように仕上げた。

『憧れの楽園スリランカ』
日本スリランカ友の会
ISBN 9784929257897
￥1,500＋税
発行　アールイー

会発足30周年を記念して編纂された、スリランカに関わるベテラン集団による作品集。外交官、現地法人駐在員、ボランティア活動家、留学経験者、在日スリランカ人など、スリランカの各方面に奏でた会員が本書でスリランカを紹介する。これからスリランカを知りたい人、新たな角度からスリランカを見たい人に最適。

『スリランカで留学するぞ！ いきなりお寺でホームステイ編』
新井 恵壱
ISBN 9784990257880
￥1,400＋税
発行　アールイー

海外経験ゼロ、英会話もダメな著者がスリランカで留学する奇想天外なドキュメンタリー。突然お寺でホームステイを開始し、お坊さんたちと一緒に英語とシンハラ語を学び、着実に力をつけスリランカでの生活になじみ始めたころ、現地の女性と恋人関係に。珍しいスリランカ体験記を求めるならば本書をお薦め。

『スリランカ鉄道旅行（内陸部編）』
新井 恵壱
ISBN 9784990257804
￥1,500＋税
発行　アールイー

スリランカの鉄道で島内を旅行するルポタージュ。本編は内陸部を中心に情報を掲載。優しさあふれる地元の人々、レトロな車両群、日本では味わえなくなりつつある「旅情」が詰まった一冊。通常の旅行者が利用しないキャラニヴァレイラインの体験記や、展望車の情報などをまとめ上げている。

『スリランカ鉄道旅行（沿岸部編）』
新井 恵壱
ISBN 9784990257828
￥1,600＋税
発行　アールイー

スリランカの沿岸部を巡る鉄道の旅。本編は人気の高い南西海岸方面のほか、情報の少ない西部チロー・プッタラム方面、北東部トリンコマリー方面、東部バッティカロー方面のルポタージュも記載。寝台列車の旅行記、西部ムスリムや東部のタミル人との触れ合いなど、ほかでは少ない情報を満載。

『タミル語入門』
カルパナ・ジョイ／袋井由布子
ISBN 9784931246225
￥2,200＋税
発行　南船北馬舎

タミル語もスリランカの公用語であり、タミル人や一部ムスリムと交流する際に本書が威力を発揮する。タミル語が理解できれば、スリランカ島内の文化の多様性が見えてくるだろう。南インドや東南アジアでコミュニティを形成するタミル人とも交流する際に重宝する万能書。文法は日本語と同じなので学びやすい面もある。

『スリランカ学の冒険 新版』
庄野 護
ISBN 9784931246300
￥1,800＋税
発行　南船北馬舎

スリランカの社会・文化・風土・歴史等を総合的に深く理解する著者による独自の総論に、新しく書き下ろしを収録した新版。著者の情熱的な探究心が読者にスリランカの魅力を伝えてくれる。スリランカを深く知るためのプロも唸らせる一冊。また、スリランカに行ってみて虜になった方にもお薦め。

『子どもと旅するスリランカ』
川上 枝里子
ISBN 9784931246294
￥1,300＋税
発行　南船北馬舎

独身時代に著者がスリランカでセレブ旅行を謳歌した体験記『恋こがれてスリランカ』から一転、子を持つ母の視点として新たなスリランカ旅行を綴っている。スリランカは子どもにとって価値のある教育や体験を与えてくれる奥の深い世界であることを伝え、子連れ旅行だからこそ楽しめる新たなスリランカの発見が楽しめる、家族で読みたい一冊。

● スリランカに関連する任意交流団体

日本国内にスリランカ関連の団体はいくつか存在するが、有名どころでは日本スリランカ協会と日本スリランカ友の会の2組織。随時会員を募集している。巻末のビジネスデータベースにも連絡先を記載してあるので、興味のある方は連絡を。

● スリランカフェスティバル

年に1回、東京（2013年は代々木公園、2014年は有明プロムナード）で開かれるスリランカフェスティバルでは、紅茶、スリランカ食材、椰子の実酒、アーユルヴェーダグッズ、ろうけつ染め、宝石など、スリランカ製品の販売、スリランカ料理店の出展、スリランカ民族舞踊のデモンストレーションなど、イベントが多数。入場無料。お問い合わせは主催のスリランカ大使館まで。

Recommended Tour Course　お薦めのツアーコース

● 滞在7日以内

日本からのスリランカ旅行は一般的にこの枠組みとなる。現在スリランカ航空が週に4便の運行で成田発は月・木・土・日曜、コロンボ発は水・金・土・日（深夜便のため成田到着は翌日）となる。移動範囲は限られるので、まとまった地域に集中することをお薦めする。

1 文化三角地帯コースA
コロンボ ⇒ キャンディ ⇒ アヌラーダプラ ⇒ ミヒンタレー ⇒ ダンブッラ

2 文化三角地帯コースB
コロンボ ⇒ キャンディ ⇒ ダンブッラ ⇒ シーギリヤ ⇒ ポロンナルワ

3 文化三角地帯と北東部コース
コロンボ ⇒ アヌラーダプラ ⇒ ジャフナ ⇒ ミヒンタレー ⇒ トリンコマリー

4 丘陵地帯散策コースA
コロンボ ⇒ ヌワラエリヤ ⇒ ホートンプレインズ ⇒ ラトゥナプラ

5 丘陵地帯散策コースB
コロンボ ⇒ ヌワラエリヤ ⇒ スリーパーダ ⇒ ホートンプレインズ ⇒ ラトゥナプラ

6 海、遺跡、サファリコース
コロンボ ⇒ ゴール ⇒ ティッサマハーラーマ ⇒ ヤーラ国立公園 ⇒ カタラガマ

7 じっくり滞在ヒーリングコース
1週間のアーユルヴェーダ施術フルコースを受けて体質を改善する

● 滞在14〜20日

余裕を持って行動できる。1地域に密着した滞在、スリランカ一周、ビーチ三昧、アーユルヴェーダや紅茶農園の体験学習など選択肢が広がる。

8 文化三角地帯制覇コース
コロンボ ⇒ アヌラーダプラ ⇒ ミヒンタレー ⇒ シーギリヤ ⇒ ポロンナルワ ⇒ メディリーギリヤ ⇒ ダンブッラ ⇒ マータレー ⇒ キャンディ

9 南西海岸じっくり滞在コース
ニゴンボ ⇒ コロンボ ⇒ ベントタ ⇒ アンバランゴダ ⇒ ヒッカドゥワ ⇒ ゴール ⇒ ウェリガマ ⇒ タンガッラ ⇒ ハンバントタ ⇒ ティッサマハーラーマ ⇒ カタラガマ

10 丘陵地帯じっくり滞在コース
コロンボ ⇒ ラトゥナプラ ⇒ ホートンプレインズ ⇒ スリーパーダ ⇒ ヌワラエリヤ ⇒ ハプタレー ⇒ バンダーラウェラ ⇒ エッラ ⇒ キャンディ

11 北部・東部制覇コース
コロンボ ⇒ アヌラーダプラ ⇒ ヴァヴニヤ ⇒ マンナール ⇒ ジャフナ ⇒ ミヒンタレー ⇒ トリンコマリー ⇒ バッティカロー ⇒ ポットゥヴィル

12 現地滞在英会話学習コース
ツアー会社の手配などで現地滞在英会話学習（観光付き）

Useful Address and Phone Number 有用連絡先

大使館・総領事館

■ **スリランカ民主社会主義共和国大使館**
〒108-0074 東京都港区高輪二丁目1-54
☎03-3440-6911　📠03-3440-6914

■ **スリランカ民主社会主義共和国名誉総領事館**
【在名古屋】〒451-0051 名古屋市西区則武新町三丁目1-36　株式会社ノリタケ内
☎052-561-7123
【在北九州】〒804-0003 北九州市戸畑区中原新町3-3
株式会社エーエスエー・システムズ本社内
☎093-882-0100
【在大阪】〒541-0047 大阪市中央区北久宝寺町2-6-10-1304
☎06-6282-5534

■ **在スリランカ日本大使館（在モルジブを兼ねる）Japan Embassy of Sri Lanka**
20, Gregory's Road, Colombo-7
☎011-2693831～3

事故・緊急など

◆ 事故・緊急 Accident Service ☎011-2691111
◆ 警察 Police ☎011-2433333
◆ ツーリストポリス Tourist Police ☎011-2421111
◆ 消防・救急 Fire & Ambulance ☎011-2422222
◆ 爆弾処理 Bomb Disposal （軍）☎011-2434251（警察）☎011-2433333
◆ 消費者保護 Consumer Protection ☎011-2691922

交通

◆ ペッター中央バスステーション Central Bus station-Pettah ☎011-2329604～5
◆ コロンボフォート駅 Colombo Fort Railway Station ☎011-2434215
◆ マラダーナ駅 Maradana Railway Station ☎011-2421280

航空

◆ **スリランカ航空 Sri Lankan Airlines**
Level-3, East Tower, World Trade Centre, Echelon Square, Colombo-1
（代表）☎019-7335555（チケット）☎077-7771979
◆ **ミヒンランカ Mihin Lanka**
61, W.A.D. Ramanayke Mawatha, Colombo-2 ☎011-2002255
◆ **キャセイパシフィック航空 Cathay Pacific Airways**
Finlay House, 186, Vauxhall St, Colombo-2 ☎011-2331145
◆ **シンガポール航空 Singapore Airlines**
7th floor, Aitken Spence Towers II, 315, Vauxhall St, Colombo-2
☎011-2499699
◆ **タイ国際航空 Thai Airways International**
3, Sir Earnest De Silva Mawatha, Colombo-3 ☎011-2667892～6
◆ **エミレーツ航空 Emirates Airline**
9th Floor, Hemas house,75, Braybrooke Place, Colombo-2 ☎011-4704070
◆ **スリランカ航空エアタクシー Sri Lankan Airlines Air Taxi** ☎1979
◆ **ヘリツアーズ Heritours**
Sir Chithapalam Gardiner Mawatha, Colombo-2 ☎011-3144944/3314244
◆ **ミレニアムエアラインズ Millennium Airlines**
The Landmark, 385, Galle Road, Colombo-3 ☎077-7703703
◆ **フィッツエアー Fits Air**
6, Joseph Lane, Colombo-4 ☎011-2555158～9
◆ バンダーラナーヤカ国際空港 Bandaranaike International Airport ☎011-2252861
◆ ラトゥマラーナ空港 Ratmalana Airport ☎011-2623030～7
◆ マヒンダ・ラージャパクサ国際空港 MRIA ☎047-2031000

現地医療機関

◆ **Nawaloka Hospital Private Limited**
23, Sri Sugathodaya Mawatha, Colombo-2
☎011-2544444～7　📠011-2430393
◆ **Lanka Hospitals Ltd**
578, Elvitigala Mawatha, Colombo-5 ☎011-4530000　📠011-4511199
◆ **Asiri Hospitals Ltd**
181, Kirula Road, Narahenpita, Colombo-5 ☎011-4523300　📠011-2508768
◆ **Durdans Hospital**
3, Alfred place, Colombo-3 ☎011-5410000　📠011-2575302
◆ **Joseph Fraser Memorial Hospital**
Joseph Fraser Road Colombo-5 ☎011-2588466～7
◆ **National Hospital of Sri Lanka**
Colombo-10 ☎011-2691111
・Colombo South ☎011-2763261
・Sri Jayawardenepura ☎011-2778610～2　📠011-2778213
・Kandy ☎081-2222261
・Galle ☎091-2222261

- Negombo ･･☎031-2222261
◆ Sri Lanka Red Cross Society
　104, Dharmapala Mawatha, Colombo-7 ･･･☎011-2691095　📠011-2682675
◆ Anti-Malaria Campaign ･･･････････････････☎011-2588408　📠011-2368360
◆ Central Blood Bank ･･･････････････････････☎011-2695728, 2692317
◆ The National Poison Information Centre ･･･････☎011-2691111, 2686143

─── **出入国機関** ───

◆ 出入国管理局 Department of Immigration and Emigration SRI LANKA
　41, Ananda Rajakaruna Mawatha Punchi Boralla Colombo-10
　　　　　　　　☎011-5329000　📠011-2674621
　・Matara
　　9, Sri Vijaya Building, Rahula Road, Matara ☎041-5412212　📠041-2222846
　・Kandy
　　42/3, 42/5, Sangaraja Mawatha, Kandy ･･･☎081-5624576　📠081-2201446
　・Vavuniya
　　JC23, Outer Circle Road, Vavuniya ･･････☎025-5676344　📠025-2226731

─── **貿易に関する相談窓口・省庁** ───

◆ JETRO COLOMBO
　4th Floor, Carson Cumberbatch Building, 65C, Dharmapala Mawatha, Colombo-7 ･･････････････････････☎011-2323354　📠011-2541221
◆ スリランカ紅茶局 Sri Lanka Tea Board ※品質保証されたセイロンティーの総合相談窓口
　574, Galle Road, Colombo-3 ･･･☎011-2587814, 2587341　📠011-2589132
◆ Colombo Tea Traders Association ※セイロンティーの輸出相談
　c/o The Ceylon Chamber of Commerce, 50, Navam Mawatha, Colombo-2
　　　　　　　　☎011-2421745～6　📠011-2447979

─── **現地投資機関など** ───

◆ BOI (BOARD OF INVESTMENT OF SRILANKA) ※スリランカでビジネス展開、投資を行う際の相談窓口
　Level 26, West Tower, World Trade Center, Colombo-1
　　　　　　　　☎011-2385972～6　📠011-2447995
◆ 在日スリランカ大使館商務部 ･･････････････☎03-3440-6916（直通）　📠03-3440-6914
◆ スリランカ日本商工会 Chamber of Commerce and Industry in Sri Lanka
　c/o : JETRO Colombo Office 4th Floor, Carson Cumberbatch Bldg, 65C, Dharmapala Mawatha, Colombo-7 ･･･････････☎011-2323354　📠011-2541221
◆ The Ceylon Chamber of Commerce
　50, Navam Mawatha, Colombo-2 ･･････☎011-2471745～7　📠011-2437447
◆ Federation of Chamber of Commerce and Indutry
　3rd floor, 53, Vauxhall Lane, Colombo-2 ･･････････☎011-2304253～4
◆ The Ceylon National Chamber of Industries
　Apt,20 1st floor, Galle Face Court-2, Colombo-3☎011-2331444　📠011-2437447
◆ Sri Lanka Export Development Board
　42, Navam Mawatha, Colombo-2 ･･･☎011-2300705～11　📠011-2300715
◆ Sri Lanka Export Credit Insurance Corporation
　Level 4, DHPL Building, Export Guarantee House, 42, Navam Mawatha, Colombo-2
　　　　　　　　☎011-2307515
◆ Industrial Development Board of Ceylon
　615, Galle Road, Katubedda, Moratuwa ･･･☎011-260532　📠011-2607002
◆ Sri Lanka Standards Institution
　17, Vitoria Place, Elvitigala Mawatha, Colombo-8
　　　　　　　　☎0112671567～72　📠011-2671579
◆ Ceylon Institute for Scientific and Industrial Research(CISIR)
　・Main Office
　　363, Bauddhaloka Mawatha, Colombo-7 ･･･☎011-2693800　📠011-2379850
　・Technical Service Division
　　120/4A, Wijerama Mw, Colombo-7 ･･･････☎011-2693800　📠011-2379850

─── **税関（スリランカ）** ───

◆ Sri Lanka Customs
　40, Main Street, Colombo-11
　　　　　　　　☎011-2470945～8　📠011-2446364

─── **その他** ───

◆ スリランカ日本人会
　Sasakawa Memorial Hall, 4, 22nd Lane, Colombo-3
　　　　　　　　☎/📠011-2435784
◆ コロンボ日本人学校
　4, Lake Drive,Sri Jayawardanapura Mawatha, Colombo-8
　　　　☎011-2669620　📠011-2669621

Business Data Base ビジネスデータベース

この項目はスリランカと日本両国に関連している企業・個人・団体などのデータ情報を掲載しております。皆さまの活動にお役立てください。

―― 旅客・輸送・ツアー ――

■ スリランカ航空（スリランカン エアラインズ リミテッド）

★東京支店
〒103-0012
東京都中央区日本橋掘留町1-10-16 第8センタープラザ3F
☎ 03-3431-6600（予約・発券）
📠 03-5425-2588
🌐 www.srilankan.co.jp

★ Colombo Head Office
Sri Lankan Airlines Ltd., Airline Centre, Bandaranaike International Airport, Katunayake
☎ 019-7335555/077-7771979(24 hour call centre)
📠 019-7335122(Weekdays 8:15 〜 16:45)

★ Flysmiles Ticket Office
SriLankan Airlines Ltd., Level-3, East Tower, World Trade Centre, Echelon Square, Colombo-1
☎ 077-7771979(24 hour call centre)
📠 019-7335122
✉ feedback@srilankan.com

★ SriLankan Cargo Office
No.28, De Vos Avenue, Colombo-4
☎ 019-7333280,　📠 019-7335313 (Reservations)
✉ mahimany@srilankan.aero

■ 株式会社ワコーインターナショナル

〒160-0022　新宿区新宿2-5-1 アルテビル2F
☎ 03-3358-5251　📠 03-3358-5255
🌐 www.wakoskyclub.com
✉ wako@wakoskyclub.com

■ 株式会社エムコット

［旅行業］
〒108-0074　東京都港区高輪1-3-14
☎ 03-3451-8321　📠 03-3451-8322
🌐 minato-ala.net/s_company2/company/0964.html

■ 株式会社ユーラシア旅行社

［事業内容］
・海外旅行の企画、手配、販売等
・海外旅行保険の代理業務
〒102-8642 東京都千代田区平河町2-7-4 砂防会館別館4F
☎ 03-3265-1691(代表)
📠 03-3239-8638
🌐 www.eurasia.co.jp

■ ORIENT TOURS （オリエントツアーズ）

★日本営業所
〒231-0063
横浜市中区花咲町2-66-3 アールケープラザ横濱Ⅵ-601
☎ 090-4377-4839　✉ sunil@orient-tours.com

★コロンボ事務所
81/9A, Greenland Road, Colombo-5
☎ 011-2583597, 2554874
📠 011-2584483
🌐 www.orienttourssrilanka.com
✉ orienttours@gmail.com

■ ASMET

★ Office
9, Jesswell Place, Mirihana, Nugegoda
☎ 071-2221888　📠 011-2852035
🌐 www.asmetsrilanka.com　✉ info@asmetsrilanka.com

■ Ceylon Tours

★ Colombo Office
8A,Sir Ernest De Silva Mawatha, Colombo-7
☎ 011-5531611,2574589,2565726
📠 011-5531606.2565794
🌐 www.ceylontours.com
✉ info@ceylontours.com　clntours@sltnet.lk

■ DIETHELM TRAVEL LANKA (PVT) LTD

★ Office
Level-6, Hemas House, 75, Braybrooke Place, Colombo-2
☎ 011-23113131/4704600　📠 011-2300003
🌐 www.diethelmtravel.com
✉ inquiries@lk.diethelmtravel.com

―――― 物流・サービス ――――

■ 有限会社ケイユニオンエンタープライズ

［事業内容］卸・小売業、輸出・輸入業、イベントの企画・運営ほか
★ CHABOU
〒 110-0016　東京都台東区東上野 3-21-2 越前ビル 307 号
☎ 03-5817-3645
🌐 www.k-union.com　✉ teafactory-sabo@k-union.com

■ セブンティーンシー・セイロン会社

［事業内容］有機ココナッツオイル・ゴマ油・カシューナッツ等
輸入業、販売（卸・小売）
〒 112-0001　東京都文京区白山 5-19-10-202
☎/📠 03-3942-0438/050-1113-8164
🌐 17cceylon.com　✉ info@17cceylon.com

■ 紅茶専門店 紅茶屋さん

〒 330-0856
埼玉県さいたま市大宮区三橋 4-233-2
☎/📠 048-622-5931
🌐 www.kouchayasan.com　✉ f-f@kouchayasan.com

■ 有限会社ディラニインターナショナル

［事業内容］卸・小売業、輸出・輸入業ほか
〒 355-0063　埼玉県東松山市元宿 2-26-2
☎ 0493-31-1901　📠 0493-31-1902

■ 株式会社 アクティブインターナショナル

［事業内容］中古車輸出・食品雑貨輸入ほか
〒 213-0005　神奈川県川崎市高津区北見方 2-20-16
☎ 044-811-1438
🌐 www.active-international.co.jp　✉ japan@active-international.co.jp

■ スリランカティールーム

〒 248-0005　神奈川県鎌倉市雪ノ下 1-16-17
☎/📠 0467-22-1796
🌐 srilanka-tr.com　✉ info@srilanka-tr.com

■ 有限会社 樹李亜インターナショナル

［事業内容］カーゴ、自動車輸出、セイロン紅茶、貴石輸入、
砂利石輸入、風力発電の開発販売
〒 327-0003　栃木県佐野市大橋町 3171-6
☎ 0283-20-5383　📠 0283-20-5384
🌐 juriaweb.com　✉ tea@cronos.ocn.ne.jp

――― 飲食 ―――

■ ハンターナ
〒 630-8012
奈良市二条大路南 4-2-7
☎/℻ 0742-32-2321
【営業時間】11:00 〜 14:00、17:30 〜 22:00
※水曜日定休
【最寄り駅】近鉄線大和西大寺駅
🏠 www.hanthana.com
✉ hanthanajp@ybb.ne.jp

■ セイロンカフェ
〒 276-0034
千葉県八千代市八千代台西 9-4-22
☎ 047-482-5586
【営業時間】11:30 〜 14:00（土日祝 11:30 〜 15:30）、17:30 〜 22:00　※月曜日定休
【最寄り駅】京成線八千代台駅徒歩 10 分
🏠 www.geocities.jp/ceyloncafe_yachiyo/
✉ ceyloncafe_yachiyo@yahoo.co.jp

■ 青山ティーファクトリー
〒 107-0062
東京都港区南青山 2-12-15 南青山 2 丁目ビル B1
☎/℻ 03-3408-8939
【営業時間】[平日] 10:00 〜 21:30 [土曜日] 11:00 〜 19:00
[日曜日・祝日] 11:00 〜 18:00
※ラストオーダーは閉店 30 分前。
※平日に限り前日迄にご連絡頂ければ 22:30 迄対応可能。
【最寄り駅】東京メトロ銀座線外苑前駅 A4 出口徒歩 2 分、都営地下鉄大江戸線・東京メトロ半蔵門線青山一丁目駅
⑤番出口徒歩 5 分
🏠 a-teafactory.com　✉ info@a-teafactory.com

■ 錫蘭紅茶本舗　sinha
〒 231-0003
神奈川県横浜市中区北仲通 4-46
☎ 045-663-7625
【営業時間】8:00 〜 19:00（土日祝 9:00 〜 18:00）
【最寄り駅】横浜高速鉄道馬車道駅から徒歩 1 分
🏠 www.sinhatea.com
✉ sinhatea@galaxy.ocn.ne.jp

■ スリランカ料理店　スパイシービストロ タップロボーン
〒 107-0062
東京都港区南青山 2-2-15 ウィン青山ビル 104
☎ 03-3405-1448
【営業時間】11:30 〜 23:00（ラストオーダー 22:30）
※日曜祝日定休
【最寄り駅】地下鉄青山一丁目駅徒歩 1 分
🏠 www.taprobane.web.fc2.com
✉ taprobaneaoyama@yahoo.co.jp

■ 株式会社ヴェルティーマーチャント
[事業内容] セイロン紅茶輸入販売
★本社
〒 177-0033　東京都練馬区高野台 2-17-7
☎ 03-6809-7576　℻ 03-6809-7769
✉ office@ceylon-drop.com

★ Ceylon Drop
〒 101-0065
東京都千代田区西神田 2-8-9 立川Ａビル 1F
☎/℻ 03-3261-279
【営業時間】12:00 〜 21:00（月〜土）
※日・祝定休
【最寄り駅】JR 水道橋駅東口より徒歩 3 分、地下鉄神保町駅 A4 出口より徒歩 6 分
🏠 www.ceylon-drop.com

■ スリランカ家庭料理レストラン すらさ

〒213-0033
神奈川県川崎市高津区下作延 2-5-41 ラ・フロリダ 1F
☎ 044-857-1158　FAX 044-857-0418
【営業時間】11:00 ～ 14:30（14:00 ラストオーダー）
18:00 ～ 23:00（22:00 ラストオーダー）
※水・日曜日定休
【最寄り駅】JR 南武線武蔵溝ノ口駅徒歩 5 分、東急田園都市線溝の口駅より徒歩 5 分
🌐 www.16.plala.or.jp/sesathe

■ ワーサナ

〒553-0003
大阪市福島区福島 6-4-5-101
☎ 06-6342-8813
【営業時間】11:00 ～ 15:00、16:30 ～ 22:30
※月曜日定休
【最寄り駅】JR 福島駅徒歩 5 分

■ スリランカくまもと

〒860-0807
熊本県熊本市中央区下通 1-4-3
☎/FAX 096-326-8085
【営業時間】11:30 ～ 17:00、18:00 ～ 23:30
（23:00 ラストオーダー）
【最寄り駅】熊本市電通町筋電停 徒歩 5 分

――― 教育・支援・非営利など ―――

■ 特定非営利活動法人　絆 JAPAN

〒392-0010　長野県諏訪市渋崎 1792-394 セイケン B-2F
☎ 0266-78-7181　FAX 0266-53-9599
🌐 http://blog.goo.ne.jp/kizuna.japan　✉ kizuna@rudy.co.jp

■ 日本スリランカビジネス評議会

★評議会事務局
〒108-0074　東京都港区高輪 2-1-54　スリランカ大使館内
☎ 03-3440-6911
🌐 www.slbcj.com　✉ info@slbcj.com

■ ワンワールド・ワンピープル協会

〒104-0051　東京都中央区佃 2-2-7-604
☎ 03-3534-5952　FAX 03-3534-5958
✉ fujikurat@aqua.plala.or.jp

■ Rocky & Jean's 英会話教室

［事業内容］英会話教育全般、スリランカ言語のシンハラ・タミル語・マレー語の教育、イスラムについて興味がある方向けの日本語・アラビア語による講演

〒165-0035
東京都中野区白鷺 1-12-7 ヴェイラハイツ白鷺 202
☎/FAX 03-3223-8249　📱 080-4119-3108
🌐 www.rockynjean-eikaiwa.com
✉ theexplorer@nifty.com

■ マンゴーハウス NPO & MANGO・HOUSE

［活動内容］現地社会支援全般
★東京事務所
〒152-0003　東京都目黒区碑文谷 4-22-16 1F コアステージ
☎ 03-5722-6988　FAX 03-5722-7763
★現地事務所
422b-Captain Nishendra St, Nelmbitiya, Trimbrigaskatuwa, Negombo
☎ 031-222-6933
🌐 www.srilanka-mangohouse.com　✉ mangohousenpo@ac.auone-net.jp

■ 日本テーラワーダ仏教協会 ゴータミー精舎

〒151-0072　東京都渋谷区幡ヶ谷 1-23-9
☎ 03-5738-5526　FAX 03-5738-5527
🌐 gotami.j-theravada.net　✉ info@j-theravada.net

■ 宗教法人 蘭華寺　Ven. タランガッレー・ソーマシリ

〈平和寺 住職〉〈インターナショナル比丘養育学校 理事長〉
〈證願寺幼稚園 理事長〉〈三輪日本語学校 理事長〉
〒287-0823　千葉県香取市笄島 3318-5
☎/📠 0478-56-1394　📱 090-5582-7249, +94-71-5305975
✉ somasirit@yahoo.co.jp

■ 日本スリランカ協会

〒105-0001　東京都港区虎ノ門 1-1-21 新虎ノ門実業会館　虎ノ門アルシェ
☎/📠 03-6205-4377　🌐 jsa.jpn.org　✉ jpn-lkass1955@nifty.com

■ 日本スリランカ友の会

★本部事務局
〒231-0003　横浜市中区北仲通 4-46（錫蘭紅茶本舗 Sinha 内）
☎/📠 045-663-7625
🌐 www.srilanka-tomonokai.org

★関西支部事務局
〒562-0031　大阪府箕面市小野原東 5-26-15-817
☎/📠 072-744-7574
✉ k.s.fujii46-50@nifty.com

■ 国際梵字仏協会　B. サンガ・ラタナ・テーロ、窪田 成円

〒400-0111　山梨県甲斐市竜王新町 336
☎ 055-276-9276
📠 055-279-2097
🌐 www4.ocn.ne.jp/~bonji/
✉ bonji@eos.ocn.ne.jp

■ 社団法人日本スリランカ教育協会

〒564-0063　大阪府吹田市江坂町 2-2-20
☎ 06-6384-6220

■ SPUTNIK International SriLanka Organization

［活動内容］国際交流支援、国際教育支援、国際協力
SPUTNIK International Sri Lanka, Gepallawa,
Uhumeeya, Kurunegala, Sri Lanka
☎/📠 94-37-22-38600
🌐 http://www.sputnik-international.jp
✉ info@sputnik-international.jp

ビジネスデータベースに情報を掲載しませんか？

本コーナーではスリランカと日本に関係する企業・個人・団体様のデータベースを掲載いたします。掲載内容は［所在地］［店舗名 / 屋号］［業務内容］［連絡先電話 /FAX 番号］［URL/e-mail］［写真 / 地図］等となります。掲載のお問い合わせ、お申し込みは巻末の連絡先までお寄せください。

ビジネスデータベース

Index 索引

──都市・地域・遺跡・名所──

あ
- アウカナ 223
- アダムスピーク 172
- アダムスブリッジ 233
- アヌラーダプラ 217
- アバヤギリダゴバ 221
- アリヤパーラ仮面博物館 118
- アルヴィハーラ 169
- アルトゥガマ 112
- アンパーラ 245
- アンバランゴダ 117
- イーグルス・ゴルフリンクス 239
- イシパタナラマヤー寺院 66
- イスルムニヤ寺院 219
- インドゥルワ 113
- ヴァヴニヤ 232
- ヴァジララマヤー寺院 64
- ヴィクトリア公園 178
- ヴィハーラ・マハーデーヴィ公園 64
- ウィルパットゥ国立公園 222
- ウェッラワーヤ 183
- ウェリガマ 133
- 魚市場（ニゴンボ）97
- ウォーターワールド 87
- ウォルヴェンダール教会 62
- ウダワラウェ国立公園 153
- ウップヴェリ 240
- ウナワトゥナ 131
- エサラペラヘラ祭 159
- エッラ 186
- エッラロック 187
- 王宮庭園跡（アヌラーダプラ）220
- 黄金寺院（ダンブッラ）195
- オランダ教会（ゴール）127
- オランダ時代博物館 62
- オランダ砦（マータラ）137
- オランダ砦跡（ニゴンボ）97

か
- カウドゥッラ国立公園 213
- カタラガマ 145
- カタラガマデーワーラ 189
- カドゥルゴダヴィハーラ 236
- ガルオヤ 223
- カルクダー 244
- カルピティヤ 148
- ガンガーティラカ寺院 105
- ガンジー公園 243
- カンダサーミー寺院（ヴァヴニヤ）233
- ガンバハ植物園 90
- キーリマレーボクナ 236
- キャラニヤ 85
- キャンディ 155
- キャンディアンダンス 158
- キャンディ湖 158
- 宮殿跡（アヌラーダプラ）221
- 宮殿跡（ポロンナルワ）206
- キリヴィハーラ 146
- クルネーガラ 224
- クルネーガラロック 225
- ギリタレー 211
- クオドラングル 206
- クッタムポクナ 221
- グルゲー・ネーチャーパーク 89
- ケチマライモスク 109
- 考古学博物館（ヴァヴニヤ）233
- 考古学博物館（カタラガマ）146
- 考古学博物館（ジャフナ）236
- 考古学博物館（ポロンナルワ）206
- 考古学博物館（ミヒンタレー）215
- ゴール 125
- ゴールフェイスグリーン 62
- 国際仏梵字センター 215
- 国立アートギャラリー 64
- 国立海洋博物館 127
- 国立自然史博物館（コロンボ）65
- 国立鉄道博物館 63
- 国立博物館（キャンディ）158
- 国立博物館（コロンボ）65
- 国立博物館（ラトゥナプラ）175
- 国立文化博物館 127
- コロンボ 54
- コロンボ動物園 67
- コンネスワラム寺院 239

さ
- サマディ仏像 221
- サンダギリダゴバ 143
- シーギリヤ 199
- シーギリヤ博物館 200
- シーギリヤロック 200
- シーママラカヤ寺院 62
- シヴァ・デーワーラ 209
- ジェータワナダゴバ 220
- ジャフナ 234
- ジャフナ図書館 236
- ジャフナ砦 236
- ジャミ・ウル・アルファーモスク 109
- シンハラージャ森林保護区 173
- スター要塞 137
- スパイスガーデン（マータレー）170
- スリー・サバラマニヤ寺院 63
- スリー・プシュパラマ・マハー寺院 118
- スリー・マハー菩薩樹 220
- スリー・ムトゥマリアムマン寺院 169
- スリランカ観光局 65
- スリランカ国営宝石公社 65
- スワミラーヤ・ヘルスリゾート 185
- 聖メリー教会 97
- 世界仏教博物館（キャンディ）157
- 石窟寺院（ダンブッラ）195
- 象の孤児園 168

た
- ダッチフォート 243
- タルペ 131
- タレイマンナール 233
- タンガッラ 138
- ダンブッラ 195
- チロー 148
- ツーリストポリス 65
- ティッサダゴバ 143
- ティッサ貯水池 143
- ティッサマハーラーマ 142
- ディヤルマ滝 182
- ティルケティースワラム寺院 234
- トゥー・パラマダゴバ 221
- ドゥンヒンダ滝 188
- 独立記念ホール 65
- トリンコマリー 238

な
- ナーガディーパ 235
- ナーランダ 171
- ナッルール・カンダワミー寺院 236
- ニゴンボ 96
- ニラヴェリ 240
- ヌワラエリヤ 176
- ヌワラエリヤ・ゴルフクラブ 178

は
- ハッガラ植物園 178
- パッセクダー 244
- バッティカロー 242
- ハッティクッチ 223
- バッティポラ 173
- バドゥッラ 188
- ハットン 153、172
- ハバラナ 213
- ハプタレー 182
- バブル・ヴィハーラ 209
- バレイ島 137
- バンダーラウェラ 184
- バンドラナーヤカ記念国際会議場 66
- バンドゥウィジェスーリヤ・ダンススクール 118
- ハンバントタ 140
- ピジョンアイランド 240
- ヒストリカルマンションミュージアム 127
- ヒッカドゥワ 120
- ヒッカドゥワ漁港 122
- ピンナワラ 167
- フォート・フレデリック 239
- 仏歯寺 157
- 仏歯寺跡（アヌラーダプラ）221
- 仏歯寺博物館 157
- ブッタラム 148
- ブドゥルワーガラ 183
- フローティングマーケット 63
- ブンダーラ国立公園 141
- ベールワラ 109
- ペーラーデニヤ 165
- ペーラーデニヤ植物園 167
- ベントタ 99
- 宝石採掘場 174
- ホートンプレインズ 175
- ポットゥビル 245
- ポルヘナ 136
- ポロンナルワ 204

ま
- マータラ 136
- マータレー 168
- マウントラヴィニア 83
- マスケリヤ 173
- マッタラ 140
- マドゥカンダ寺院 233
- マハー寺院（アヌラーダプラ）220
- マハーデーワーラ 146
- マンナール 233
- ミヒンタレー 214
- ミリサワティヤダゴバ 220
- ミリッサ 133

ミンネリヤ国立公園 ………… 213	リッチモンド邸宅 ………… 105	ジェフリー・バワ …………
ムティヤンガナ寺院 ………… 189	リティガラ遺跡 ………… 213	62、63、70、74、76、87
や	リトルアダムスピーク …… 187	森林局 ………… 88
ヤータラダゴバ ………… 143	ルワンウェリ・サーヤダゴバ 220	スリランカ投資庁 ………… 64
ヤーパフワ ………… 223	ロイヤルコロンボゴルフクラブ 65	入出国管理局 ………… 30、64
ヤーラ国立公園 ………… 143	ローワマハパヤ ………… 219	バティック ………… 69、136
ら	ロザリアン・コンヴェント 236	ペラヘラ …………
ラージャ・マハーヴィハーラヤ (キャラニヤ) 87	**わ**	5、63、85、145、158
ライオネル・ウェント芸術センター 64	ワールズエンド ………… 176	野生生物保護局 ………… 88
ラトゥナプラ ………… 173	ワタダーゲ（メディリーギリヤ）212	
ラトゥナプラサーダ ………… 221	**――用語・公的機関など――**	
ラトゥナプラ宝石局、博物館・研究所 175	アーユルヴェーダ	
ラワナ滝 ………… 187	17、106、110、134	
ランカラーマダゴバ ………… 221	コロンボ中央文化基金 …… 65	

スリランカ旅行のご相談は
観光局の私たちに是非お任せください！
スタッフ一同、心よりお待ちしております

スリランカ観光局　**sri lanka** WONDER OF ASIA

80, Galle Road, Colombo 3, Sri Lanka
☎ 1912/011-2426900
📠 011-2440001
🖥 www.srilanka.travel

スリランカで
最高の思い出を

AIRWING TOURS
Gateway to Sri Lanka

, Colombo Road, Negombo
031-2236620, 2238876
031-2238155
www.airwingtours.com
sales@airwingtours.com

ヤートラ・トラベルズは30年以上の経験を有するスリランカのコロンボに本社を置く現地旅行会社／ランドオペレーターです。仏教巡礼、アーユルヴェーダ、サファリ、コミュニティーツーリズムなど約20名のベテランスタッフが全てのお客様に、インド洋の真珠、アジアの光とも称される本当のスリランカを体験していただくお手伝いをさせていただきます。

日本駐在員事務所には日本人スタッフがご旅行案内を行っている他、コロンボ本社には日本語対応スタッフもおります。お気軽に日本語でお問い合わせください。

【コロンボ本社】
CBM House, 2A-3/1, Lake Drive, Colombo-8
☎ +94-(0)11-7378598　📠 +94-(0)11-2690319

【日本駐在員事務所】
〒105-0013　東京都港区浜松町 1-12-5 αHビル5階
☎ 03-6430-6255　📠 03-6740-2073
🌐 www.yathrajapan.com　✉ japan@yathra.lk

格安航空券、ホテル予約、ツアーなど、スリランカ旅行に関するご相談は是非、実績ある当社までお寄せください。忘れられない思い出作りのお手伝いをさせていただきます。
モルディブ、パキスタン他の近隣諸国に関するご相談もお任せください。

-mail：wako@wakoskyclub.com
www.wakoskyclub.com

ワコーインター　検索

㈱ワコーインターナショナル　東京都知事 3-4425
スリランカ航空・パキスタン航空代理店
〒160-0022 東京都新宿区新宿 2-5-1 アルテビル 2F
EL 03-3358-5251　FAX 03-3358-5255　[平日] 10:00〜18:00 [土] 10:00〜15:00　日・祝休

Wako International Inc.

スニルケア

スニルハーブティー・スニルマッサージケアオイル

インドやスリランカに古来より伝わる自然治癒力を高める医学、アーユルヴェーダに基づいたハーブティーとマッサージケアオイルです。ハーブティーは"活力""美肌""精神""潤い"をテーマに4種類、マッサージケアオイルは［ボディ］［胸・腹］［頭］と体の各部位に合わせた3種類をラインアップ。ご家庭でも真のアーユルヴェーダを実感していただくため、用途に合わせてお使いください。

YAHOO! JAPAN ショッピングにて 販売中！

マッサージケアオイル
★No.11［ボディ］　★No.21［胸・腹］　★No.31［頭］
——各50ml ¥3,500（税抜き）

ハーブティー
★No.08［健康］　★No.16［美容］　★No.23［健康］　★No.31［健康］
——各50g ¥4,000（税抜き）

株式会社スニルコーポレーション
〒350-1124 埼玉県川越市新宿町2-13-4　☎049-291-28
✉ sunil@mtc.biglobe.ne.

スニルアーユルケア院 埼玉
Sunil Ayur Care Saitama

はじめまして。スニルアーユルケア院院長の西村スニルです。日本人の多くの方々がお悩みの肩凝りや花粉症などの諸症状を見て、私が学び続けてきたスリランカのアーユルヴェーダがお役に立てるのではないかと考え、川越にサロンを開きました。当院の施術はスリランカの本場アーユルヴェーダを日本人向けにアレンジしたものです。是非この機会にアーユルヴェーダに触れていただければ幸いです。

【営業時間】10:00～17:00（最終開始時間）　川越駅より徒歩10分
〒350-1124 埼玉県川越市新宿町2-13-4　☎049-291-2777

違法ツアーに御用心！

　昨今では旅行業免許を持たない企業、ガイド免許を取得していない個人によるツアー（旅行業認可者の下とはいえ、結果として現地で資格のない者によるガイドを含む）が横行しております。これらツアーに参加してしまうとトラブルの際は責任の所在が曖昧となり、最終的にはツアー参加者自身の責任と見なされ、海外旅行保険等の請求が出来なくなってしまう恐れがあります。「私はスリランカに詳しいから」「アーユルヴェーダで健康を取り戻せる」「スリランカでカレー料理を学びましょう」等、魅力的な宣伝をしてくる人たちでも免許がなければ違法行為です。

　現地で「このツアーは怪しい」と感じたら、在スリランカ日本大使館 0112693831、もしくはツーリストポリス 0112421451 まで。

17℃、私たちがこだわるオイルの製造温度です。ココナッツオイルとゴマ油は当社工場のある低温高地、ンダーラウェラで製造されます。搾油する際に栄養価を逃さず凝縮させられることが、この地を選んだ最の目的です。また品質にもこだわり抜き、JAS 認定有機栽培により皆様に最高の品質をお届けします。
まずは日本の皆様にヴァージンエクストラ・ココナッツオイルをお届けします。是非「高品質」をお試しください。
後ほどヴァージンセサミオイル、焙煎ごま油、カシューナッツも登場します。ご期待ください。

セブンティーンシーセイロン会社
Seventeen-C-Ceylon (PVT) Ltd.

【日本支社】
〒112-0001 東京都文京区白山 5-19-10-202
☎ 03-3942-0438　📠 050-1113-8164
🌐 www.17cceylon.com（近日完成）　✉ info@17cceylon.com

本場の美味しい紅茶をお届けします

セイロン(スリランカ)ティーの直輸入・販売
紅茶卸・焼き菓子・スパイスの販売
紅茶・各種ティーフード料理教室(出張も可)
紅茶に関するコーディネート

紅茶のことなら是非ご相談ください！

紅茶専門店　紅茶屋さん
〒330-0856
埼玉県さいたま市大宮区三橋4-233-2
☎/📠048-622-5931

【店舗営業時間】10:00～18:00
【アクセス】大宮駅西口より西武バス①番
のり場大宮西高下車
http://www.kouchayasan.com
kouchayasan@kouchayasan.com
インターネットからのご注文は上記URLよりアクセスしていただけます。
皆様のご訪問心よりお待ち申し上げます。

「前大戦中、日本軍によってスリランカにもたらされた損害に対し、我々は日本に対し賠償を求める権利を持つ。しかし、わが国は請求するつもりはない。何故ならば、スリランカ国民は『憎しみは憎しみによって止まず、愛によってのみ止む』という、仏陀の偉大な言葉を信じるからである」
　1951年（昭和26年）9月6日、米国・サンフランシスコで開かれた対日講和会議における、セイロン（現スリランカ）首席代表のジャヤワルダナ氏（後の大統領）の有名な演説の一節です。
　この言葉に続いて同主席代表は「われわれは日本国民に対し、友情の手を差し伸べる。平和と繁栄を享受するため、日本国民とセイロン国民とが互いに手を携えて前進することを信じる」と語っておられます。
　心温まるジャヤワルダナ首席代表の言葉が、戦後の混乱の中で生活苦にあえいでいた日本国民にどれほどの感動と勇気を呼び起こしたか計り知れないものがあります。この演説とともに、わが国とスリランカとの友好の歴史はその幕を開きました。
　1956年5月、三笠宮崇仁殿下ご夫妻がスリランカをご訪問されるのを機に、ジャヤワルダナ首席代表の演説に感動した有志が集まり、スリランカとの友好を促進する目的で本会は設立されました。
　今日、わが国は経済大国と呼ばれる繁栄を誇っています。一方、スリランカはつい先日まで開発途上国に位置付けられ、民族紛争という負の遺産を抱えて苦しい状況に立たされていました。こうした状況を我々は「スリランカの人々に友情の手を差し伸べ、互いに手を携えて共に前進すべき」ではないでしょうか。
　本会は、そうした視点に立って、両国間の友好の増進に力を尽くしています。この趣旨にご賛同いただき、ご入会くださいますようご案内申し上げる次第です。

Japan-Sri Lanka Association
日本スリランカ協会

〒105-0001
東京都港区虎ノ門1-1-21
新虎ノ門実業会館　虎ノ門アルシュ
TEL/FAX 03-6205-4377
URL : jsa.jpn.org　e-mail : jpn-lkass1955@nifty.com

編集後記

　スリランカの内戦が終結してから6年が経過し、徐々に「魅力に満ちあふれた南の島」の名声を取り戻しているかのように思えます。

　内戦の終結後、国全体の復興にどれだけの時間と労力を費やすのか危惧されましたが、スリランカ国民の復興への熱い思いが叶ったのか、遠のいた観光客はしだいに戻り、海外からの投資も多く寄せられ、これまで以上に活況を見せるようになりました。高速道路の開通や高速インターネット回線の整備、メーター制スリーウィーラーや手軽に利用できる4輪タクシーの導入など、スリランカの魅力を増す発展が加速しています。

　一方では内戦終結の後遺症として経済の不安定さを招きました。国民の所得に見合わない国内物価上昇が続き、スリランカルピーの対外価値は下降を続ける悪循環を生み、為替差益により外国人旅行者にとってはスリランカに滞在しやすくなることから、一部観光地で外国人観光客からこれまで以上の負担を強いる方針を打ち出すなど、経済安定化までの課題が残されたのは事実です。しかしながら、スリランカが世界から愛される観光立国を目指す以上、いつしか難関を突破してくれることと信じずにはいられません。

　今後のスリランカの復興と発展を左右するのはわれわれ個々のアプローチなのかもしれません。本書を上手に活用し、スリランカと旅行者の価値ある交流にお役立ていただければ幸いです。

── 写真（Photograph）・寄稿（Contribution）──

【装丁】表：ゴトウ マサコ、**背**：島袋 まゆみ　**【写真】**横山 隆英、内海 由周、秋元 浩治、小嶋 そのみ、林 美幸、奥山 健一郎、小宮 孝志、吉田 眞琴、Ceylon Tours【寄稿】加地 信江、香山 侑美、堀口 清子、栗原 雅子、濵治 奈美（※順不同）

── その他協力（Cooperation）──

スリランカ航空、スリランカ大使館、㈱日本経済広告社、国際梵字仏協会、㈱ヴェルティーマーチャント、Sri Lanka Tourist Board、Sri Lanka Railway、Orient tours(Sunil Karandawela、Justin Karandawela)、Lanka Hands Exports、A.U. Warnasinghe、Samara Gunarathana、Prasanna Daladawatta、Anura Akila、Jagath Kathuwapitiya、Basil Fernando、Ashok Samarasinghe、高崎 邦雄、酒井 孝、濵治 奈美、山川 晴美、Kero556（※順不同）

Beyond the Holiday スリランカ

2009年9月13日　初版発行
2015年2月16日　改訂第2版第1刷発行

情報募集

　旅の途中で発見したお薦めの宿泊施設、飲食店、雑貨店、エンターテイメント、ビジネス関連など、あなたが紹介したい情報をお寄せください。編集部にて精査したものを掲載いたします。お寄せいただく所在地、連絡先、料金、営業時間等の情報はできる限り正確にお願いします。郵送やFAXのほか、E-Mailも受け付けております。

── 著作・編集・制作・発行（Copyright/Edit/Produce/Publication）──

新井 惠壱・有限会社アールイー（Eichi Arai & R.E.Ltd., All rights reserved）

〒112-0001 東京都文京区白山5-19-10-202
☎ 03-3942-0438　📠 050-1113-8164
🌐 www.reshuppan.co.jp　✉ bh_srilanka@reshuppan.co.jp

印刷
株式会社 モリモト印刷
©Eichi Arai & R.E.Ltd,. Printed in Japan
ISBN 978-4-905502-03-6
本書の無断複製・転載・代行業者に依頼しての電子化は法律により禁じられています。